하루 1시간 인맥관리

하루 1시간 인맥관리
흙수저에서 상장기업 CEO된 저자의 1만명 인간관계 비법

초판 1쇄 발행 2018년 3월 2일

지은이 | **김기남**
기획편집총괄 | **호혜정**
편집 | **김정빈**
기획 | **홍연서**
표지·본문 디자인 | **이선영**
교정교열 | **호혜정 홍연서**
홍보 마케팅 | **최미남 김태현**
펴낸곳 | **리텍 콘텐츠**
출판등록 | **제 2011-000200호**
주소 | **서울시 용산구 원효로 153 원효빌딩 824호**
전화 | **02-2051-0311**   팩스 | **02-6280-0371**
이메일 | **ritec1@naver.com**
홈페이지 | **http://www.ritec.co.kr**
페이스북 | 블로그 | 카카오스토리채널 | [책속의 처세]
ISBN | **979-11-86151-12-9 (13320)**

· 잘못된 책은 서점에서 바꾸어 드립니다.
· 책값은 뒤표지에 있습니다.
· 이 책의 내용을 재사용하려면 사전에 저작권자와 리텍콘텐츠의 동의를 받아야 합니다. 책의 내용을 재편집 또는 강의용 교재로 만들어서 사용할 시 민형사상의 책임을 물을 수 있습니다.

상상력과 참신한 열정 담긴 원고를 보내주세요. 책으로 만들어 드립니다.
원고투고: ritec1@naver.com

· 이 도서의 국립중앙도서관 출판예정도서목록(CIP)은 서지정보유통지원시스템 홈페이지(http://seoji.nl.go.kr)와 국가자료공동목록시스템(http://www.nl.go.kr/kolisnet)에서 이용하실 수 있습니다.
(CIP제어번호: CIP2018002124)

| 흙수저에서 상장기업 CEO된 저자의 1만명 인간관계 비법 |

하루 1시간 인맥관리

김기남 지음

PROLOGUE

후천적 인맥 부자가 되는 기술

사회적 동물, 즉 인간이 탄생한 이래, 인맥만큼 성공에 큰 영향을 끼친 건 없지요. 다음 설문 조사와 연구 결과가 이를 잘 뒷받침합니다.

- 2016년 취업포털 1위를 차지한 사람인(www.saramin.co.kr)이 2012년 조사한 결과에 따르면, 직장인 100명 가운데 98명이 자신의 성공을 위해서는 인맥이 필요하다고 응답했습니다.

- 미국 보스턴대학에서도 인맥 관련 연구 결과를 발표했습니다. 연구진은 7세 어린이 450명을 대상으로 40년간 추적 조사했습니다. 매년 일정한 때가 되면 연구 대상자를 찾아다니며 설문하고 결과를 모았지요. 47세에 이른 이들을 분석한 결과, 성공과 출세에 미치는 가장 큰 요소 3가지를 밝힐 수 있었습니다. 첫째가 사람과 어울리는 능력이었고, 다음이 좌절을 극복하는 태도와 감정을 조절하는 능력이었습니다. 인간관계가 사회생활의 성공 여부를 결정하는 데 가장 큰 비중을 차지한다는 말이죠.

- 카네기멜론 공과대학에서도 성공에 미치는 요인을 분석했습니다. 그들의 결과도 크게 다르지 않았습니다. 지적 능력이나 재능이 성공에 미치는 영향은 15%인데 반해 인간관계는 85%에 달하는 것으로 나왔죠.

- 2006년 국내에서 실시한 설문 조사에서도 비슷한 결과가 나왔습니다. 취업사이트 파워잡(www.powerjob.co.kr)이 대학생 공모전미디어 씽굿과 공동으로 대학생을 조사한 결과, 42.6%의 대학생이 NQ(공존/인맥지수)를 꼽았고, 31.0%가 SQ(사회성지수)를 뽑았습니다. CQ(창조성지수)와 IQ(지능지수)가 10%대의 낮은 점수로 그 뒤를 이었죠.

- 성공뿐 아니라 행복 차원에서도 인간관계는 중요한 요인으로 꼽힙니다. 하버드대학생 268명을 대상으로 75년간 추적 조사한 그랜트 연구와 스탠퍼드 대학의 루이스 터먼 교수가 추적 조사한 터먼 연구, 또 빈민가 서민 남성 456명을 추적 조사한 이너시티 연구는 공통적으로 인간관계가 행복과 성공이라고 알려주고 있습니다.

30년간 1만 명 인맥관리의 비밀

사회적 성공에서도, 개인의 행복에서도 인간관계는 늘 가장 중요한 요소로 꼽힙니다. 그러나 우리에게는 인맥이 없습니다. 인간관계를 배울 만한 곳도 없습니다.

대개의 인맥은 부모 대에서 내려오는 경우가 많습니다. 아버지나 어머니 혹은 가족의 인맥과 교류하며 그게 다시 나의 인맥이 되고, 그들과 관계를 맺으며 인간관계를 배웁니다. 인맥이란 마치 부나 재능처럼 대물림되는 것이라고 사람들은 믿습니다.

그러나 저처럼 물려받은 인맥이 없어도 인맥 부자가 되는 경우도 존재합니다. 저는 공고 출신으로, 학연이나 지연으로 얻을 수 있는 인맥이 부족한 '인맥 흙수저'였습니다. 그러나 20대 후반, 남들보다 다소 늦은 나이에 시작한 직장에서 1만 명의 인맥을 쌓게 되었습니다. 남들보다 많이 만나고, 남들보다 깊게 사귀며 후천적인 인맥 부자가 되었습니다.

혹자는 그 인맥이 진짜 인맥인지 모르겠다고 의심합니다. 맞습니다. 1만 명 중에 제가 편하게 전화 걸 수 있을 만한 사람은 3천 명 정도입니다. 그러나 나머지 7천 명도 주어진 인연에 따라 얼마든지 서로 도움을 주고받는 인맥이 될 수 있을 만큼 그 가능성을 보며 꾸준히 관리하며 살았습니다.

이 책은 인맥의 수를 늘리는 방법과 동시에, 지인의 범주를 벗어나 인맥의 단계로 나아가는 방법을 담고 있습니다. 일반인의 평균 인맥이 100명이라고 합니다. 우리의 인맥을 500명으로 늘릴 수 있다면 우리는 지금보다 더 나은 삶을 누릴 수 있지 않을까요? 그 500명 가운데 30%만이라도 제대로 사귄다면 우리는 지금보다 나은 성공과 행복을 누릴 수 있지 않을까요?

제가 사회생활을 처음 시작했던 30년 전에도 그랬지만 지금도 여전히 인맥관리의 기술에 대해서 알려주는 회사나 교육기관은 없습니다. 모든 회사가, 모든 직장인이 인맥관리의 필요성에 목말라 하면서도 아직도 그 방법은 충분히 제공된 적이 없는 것 같습니다.

지난 30년간 1만 명의 인맥을 관리한 방법을 이 한 권의 책에 담았습니다. 사실 이 책 이전에도 여러 권의 인맥관리 방법론을 정리했습니다만, 지금 책이 완성본에 가깝다는 게 저자로서의 소감입니다.

누구나 인정하고 있고, 누구나 그렇게 생각하지만 아직 그 노하우나 방법에 대해서 공개한 적이 없던 인맥관리의 기술. 제 30년의 방법론을 하루 1시간이면 가능하다는 얘기로 시작하려고 합니다. 하루 1시간은 인맥이 될 가능성을 만드는 시간입니다. 그들과 깊이 있는 만남으로 나아갈 수 있는 최소한의 시간입니다. 하루 1시간씩 인맥을 관리하며 때에 맞게 그들을 나의 가까운 지인으로 만들 수 있다면 성공과 행복을 한꺼번에 잡을 수 있다고 생각합니다.

인생의 터닝포인트가 가까이 있습니다. 우리 함께 한 걸음 내디뎌 봅시다.

김기남

CONTENTS

프롤로그

Step 1 하루 1시간 인맥관리를 위한 Warming-Up

명함 한 장의 무게	14
명함 여백에 상대 정보를 기록하는 방법	15
주소록을 펼치세요	18
인맥의 숫자가 지닌 의미	20
등급별 관리법	22
A 그룹 관리용 전화번호부	25
A 그룹과 B 그룹은 휴대전화에 전화번호 저장	26
그룹 전체를 위한 전화·문자표	27
마지막으로, 명함철에 꽂으세요	30

Step 2 성공인맥을 만드는 필수 Skill

인맥을 넓히는 비결	32
신입사원이 스카우트하러 다닌 이야기	34
사람을 움직이는 2개월의 법칙	35
무엇이 마음을 움직이는가?	37
없던 일을 하면 모르던 사람을 알게 된다	40
아는 사람이 아니라 교류하는 사람	42
당신의 비즈니스는 안녕한가요?	45
직장인의 필수 업무 스킬	48
지인의 이직이 기회	50

성공하는 인맥관리 SET-UP 도구

주기적 관리가 필요한 이유	56
'나'의 범주	58
12장짜리 연간 관리표	60
한눈에 쏙 월간 관리표	63
1주간 관리표	65
미팅 일지 노하우	67
필수 인맥관리용 12개월 체크표	70
단기간 집중 관리를 위한 한 달간 1일 체크표	74

인맥관리표를 완성하는 Technique

관리표에 누락된 내용	78
첫인상을 지속하려고 노력하는 사람	80
그대와 나는 예전이라고 더 좋았던 것도 아니요, 나중이라고 더 멀어진 것도 아니다	84
중국 지인들이 감동하다	87
꾸준함은 탁월함을 만들고, 탁월함은 브랜드를 만든다	90
브랜드를 만드는 한 가지 팁	95
인생상담	98
관리표만 흉내 내지 마세요	103

CONTENTS

Step 5 인맥관리, 하루 1 Hour면 충분하다

지난주에 처음 만난 두 사람	108
월요일 아침 9시, 내가 1시간 동안 하는 일	110
그럼, 대화의 소재는 어떻게 찾아야 할까?	113
공유하고 싶은 이야기로 시작하라	117
그를 걱정하면 말문이 열린다	121
친밀도를 높이는 실전 스킬	124
전화를 걸까? 이메일을 보낼까?	127
연락할 때 주의할 2가지	131
가끔 그 사람이 생각나서 이메일을 보낼 때	132

Step 6 아는 사람을 나의 사람으로 만드는 How to

그가 나의 인맥이 되었다는 징후	136
상대가 나에게 준 기회	140
마음의 빚을 지게 하라	144
도움을 줄 때 잊지 말아야 할 5가지 원칙	148
어려움이 없는 사람은 없다	152
마음의 소리를 들어라	155
적을 만들지 마라	159

Step 7　30년 인맥관리의 성공 Secret 1

인맥관리는 장거리 마라톤이다 ... 164
일상에서 되풀이되는 작은 행동들 ... 167
원칙이란 오래 씹을 수록 단맛이 나는 것 ... 172
부정적 마인드와의 전쟁 ... 175
상사의 멱살을 잡은 이유 ... 178
당신의 우선순위가 이미지를 결정한다 ... 182

Step 8　30년 인맥관리의 성공 Secret 2

박제와 지식의 공통점 ... 190
유물이 되기를 거부하라 ... 192
내 삶을 지켜준 두 멘토의 조언 ... 196
멘토가 들려준 리더십의 비밀 ... 200
내가 빗자루를 든 이유 ... 205
자기계발 - 장기간 인맥관리의 비밀 ... 209

Step 9　라이프사이클에 따른 성공하는 인맥 Target

나는 지금 세 번째 단계에 돌입했다 ... 214
시기별 인맥관리 목표 ... 218
사람이 줄어들 때를 대비하라 ... 221
준비 없이 맞이한 은퇴기 ... 225
은퇴기 준비 팁 ... 230

CONTENTS

Step 10 성공하는 Closing-Mind 비법

사람을 만나기 전에 버리고 가야 할 세 가지 마음	°238
판단이 빠르면 안 된다	°240
가치관은 사람보다 나중이다	°243
마음에 담아두는 일이 없어야 한다	°248
소중한 인연을 지키는 법	°251

Step 11 사람의 마음을 움직이는 대화 Skill

대화의 주도권을 가져오는 2단계 방법	°256
사람을 내 편으로 만드는 감성경청의 기술	°260
비즈니스 인맥을 넘어 개인인맥을 만드는 문답의 기술	°265
인맥이 인맥을 부르게 하라 – 인맥 소개의 비법	°270

하루 1시간
인맥관리를 위한
Warming-Up

명함
한 장의 무게

　무게를 재보면 1그램 안팎의 작은 종이에 불과한 명함, 이 명함이 여러분에게는 어떤 의미인가요?
　미국 민주주의의 아버지 에이브러햄 링컨이 총탄을 맞고 쓰러지자 시인 월트 휘트먼은 이런 추모의 시를 썼다죠.
　"오 캡틴! 마이 캡틴! (Oh Captain! My Captain!)"
　시인에게 링컨은 암울한 시대를 끝내고 우리를 밝은 곳으로 인도해 주는 새 시대의 상징이었습니다. 그래서 '오 캡틴!'이라는 저 문장은 절망과 서러움에 북받쳐 내지르는 소리였습니다.
　저는 한 장의 명함이 가진 힘이 시인의 외침만큼의 무게가 있다고 믿습니다. 편견을 조금만 버리면 여러분에게도 명함이 지닌 가능성이 느껴지리라고 생각합니다. 지금 당신의 명함지갑이나 명함 관리앱, 명함철에 담긴 한 장의 명함은 당신이 생각하는 것보다 더 큰 힘을 갖고 있습니다.

　명함을 받았다는 말은, 업무적이든 사적이든 사회생활을 하는 누군가를 소개받았다는 얘기일 것입니다.
　저는 미팅이 끝나고 혼자 있는 시간이 되면, 다시 명함을 꺼내서 그 사람과의 만남을 가만히 복기합니다. 첫인상이 어땠는지, 어떤 이야기를 나누었는지, 그의 관심사는 무엇인지 짧은 만남에서 제가 알 수 있는 다양한 정보를 추적하여 의식적으로 인지하려고 노력하죠. 그렇게 하나씩 회상하다 보면 대화 도중에는 몰랐던 정보도 발견하게 되고, 또 그 사람에 대한 인상이 각인되는 효과도 얻습니다. 그리고 내가 했던 말이나 행동도 돌아보는 시간도 되죠. 복기 시간은 불과 5분에서 길어야 10분 정도인데 투자한 시간치곤 꽤 유익합니다.

명함 여백에
상대 정보를 기록하는 방법

복기하는 것만으로 끝을 내면 곤란합니다. 인간의 기억력에는 반드시 한계가 있으므로 망각이론의 곡선에 따라 아주 강렬했던 기억 빼고는 다 사라지고 말 것입니다. 그래서 저는 다음 그림처럼 명함의 빈 곳을 활용하여 중요한 메모 몇 가지를 덧붙입니다.

[그림 1] 명함 앞면과 뒷면에 기재할 내용

명함 앞면에는 만난 날짜, 장소, 용건 등 명함에 누락되어 있지만 객관적으로 중요한 정보를 기록합니다. 명함만 꺼내보면 언제 어떻게 만났는지 대강 파악할 수 있는 거죠. 예컨대 다음과 같습니다.

"2017/10/5(목), 강남역 인근 △△카페, A제품 소개"

뒷면에는 상대적으로 주관적인 정보를 기록합니다. 첫인상도 적어두고, 인상착의나 상대의 관심사 따위도 꼼꼼히 쓰는 거죠.

"자녀의 대학입시 걱정. 푸근한 인상. 말수가 적음.
대화 중에 삼국지를 인용함. 깔끔한 스포츠형 머리에 넥타이 정장차림"

이렇게 나누어서 적는 이유는 뭘까요? 앞면의 객관적 정보는 업무 정보이므로 어렵지 않게 그 필요성을 느낄 수 있습니다. 반면 뒷면의 주관적 정보는 어떤 의미에서 불필요해 보이기도 합니다. 그러나 이 짧은 문장에 가능성이 잉태되어 있다는 사실을 알고 있는지요? 업무적 관계에서 그치느냐, 아니면 그런 관계의 벽을 넘어서 조금 더 사적인 관계로 발전하느냐가 바로 이 사소한 몇 줄에 달려 있기 때문입니다.

조금 더 구체적으로 설명하면 이제 저는 그 사람과 사적인 대화를 나눌 수 있게 되었습니다. 미팅이 이루어진 후 저는 한 달이 지나기 전에 꼭 연락을 취합니다. 기왕이면 전화가 좋겠지만 불가피한 경우 문자나 이메일도 괜찮을 것 같습니다. 전화를 건다고 가정해 보죠. 일단 전화기를 들기 전에 그 사람에 대한 기억을 떠올립니다. 물론 명함을 보면서 말이죠. 가만히 떠올리면 그 사람 얼굴이 머릿속에 점차 또렷이 그려집니다. 그리고 좋았던 기억들을 집중적으로 상기합니다. 그 사람에 대한 나쁜 기억은 버립니다.

    제가 한 30년 인맥관리를 하다 보니 상대에 대해 나쁜 기억을 갖고 있는 상태에서 통화를 하거나 이메일 등을 작성해서 보내면 상대가 귀신같이 알아차린다는 사실을 깨달았습니다. 당장은 모르죠. 시일을 두고 보면 그 사람과 거리가 전혀 좁혀지지 않았음을 알게 됩니다. 저도 예전에는 그 이유를 몰랐습니다. 인맥관리를 시작한 지 어느 시점에 이르러 가만히 제 행실을 돌이켜 보았더니 조금씩 보이기 시작했습니다.
    나에게 나쁜 기억의 앙금이 자리를 잡고 있는 동안에는 어떤 대화의 소재도 상대로 하여금 유쾌한 반응을 이끌어내지 못한다는 사실을 안 뒤로는 부정적 기억, 나쁜 기억은 다 지우려고 애를 썼지요. 물론 명함 뒷면에도 그런 내용은 일절 적지 않습니다마는, 기억에서도 숨 쉴 틈이 없게 하려는 것이죠.
    그게 습관이 된 지금은, 상대의 얼굴을 떠올리면 자연스럽게 그 사람의 장점이나 특징이 호박넝쿨처럼 줄줄이 따라오지요. 그러면 그 사람에 대한 호감도 샘솟고, 자연스럽게 대화의 소재도 발견하게 됩니다. 준비를 마친 저는 이제 전화를 겁니다. '따님 대학준비는 잘 되고 계신가요?' 억지로 찾지 않아도 말문을 열 수 있습니다.

    이와 같이 명함 뒷면에 기록하는 몇 줄짜리 정보는 관계를 한 걸음 진전시키는 효과가 있습니다. 그래서 뒷면까지 기록을 적어두는 게 중요하죠.

주소록을 펼치세요

　명함 앞뒷면에 정보를 기록했다면 다음 단계는 주소록입니다. 요즘은 손 안의 컴퓨터인 휴대전화에 많은 기능이 제공되어 주소록 관리가 한결 편해졌습니다. 그러나 제가 사회생활을 시작했던 1980년대에는 휴대전화도 없었고, 주소록을 관리할 수 있는 전자단말기도 따로 없었죠. 저는 일반 대학노트를 마련해서 명함을 옮겨 적기 시작했습니다. 시중에서 쉽게 구입이 가능한 50~60페이지 정도의 얇은 노트였는데 보통 한 페이지에 20~30줄 정도의 빈 칸이 있었던 것으로 기억합니다. 가나다순으로 명단을 구분한 뒤 명함의 내용을 그대로 옮겼습니다. 주로 적었던 것은 이름, 회사명, 부서, 회사전화번호, 팩스번호 따위였습니다. 그렇게 한 5년을 쓰다 보니 노트가 꽉 찼습니다. 대략 1,500명 정도의 기록이 담겼지요.

　다음으로 준비한 노트는 100페이지짜리였습니다. 이것도 한 5년 쓰다 보니 꽉 차게 되었습니다. 다시 두툼한 200페이지짜리 노트를 마련했는데 이것도 5년 정도 지나니까 더 쓸 곳이 없었죠. 이 무렵까지 주소록 명단에 적힌 사람이 4,000~6,000명 정도였던 것으로 추정됩니다.

　그러다 10년 전부터 컴퓨터 파일로 양식을 만들어서 출력해서 쓰기 시작했습니다. 가나다순이 아니라 ㄱㄴㄷ순으로 파일을 관리했는데 해보니까 'ㅅ'이나 'ㅇ'으로 시작하는 곳이 많더군요. 노트가 파일로 바뀌었지만 기본적인 형태는 똑같습니다. 다만 파일로 바꾸면서 공란을 남겨서 나중에 이직이나 전근, 이사 등으로 정보가 변했을 때 수정할 수 있도록 만들었죠. 그 무렵 출판사에 투고한 원고를 보고 출판사에서 직원들을 데리고 찾아왔는데, 주소록 명단을 일일이 세어보더니 주소록 리스트가 1만 명 정도 된다고 알려주었습니다. 그때부터 출판사에서는 저를 '1만 명 인맥관리의 달인'이라고 부르기 시작했습니다.

당시에도 출판사가 의아해했던 점은 1만 명 인맥이 어떻게 다 관리가 되느냐 하는 점이었습니다. 상식적인 의심이었습니다.

그에 대한 제 답변은, 가능하다였습니다. 제가 하고 있는 일이었기 때문에 불가능할 이유가 전혀 없었죠. 특히 기본적인 관리만 생각한다면 하루 1시간이면 1만 명 인맥관리가 충분합니다. 정말 관리가 되는지 어떻게 확인할 수 있느냐고요? 연결이 안 되는 연락처가 있는지 확인하면 알 수 있죠.

저의 추정이 옳다고 보는 한에서 제 주소록은 최대 6개월 이전까지의 최신 정보로 업데이트되어 있습니다. 아무리 먼 관계라도 최소 반 년에 한 번쯤 연락을 취하는 게 저의 인맥관리 방침이기 때문입니다. 만일 6개월에 한 번 연락을 했는데 수신이 불가능했다면 그때는 죽은 정보가 됩니다. 하지만 그렇게 해서 탈락한 인맥은 생각보다 적었습니다. 10년 전, 20년 전 관계가 깨지지 않고 유지되니까 1,500명에서 4,000명이 되고, 4,000명에서 6,000명을 거쳐 1만 명까지 늘었난 것이라고 생각합니다.

인맥은 양과 질, 양면에서 모두 이야기될 수 있습니다. 이 가운데 무엇이 먼저인가 하는 문제는 마치 닭이 먼저냐, 달걀이 먼저냐 같은 질문처럼 답변이 어렵기는 하죠.

인맥의 질적 측면, 즉 한 사람과 얼마나 간담상조할 수 있는 관계로 나아갈 것인가 하는 문제는 앞으로 계속 풀기로 하고, 여기서는 간략히 양적 측면, 즉 숫자에 대해서 이야기하고 싶습니다.

인맥의 숫자가 지닌 의미

사회관계망서비스, 그러니까 SNS가 등장한 뒤로 낯선 키워드들이 동시다발적으로 쓰이기 시작했습니다. 빅데이터를 비롯하여 트렌드, 인공지능, 그리고 지금 이야기하고 싶은 집단지성도 등장했습니다. 위키피디아가 대표적인 집단지성이죠. 다양한 지적 개체가 참여하여 하나의 주제에 대한 정보를 확장해 갑니다. 혼자서는 도저히 할 수 없는 일이, 집단지성에서는 가능한 것이죠.

그런데 인맥도 집단지성의 특성을 갖고 있습니다. 한 가지만 물어보죠. 혹시 매일경제나 한국경제에 아는 분이 있나요?

예전에 출판사 사람과 만나서 원고에 대한 이야기를 나누다가 던졌던 질문이기도 합니다. 당시 그 편집자는 한 1초 생각하더니 또렷한 목소리로 이렇게 대답했습니다. "아니요, 없습니다."

만일 여러분이 이렇게 답변하면 둘의 관계는 더 이상 진전이 없거나 후퇴하게 되죠. 저는 예전부터 그랬지만 아는 분에게 이런 질문을 받으면 당장 떠오르는 인맥이 없더라도 일단은 이렇게 답변을 드렸습니다.

"하루 이틀 정도 여유가 있으시다면 제가 확인해 보겠습니다."

물론 저도 매경이나 한경에 아는 사람이 없습니다. 그런데 제 지인 중에도 아는 사람이 없을까요? 전화번호부를 찾아가며 알 만한 사람에게 전화를 겁니다. A가 모르면 혹시 누가 아는지 물어봅니다. B에게 확인하니 C가 알고 있다고 합니다. 이런 식으로 정보를 찾아서 사람을 연결시켜 줍니다.

아마 여러분도 많이 들어봤던 이론이죠. 6명만 거치면 지구 반대편 누구와도 연락이 닿을 수 있다는, 스탠리 밀그램 교수의 6단계 분리 이론(six degrees of separation)입니다. 이후 마이크로소프트사의 연구원 에릭 호로비츠가 유사한 결과를 발표하기도 했습니다.

보통의 사람들은 자기가 아는 게 전부라고 생각합니다. 그러나 인맥을 가진 사람들은 내가 알지 못하더라도 내 인맥이 알고 있으리라고 생각합니다. 간단하지만 중대한 차이죠. 즉, 인맥이란 집단지성적 특성을 갖고 있다는 말입니다.

그런 관점에서 살펴본다면 인맥의 숫자란 단순히 아는 사람이 많고 적음을 의미하는 게 아닙니다. 나의 인맥의 숫자만큼 나의 지식도 커지고 나의 역량도 넓어진다는 뜻입니다. 특히 일이란 게 사람이 하는 것인 만큼 사람을 알고 있다는 말은, 일도 된다는 뜻이 됩니다.

공개 입찰과 같이 객관적 지표에 따라 업무가 처리되는 영역에서도 힘을 발휘하며, 나아가 거래처 관리, 고객 창출과 같이 영업자 개개인의 역량이 중시되는 영역에서는 두말할 것도 없죠. 제도나 법규가 정해진 영역에서도 우리는 늘 신뢰 여부를 확인하는 데 어려움을 겪고는 합니다. 사람에 대한 신뢰가 다져지지 않고는 뭔가 불안하고 부족해 보이는 게 사실이죠. 그럴 때 힘을 발휘하는 게 오래 두고 지켜본 인맥의 보증 한마디입니다.

단순히 팔이 안으로 굽듯 그냥 아는 사람에게 일을 맡기면 좋은 게 좋은 거 아니냐는 얘기가 아닙니다. 인류의 역사가 시작된 이후로 항상 사람에 대한 신뢰는 중요한 이슈였고, 그게 진짜 인맥의 힘이 되는 것이죠. 그런 관점에서 보면 인맥의 숫자는 내가 신뢰받는 공간의 넓이를 의미하기도 합니다. 어디를 가나 나를 보증해주는 사람이 한두 명쯤 있다는 말은, 이미 일이 될 준비가 되었다는 뜻이니까요.

등급별 관리법

다음 단계로 가서, 주소록 관리방법을 하나 배워보도록 하죠. 인맥이 늘어난다는 건 그만큼 효율적 관리가 필요하다는 말이기도 합니다. 1만 명 인맥을 관리하던 시절, 저는 인맥을 세 그룹으로 나누었습니다. 관리의 빈도수에 따른 분류입니다.

> **A그룹** 최상급 관리. 관리 빈도가 높은 사람. 긴밀한 관리가 필요한 사람
> **B그룹** 중간급 관리. 관리 빈도가 높지는 않으나 비즈니스상 중요한 사람
> **C그룹** 일반 관리. 관리 빈도도 높지 않고 업무적 연결고리가 없거나 적은 사람

제가 말씀 드리는 인맥은 기본적으로 업무를 중심으로 이루어집니다. 그건 우리가 일이나 회사라는 형태를 벗어나서 살아가기 어렵다는 방증이기도 합니다. 실제로 업무와 연관성이 낮은 인맥은 동창 따위의 특별한 인연이 아닌 한 장기간 관리가 어렵다는 공통점을 보이기도 합니다.

A~C의 분류방식은 관리 빈도에 따른 분류입니다.

활용할 수 있는 모든 소통 수단을 다 활용하여 꾸준히 관리해야 할 사람들이 A 그룹에 속합니다. 전화나 이메일, 문자, SNS뿐 아니라 오프라인 미팅까지 꾸준히 해야 하는 사람들이죠. 꼭 일이 없어도 차도 한 잔 마시고, 점심도 함께하고, 저녁 술자리도 종종 하는 분들입니다. 주로 업무적 필요가 큰 동시에 개인적 친분까지 깊은 사람들이죠. 이들이 제 인맥의 핵심이 됩니다.

B 그룹은 업무적 필요성은 있으나 개인적 친분은 그리 크지 않은 분들입니다. 다만, 개인적 친분을 쌓을 만한 여건이 안 되기 때문에 B 그룹이 된 것이지 일부러 B 그룹으로 분류한 것은 아닙니다. 학교 동창이었거나 가까이 살거나 취미나 종교생활 등이 같았다면 조금 더 가까워졌을 수 있겠지만 그런 기회가 없던 분들입니다.

C 그룹은 조금 더 먼 분들입니다. B 그룹에서 업무적 연결고리가

희박한 분들이죠. 그래도 이분들과의 연락을 끊지는 않습니다. 앞으로 어떤 관계가 될지 모르니까 명절이나 여름휴가, 크리스마스 등 1년에 3~4회 이상 연락을 하며 끈을 이어가고 있습니다. 아직 서로에 대해서 아는 게 많지 않기 때문에 인맥이라기보다는 인맥의 가능성을 갖고 있는 분들이라고 부르는 게 적당할지 모릅니다.

다음 표의 마지막 칸을 보면 A~C까지 분류가 적혀 있는 걸 확인할 수 있습니다.

인맥구분	소속	이름	연락처	비고	그룹
거래처	A사	김치국	Tel. Mobile. E-mail. Add.	창립기념일 1995.10.9	A
동창	B사	나홀로	Tel. Mobile. E-mail. Add.	생일 1965.2.5	B
성당	자영업	명배우	Tel. Mobile. E-mail. Add.	전화번호 변경 010-0000-0000	C
친지	C사	박천재	Tel. Mobile. E-mail. Add.		C

[표 1] 주소록 파일

왼쪽에는 인맥의 성격에 따른 분류가 적혀 있습니다. 아는 사람이 많아지다 보면 누가 누구인지 헷갈릴 때가 있죠. 더욱이 우리나라는 같은 이름도 얼마나 많은가요? 이를 사전에 예방하려면 인맥의 성격에 따라 분류하는 게 도움이 될 수 있습니다. 또 오른쪽에 보면 비고란이 있는데 여기에 변경된 정보나 기억해야 할 만한 정보를 기록하곤 합니다.

A 그룹 관리용
전화번호부

　주소록은 일종의 베이스캠프입니다. 인맥의 개인정보가 종합적으로 기록되어 관리되는 최종 집합소죠. 그런 만큼 활용성은 좀 떨어지는 편입니다. 이런 문제를 해결하기 위해 저는 휴대성이 높고, 가용성이 좋은 전화번호부를 따로 만들어서 사용합니다. 특히 이 전화번호부는 A 그룹 관리에 특화된 것이죠.

　A 그룹은 말씀 드렸듯이 빈번한 관리를 요하는 인맥들입니다. 이들은 따로 전화번호부에 연락할 수단을 적어둡니다. 지금 들고 다니는 제 전화번호부에는 언제든 전화를 걸 수 있는 1,000명의 인맥이 적혀 있습니다만, 불과 5년 전만 해도 그 수가 3,000명에 이르렀죠(왜 줄게 되었는지는 뒤에 다시 설명할 기회가 있을 것입니다).

　이 인맥들은 저와 친분이 깊기 때문에 전화번호부에 기록되는 내용이 별개 없습니다. 일단 모두 A 그룹이므로 그룹 분류 표시도 없고, 또 누가 누구인지 다 아는 관계로 인맥의 종류에 따라 분류도 표기하지 않습니다. 그들이 근무하는 곳과 사는 곳도 대충 알다 보니 남는 건 연락처밖에 없습니다. 휴대전화번호, 집전화번호, 회사전화번호 따위가 이름과 함께 적혀 있죠. 전화번호부도 시중에서 팔던, 예전 집집마다 한 권씩 놓여 있던 그런 제품입니다.

그러나 한 가지 다른 게 있다면 전화번호부는 늘 지참하고 다닌다는 점입니다. 제가 영업자 출신인데다 아는 사람도 많다 보니 외출이 잦습니다. 거래처 미팅을 위해 강남역에 나가는 길이라면 인근에 있는 지인을 탐색합니다. 자주 봤던 분들이라 누가 어디에 있는지는 이미 머릿속에 그려집니다. 나가는 길에 전화번호부를 펼쳐서 지인에게 전화를 겁니다. 용건은 없습니다. 그냥 보고 싶다고 전화를 거는 거죠. **'마침 거래처 일이 있어서 강남에 왔습니다. 시간 되시면 차 한 잔 사고 싶은데요.'** 편하게 연락하고 잠깐이라도 얼굴을 뵙는 데 목적이 있습니다. 물론 이런 관계가 되기까지는 시간이 필요하기는 합니다.

A 그룹과 B 그룹은 휴대전화에 전화번호 저장

A 그룹은 수시로 연락을 취해야 하는 관계이므로 휴대전화에 전화번호를 저장하는 건 기본입니다. 한편 A 그룹뿐만 아니라 B 그룹도 함께 저장하면 좋을 것 같습니다. B 그룹은 A 그룹만큼 관리 빈도수가 높지는 않지만 업무 때문에 연락하는 경우가 많죠. 그런데 휴대전화에 저장되어 있지 않으면 누군지 모르는 상태로 받게 되므로 여간 결례가 아닙니다. 그래서 간단한 팁이지만 저는 휴대전화에 사람 이름을 저장할 때 이름뿐만 아니라 직급과 회사명을 이름칸에 같이 저장합니다.

이름만 저장한 경우	이름과 함께 직급, 회사명을 함께 저장한 경우
010·3333·3333	010·3333·3333
홍길동	홍길동 과장 코리아○○○

이렇게 저장을 마치면 전화를 받기 전 준비할 시간이 생기므로 통화가 한결 수월해질 뿐만 아니라 '당신을 기억하고 있다'는 메시지를 전달할 수 있으므로 인맥관리에 도움이 됩니다.

그룹 전체를 위한
전화·문자표

자, A와 B 그룹을 관리하는 방법은 앞서 언급한 대로 이루어집니다. 그러면 C 그룹은 어떻게 될까요? 마지막으로 여러분이 준비해야 할 게 하나 있습니다. 인맥 전체를 위한 전화·문자표입니다. 이 표는 그룹을 가리지 않고 전체에게 문자메시지를 보내거나 전화를 걸 때 표시하기 위해 만든 것이죠.

저는 연간 3~4회에 걸쳐 전체 인맥에 연락하는 습관이 있습니다. 내가 당신을 잊지 않고 있다는 의미를 전달하는 데 좋은 방법이죠.

바로 이 표에 C 그룹의 내용을 적는 것이죠. 물론 A와 B도 당연히 넣습니다.

살다 보니 자녀 돌잔치나 창립기념일, 회갑연, 자녀 결혼식 등 개별적으로 의미가 있는 날이 있는 반면, 사람이라면 누구나 의미가 있는 날이 있더군요. 주로 명절이나 크리스마스, 연말연시, 혹은 여름휴가 시즌, 나아가 사회적으로 큰 축제나 이슈가 있을 때입니다. 하루라도 나의 친구와 인맥들을 생각하지 않고 넘어가는 법이 없다 보니 누구는 보내고 누구는 안 보낼 수 없는 날들이 있었다는 얘기입니다.

그런 날들을 따져 보니 대략 1년에 3~4회 정도가 되었고, 이때는 다른 건 몰라도 인사 정도는 여쭙는 게 도리겠다 싶어서 시작한 게 그룹 전체를 위한 전화·문자표였습니다.

표를 만든 이유는 사람이 너무 많다 보니 누구에게 보냈는지 확인할 방법이 없었기 때문입니다. 처음에는 명단을 보면서 전화 통화를 하면 'T(telephone)'라고 적고 문자메시지를 보내면 'M(message)'이라고 적었습니다.

가급적 전화 통화를 원칙으로 했습니다만, 부득이한 경우에 문자를 보내곤 했죠. 그렇게 통화하다 보니 조금씩 요령이 붙었습니다. 전화를 걸어도 부재중일 때가 있습니다. 그러면 문자로 대신하게 되죠.

그런데 부재중 통화를 보고 답신이 올 때가 있습니다. 문자라는 게 전화와 달리 답신을 받지 못하면 상대가 받았는지 안 받았는지 알 수 없었기 때문에 문자메시지를 전달한 뒤에는 답신 여부를 체크하게 되었습니다. 그래서 답신이 온 경우에는 'M' 자에 동그라미를 쳐서 표기했습니다. 답신이 왔다는 말은 그의 연락처가 살아 있다는 뜻이고, 동시에 상대가 나와의 인연을 이어가길 바란다는 의미로 해석했습니다.

그런데 앞서도 말씀 드렸지만 시일이 흐르다 보니 인맥의 숫자가 점점 많아지기 시작하면서 도저히 감당할 수 없게 되었습니다. 일일이 통화하기란 너무 힘든 일이었죠. 좋아서 시작한 일이긴 합니다만, 인맥관리가 일이 되어서는 안 된다는 생각이 든 것도 이때부터였습니다.

요령을 찾았습니다. 1년에 꼭 한 번은 통화하는 것을 원칙으로 하되, 나머지는 문자로 대체하자고 마음을 바꿔 먹은 거죠. 그래서 1년 3~4번 중 1회만 통화를 원칙으로 하고 나머지는 문자로 바꾸었습니다. 그래도 여전히 숫자가 많아서 전화 없이 문자만으로 연락하는 분들도 생기게 되었죠. 그러나 회신이 오면 동그라미를 치면서 상대와 나의 거리에 대해서 생각하는 시간을 늘 가졌습니다. 다음 표가 전체 인맥을 위한 전화·문자표입니다.

회사	이름	휴대전화번호	연말연시	설	추석	기타
A사	김갑돌	010·0000·0000	Ⓜ	T	M	
B사	나영철	010·0000·0000	T	M	M	
C사	도순득	010·0000·0000	T	M	M	
D사	라철수	010·0000·0000	M	T	Ⓜ	
E사	마동갑	010·0000·0000	M	Ⓜ	T	

[표 2] M자 위에 동그라미 표시는 답신이 온 경우

한편 문자 발송은 개별 문자 발송이 원칙입니다만, 때때로 전체 문자를 발송할 때도 있습니다. 전체 문자라는 게 사적인 이야기를 담기 어려워 내용이 다소 딱딱하게 느껴질 수도 있죠. 만일 전체 문자를 보냈는데 답신이 도착하면 개별 회신 문자를 보내서 서운하지 않도록 하는 게 제 원칙입니다.

마지막으로, 명함철에 꽂으세요

이제 인맥관리를 위한 기본 세팅은 끝마쳤습니다. 한 장의 명함을 받게 되면 저는 이런 방법을 거쳐서 인맥관리 리스트에 그를 포함시킵니다. 마지막으로 명함철에 명함을 꽂으면 끝이 나죠.

다만, 명함철에도 구분을 둡니다. 시기별로 같은 명함철에 넣을 때도 있고, 인맥의 성격별로 묶을 때도 있습니다. 예컨대 20XX년 1월 1일부터 같은 해 6월 30일까지를 묶어서 하나의 명함철에 넣는 경우도 있고, 동창인지 거래처인지 성격에 따라 나누어 관리하는 경우도 있습니다. 나중에 필요할 때 찾을 수만 있다면 어떤 방법이든 무관하리라고 생각합니다. 단 저는 절대 명함을 함부로 버리지 않습니다. 왜냐하면 그 한 장의 무게가 어떤 의미인지 잘 알기 때문이죠.

성공인맥을 만드는 필수 Skill

인맥을
넓히는 비결

　10년 전 처음 〈인맥관리의 기술〉이라는 책으로 세상에 얼굴을 알린 뒤로 지금까지 7권의 책을 내면서 여러분의 최우선 궁금증이 무엇인지 알게 되었습니다. '어떻게 그 많은 인맥을 만들었는가?' 하는 내용이죠. 제 이야기를 들려드리겠습니다.

　군대에서 5년간 간부 생활을 한 덕에 조금 늦은 나이에 태광산업에 입사했습니다. 동기들보다 두세 살 많은 중고신입이었죠. 태광산업은 국내 최초로 주가 100만 원을 넘기는 등 황제주로 유명한 회사였습니다.
　발령받은 곳은 태광에로이카의 영업부였습니다. 태광에로이카는 신설 전자사업부로, 부도난 오디오업체를 인수하여 이제 막 돛을 달고 출범한 범선이었습니다. 그러나 안타깝게도 어디로 가야 하는지 나침반도 없이 항해를 시작한 배였습니다. 직원 규모는 1,400명이었으나 아직은 에로이카를 대표할 만한 유명 제품이 전무한 상태였죠. 시장 점유율도 꼴찌였습니다.
　내다 팔 것도 없고, 개발 중인 제품도 없는 회사에서 직장생활 1년 차의 영업사원이 무슨 일을 할 수 있었을까요? 당시는 하이마트나 전자랜드 같은 종합 판매점이 없던 시절입니다. 자사의 대리점이 유일한 유통망이었습니다. 대리점 사장들도 한숨을 폭 내쉬었습니다. 그들은 경쟁사였던 인켈이나 롯데, 아남의 카탈로그를 내밀며 '우리에게도 이런 제품이 필요하다'며 하소연했습니다. 참 미안한 노릇이었죠.

대리점 순회를 마친 후 머릿속에 떠오른 결론은 하나였습니다. '이대로는 항구를 떠나기도 전에 난파하겠다.'

새파란 신입사원 주제에 겁도 없이 생산부장을 찾아가 경쟁업체 카탈로그를 내밀었습니다. '부장님, 대리점 사장들의 원성이 자자합니다. 우리도 이런 걸 만들어야 하지 않겠습니까?' 그러자 생산부장이 난색을 표합니다. '그건 우리 소관이 아니다. 개발부에서 만들지 않으면 우리는 생산할 수 없다.' 걸음을 옮겨 찾아간 개발부장도 어림없는 소리라며 일축했습니다. '병원에 가면 외과와 내과가 있지 않느냐? 마찬가지로 우리 개발부는 일종의 내과다. 당신이 요구하는 제품을 만들려면 외과가 있어야 한다.' 납득하기 어려운 논리였습니다.

답답한 마음에 인켈과 롯데를 찾아갔습니다. 경쟁업체들은 어떻게 만드는지 궁금했습니다. '개발부에 내과와 외과가 따로 있다는데 여기서도 그런가?' 그렇게 물었더니 무슨 소리냐며 제게 되묻습니다. '개발부에서 하지 않으면 누가 하느냐? 무슨 내과 외과가 따로 있느냐?'고 황당한 표정을 지었죠. 그렇습니다. 결론은 단 하나, 태광에로이카의 개발부는 만들 실력이 부족했던 거였습니다.

다시 개발부장을 찾아갔습니다. 이번에는 실력 부족을 순순히 인정합니다. 제가 제안했습니다. '제가 실력 있는 개발자를 스카우트 해오면 문제가 해결되겠습니까?' 개발부장으로선 거절할 수 없는 제안이었죠. 그 길로 태광에로이카 사업부장님을 찾아갔습니다. 사람을 충원하는 일이므로 책임자의 결재가 필요했습니다. 사업부장님에게 회사가 처한 상황을 설명하고 사람을 뽑으러 다녀도 되는지 물었습니다. 사업부장 역시 거부할 이유가 없었습니다.

그렇게 해서 태광에로이카의 영업부 신입사원이었던 저는 전국을 돌며 개발부 인재를 찾아 헤매기 시작했죠.

신입사원이 스카우트하러 다닌 이야기

당시에는 지금처럼 인사부가 따로 없었고, 총무팀이 인사를 담당했습니다. 그들은 주로 사내 직원을 관리하는 업무를 맡았기 때문에 어떤 인재가 국내에 숨어 있는지 알 턱이 없었죠. 사실 저는 유능한 외부 인사 영입은 CEO가 담당해야 한다고 생각합니다. 하지만 그 시절은 지금과 달리 스카우트라는 게 흔치 않은 일이었습니다.

아마 직장인이라면 이 지점에서 난감함에 빠지는 게 일반적입니다. 특히 근속연수가 짧은 사원일수록 심각한 문제죠. 도대체 좋은 인재들은 다 어디 숨어 있는 거야?

정보가 필요했습니다. 학교 동창 모임이나 동종업체 모임이 훌륭한 정보원이었죠. 자리에 합석해서 이야기를 나누며 정보를 탐색합니다. '당신 회사에는 누가 개발을 잘하나요?' 그럼 대개 답변이 돌아옵니다. '김 과장이 잘하지', '이 과장 없으면 우리 회사 안 돌아가' 당연히 크로스체크(cross-check)를 하죠. 제 경험으로 보면 2명만 의견이 일치하면 더 물을 필요도 없습니다. 실력자는 평가가 엇갈리는 법이 없으니까요.

정보를 손에 쥐면 회사 대표번호로 전화를 걸어서 '개발부 김 과장'을 찾습니다. 정중히 제 소개를 합니다. '태광에로이카 김기남입니다. 뵙고 싶어서 전화 드렸습니다.' 용건은 따로 알려주지도 않았습니다. 그래도 대부분 자리에 나옵니다. 아마도 동종업체 직원이 만나고 싶다니까 궁금하기도 했을 테고, 또한 실력파 인재들은 최신 정보를 얻기 위해서라면 자기 시간을 아끼지 않는다는 점도 작용했으리라 생각됩니다.

사람을 움직이는 2개월의 법칙

약속한 날짜가 되면 짧지만 중요한 미팅이 시작됩니다. 제가 늘 고민하고 신경 썼던 점은 제 인상이었습니다. 제가 미덥지 않게 느껴진다면 과연 저의 제안을 덥석 수락할까요? 어림도 없는 소리입니다.

첫 만남은 조심스럽게 한 걸음 다가서는 시간이었습니다. 저에게는 마침 오랫동안 종교생활을 해온 아내가 있었습니다. 저 역시 천주교 신자였지요. 소개를 마치고 나면 저와 아내의 신앙 스토리를 가벼운 화제 삼아 들려드리곤 했습니다. 전도가 목적도 아니었고, 오직 저라는 사람을 알 수 있는 신앙적 에피소드를 소개합니다. 분위기는 다르지만 꼭 면접관 앞에서 저의 성장 스토리를 소개하는 것과 흡사한 시간이었지요. 물론 회사 이야기도 꺼내고 업계 정보도 교류했지만 지금 가만히 돌이켜 보면 천주교 스토리가 신뢰의 초석을 다지는 데 가장 힘이 된 것 같습니다.

첫 미팅에서는 아무래도 스카우트 운운하는 데 한계가 있었습니다. 최소 두세 차례 만남을 하면서 상대의 경계심이 누그러지고 호감도가 높아졌을 때를 기다려 이직을 제안하게 되죠.

그렇게 마음을 열기까지의 시간이 대략 2개월 정도가 걸리는 것 같습니다.

첫 미팅 이후 그를 위해 들인 시간은 대략 2~3개월로, 한 달에 한 번꼴로 만나서 서서히 대화를 진전시켜 갔죠. 물론 공백이 있으면 안 되니까 미팅 사이에 전화통화를 통해 지속적인 소통을 이어갔습니다. 도식화한다면 다음과 같은 방식이었죠.

첫 미팅 ⇨ 1주일 이내 전화 ⇨ 1주일 이내 전화 ⇨ 1주일 이내 전화 ⇨ **두 번째 미팅** ⇨ 1주일 이내 전화 ⇨ 1주일 이내 전화 ⇨ 1주일 이내 전화 ⇨ **세 번째 미팅**

만나는 분마다 마음의 거리가 좁혀지는 시간이 다르기는 했으나 대략 이와 같이 2개월 정도 지나면 스카우트 이야기를 꺼낼 만큼 신뢰 관계가 다져지고, 그렇게 40명의 개발부 인력을 우리 회사로 모시게 되었죠.

저는 2개월 법칙을 믿고 있습니다. 일면식도 없는 사람을 만나더라도 2개월 정도 꾸준히 연락하고 만나면 신뢰가 쌓일 수 있는 기반이 닦이고, 설령 만나기 어려운 상대라도 최소 2개월 꾸준히 연락을 취하며 미팅을 희망하면 반드시 그 만남은 이루어집니다. 아마도 2개월이라는 시간이 사람이 마음을 여는 데 걸리는 평균적인 시간이 아닐까 생각됩니다.

무엇이 마음을 움직이는가?

물론 저 개인의 힘만으로 40명이나 스카우트에 성공한 것은 아닙니다. 여기에는 몇 가지 요인이 힘을 보탭니다. 첫째는 제가 다니던 회사에 대한 신뢰감입니다. 당시 태광산업은 알짜회사로 유명했습니다. 비록 태광에로이카는 당시 아직 진수식도 치르지 못한 신생 선박이었지만 그 뒤를 든든한 회사가 받쳐주고 있었죠.

둘째는 보상이었습니다. 과장을 영입하면 그의 초봉을 3~4호봉으로 올려주는 방식으로 이직에 대한 보상을 주었습니다.

그리고 셋째가 중요합니다. 저는 스카우트를 제안하는 자리에서 늘 이렇게 말했습니다.

"우리는 세계 최고의 오디오를 만들려고 합니다. 우리는 당신이 필요합니다. 함께 역사를 쓰고 싶습니다."

감히 말하자면 인간적 신뢰라는 바탕보다, 든든한 모회사라는 배경보다, 상대에 대한 믿음과 그 믿음을 통해 창조해갈 미래가 사람의 마음을 움직이는 데 가장 큰 힘이 된다고 생각합니다.

    지금까지의 과정을 상대방 입장에서 복기해 봅시다.

    태광산업은 알아도 태광에로이카라는 이름은 아직 생소한 어느 회사의 개발 인력이 있습니다. 어느 날 낯선 전화 한 통이 걸려옵니다. 태광에로이카의 영업부 사원이랍니다. 만나자고 하는데 무슨 이유인지 궁금합니다. 약속 자리에 나갑니다. 산뜻하게 이발한 사람이 웃으면서 일어섭니다. 인사를 나누고 용건을 듣습니다. 아직 속내가 무엇인지는 모르지만 종교 생활을 포함하여 회사 이야기, 업계 정보, 사적인 이야기까지 늘어놓습니다.

    미팅 이후 1주일이 지나기 전에 전화가 옵니다. 안부 인사를 겸한 짧막한 대화를 나눕니다. 이후 2~3주가량 잊을 만하면 한 번씩 전화가 옵니다. 그러다가 다시 미팅을 갖습니다. 첫 만남의 좋았던 그 느낌 그대로 그가 웃으며 반깁니다. 악수를 나누고 인사를 한 뒤 차를 마시며 업계 정보를 공유하고 사적인 이야기를 나눕니다. 그런 사이클이 한 번 더 반복됩니다. 늘 한결같이 연락하고 한결같이 말하는 모습에 편안함을 느낍니다.

    그가 세 번째 미팅에서 스카우트를 제안합니다. 비록 회사 자체는 이제 막 시작하는 곳이지만 끌리는 게 있습니다. 보상도 있다고 하고, 태광산업이라는 튼튼한 회사가 뒤에서 버텨줍니다. 그리고 마지막으로 그가 비전을 제시합니다. 제가 필요하다고 말합니다. 나의 가치를 알고 있다고 말합니다. 나름 성실하게 살았지만 나를 알아주는 곳은 내가 다니는 회사밖에 없는 줄 알았습니다. 안면은 텄다고 하지만 고작 두세 차례 만난 게 전부인 사람이 나를 믿는다고 말합니다. 함께 더 높은 곳으로 나아가자고 말합니다. 마음이 움직입니다. 여러 날 고민 끝에 합류를 결정합니다.

　그분들의 마음이 실제로 어떻게 움직였는지는 정확히 모릅니다. 그러나 태광산업에서 근무하는 동안 그들이 제게 보이는 태도를 통해 그 마음을 짐작합니다. 스카우트 이후에도 저는 40여 명의 인력을 제 사람이다 생각하고 챙겼습니다. 인력관리, 인맥관리가 뭔지도 모르지만 그 사람과의 친분이나 고마움을 떠올리면 남의 집 불구경하듯 모른 척하기가 힘들었습니다.

　그런데 그들도 저와 마음이 같았는지 자녀 돌잔치나 부모님 칠순, 팔순잔치, 딸 결혼식이 되면 다른 사람은 빠뜨려도 저는 꼭 초대했습니다. 제가 조금이나마 그들의 삶에 중대한 변화의 기회를 제공했다고 생각하는 것 같았습니다. 손을 잡고 악수를 나눌 때, 활짝 웃으며 인사를 건넬 때 우리 사이에는 뭔가 끈끈한 게 오고감을 느꼈지요.

　이런 과정을 거치는 동안 저는 자연스럽게 인맥관리 방법을 익히기 시작했습니다. 앞서 설명한 명함에서 시작하여 주소록, 전화번호부, 전화·문자표도 이 무렵부터 관리하는 체계가 잡히기 시작했습니다.

　어쩌면 여러분은 저에게 어떤 묘수나 노하우가 있었다고 생각할지 모릅니다. 물론 있기는 합니다. 속담으로 말씀을 드린다면 '급한 놈이 우물 판다'일 테고, 인맥이라는 주제에 맞게 바꾼다면 '일은 사람이 한다'가 될 것 같습니다.

　사람이 일을 한다는 사실을 알고 있다면 우리가 아는 사람의 숫자만큼 업무의 영역이 확대될 것은 자명한 일입니다. 팔 게 없어서 시작한 1년생 영업사원의 스카우트였으나 저에게는 이 짧지 않은 기간이 평생의 버팀목이 되었음을 부인할 수 없습니다.

참, 재능 있는 개발부 인력이 속속들이 합류하여 좋은 제품을 출시하자 회사는 성장세를 구가했으며 이후부터는 좋은 인력들이 제 발로 찾아오는 일이 빈번해졌습니다. 내가 누군가를 안다는 말은, 둘 사이에 신뢰의 바탕이 깔려 있다는 말로 그런 사람끼리 일을 하면 놀라운 일이 벌어지는 게 비즈니스의 성공법칙이 아닐까요.

없던 일을 하면 모르던 사람을 알게 된다

인력 스카우트는 사실 그렇게 많은 사람을 만난 시기는 아닙니다. 생각해 보면 간단한데 제가 만나야 할 사람이 한정되어 있기 때문이었죠. 인맥을 넓히는 게 저의 직장생활 목표도 아니었습니다. 그러나 인력 스카우트 과정은 저에게 사람을 어떻게 만나야 하는지 알려준 소중한 기회였다고 생각합니다. 반면 이후의 과정은 제가 감당키 어려운 수많은 인맥을 알게 된 계기가 됩니다.

오디오 개발 역량에 대한 갈증이 해소될 무렵, 저는 또 하나의 문제점을 인지하기 시작했습니다. 영업자는 본능적으로 많은 상품을 요구합니다. 팔 게 있어야 활동이 가능하기 때문이죠. 저 역시 영업부 소속이다 보니 몸이 근질거렸습니다. 역시 급한 놈이 우물을 파는 격이죠.

'개발 인력은 충원했고, 다음은 뭘까?'

밭을 일구었으니 이제 씨를 뿌릴 때가 된 거죠.

우리 회사가 아무리 오디오 회사라고 하지만 꼭 대리점에서 오디오만 팔아야 할까? 그건 아닌 것 같았습니다. 저는 오디오는 우리가 개발하고 오디오 외에 전자제품들, 예컨대 텔레비전이나 비디오카세트리코더(VCR) 따위는 얼마든지 외부 업체에서 들여와도 될 것 같았죠. 그렇게 시작된 게 주문자상표부착생산, 즉 오이엠(OEM)이었습니다.

당시 도입을 결정한 제품은 텔레비전, 비디오카세트리코더, 게임기를 비롯하여 가요반주기, 비디오콤팩트디스크플레이어(CDP), 진공관 오디오 등이었습니다. 일을 맡긴 곳은 가전사 대기업이나 벤처기업들이었죠.

오디오를 제외한 제품은 모두 아웃소싱이었기 때문에 이때부터 제가 만나야 할 업체와 담당자 수가 기하급수적으로 증가했습니다. 하나의 제품을 의뢰하려면 해당 업체의 구매부, 품질관리부, 개발사업부 등의 직원을 모조리 만나야 합니다. 보통 한 회사당 100명 전후의 인력이 미팅을 기다리고 있습니다. 아이템이 한 가지가 아니다 보니 명함을 주고받아야 할 사람이 수백에서 수천 명 단위로 훌쩍 뜁니다. 한 번만 만나고 끝인가요? 아닙니다. 미팅이 주기적으로 이루어지다 보니 회사에 앉아 있을 시간이 없습니다. 미팅이 끝나면 또 미팅이요, 사람을 만나면 또 사람입니다.

이 일 역시 누가 시켜서 한 게 아니라 제가 주도적으로 하다 보니까 사내에서도 제일 바쁜 사람이 됩니다. 만나는 사람이 늘면서 처리해야 할 업무의 양도 덩달아 많아집니다. 만나는 사람의 숫자가 커지면서 감당해야 할 업무의 범위도 넓어집니다. 그와 동시에 없던 제품이 들어오자 대리점이 활기를 띱니다. 제품의 종류가 늘자 매출도 덩달아 뜁니다.

우리는 앞에서 '어떻게 인맥이 많아졌는가?'라는 질문을 던졌습니다. 그에 대한 답은 무엇일까요? 아는 사람이 많아진 이유는, 제가 그만큼 뛰었기 때문입니다. 자기에게 주어진 일만 하는 사람이라면 만나는 사람도 정해져 있죠. 그러나 저는 없던 일을 하려다 보니 모르던 사람을 알게 되었습니다. 인맥을 넓히는 방법은 간단합니다. 없던 일을 하면 됩니다. 그러면 모르던 사람을 만나게 되죠.

아는 사람이 아니라
교류하는 사람

서기 7세기 세계에서 가장 번성한 나라는 중국의 당나라였습니다. 경제사학자들은 당시 당나라의 국내총생산(GDP)이 전 세계의 1/3을 넘었을 것으로 추정하고 있지요. 최강대국 당나라의 탄생에서 빠지지 않고 언급되는 게 물적·인적 교류입니다. 당나라의 수도 시안(西安)은 인구 100만 명이 넘는 국제도시로 유명했죠. 서양인도 쉽게 만날 수 있었고, 흑인이 살았다는 기록도 전하고 있습니다. 신라인 최치원도 당에서 과거에 합격하여 관리 생활을 하기도 했습니다.

당나라만 그런 게 아니죠. 14세기 원나라 당시에도 시조 쿠빌라이 칸은 인적 교류의 중요성을 누구보다 잘 알고 있었습니다. 미국이 최강대국이 된 배경에도 이민족 간의 혼합과 교류가 있었고, 천년 제국 로 마 역시 사람 간의 교류를 빼고는 이야기가 안 됩니다.

사람과 사람이 만나는 것은, 역사적으로 보나 비즈니스로 보나 뭔가 시너지를 만드는 지름길이었죠. 인맥을 영어로 하면 'personal connections'이라고 하더군요. 즉, 사람 사이를 연결하는 끈입니다. 이를 수학적으로 따져보면 흥미로운 결과와 마주합니다.

사람이 두 명일 때는 둘을 연결하는 끈은 하나입니다. 반면 사람이 셋일 때는 끈도 셋이 되죠. 사람이 넷이면? 끈은 여섯으로 늘어납니다. 다섯 명이 되면 끈이 10개, 여섯 명이 되면 끈은 15개까지 급증하죠.

이는 경우의 수나 수열을 구하는 수학문제인데 계산을 해보면 점은 최소 2개로 시작해야 하며, 점의 숫자가 2, 3, 4, 5, 6과 같이 하나씩 늘어날 때 점을 연결하는 선의 숫자는 1, 3, 6, 10, 15 처럼 일정 패턴을 보이며 증가하죠.

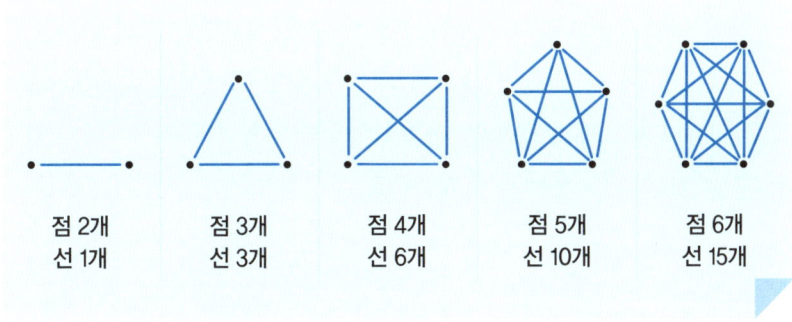

뇌세포와 시냅스의 관계도 이와 흡사합니다. 사람의 뇌세포는 나이가 들면 점점 줄어들지만 반면 책을 읽거나 사람을 만나는 등 자극을 계속 가하면 뇌세포를 연결하는 시냅스는 점점 증가하여 지력 역시 상승하죠. 지력을 가늠하는 좌표는 뇌세포의 숫자가 아니라 시냅스의 숫

자라는 얘기입니다.

　인맥을 넓힌다는 말은, 결국 교류를 증가시킨다는 말입니다. 그런 맥락에서 인맥이란 단순히 '아는 사람'이 아니요, '교류하는 사람'이라고 정의를 바꿀 필요가 있죠.
　이렇게 정의를 바꾸는 게 왜 중요할까요? 아는 사람과 교류하는 사람 사이에는 큰 차이가 있습니다. 지금은 서로 어디서 살고 있는지 모르지만 초등학교나 중학교 동창을 알고 있죠? 지금은 만나지 않더라도 이름이나 얼굴을 아는 것도 '아는 사람'의 범주에 들어갑니다.
　그런데 교류하는 관계는 조금 다릅니다. 이들 사이에는 언제든 전기가 흐를 수 있는 일정 조건이 있습니다. 그들은 온오프 스위치처럼 준비만 되면 언제든 온(on) 상태로 전환하여 전류를 흘려보낼 수 있죠. 그 사이에는 지속적으로 뭔가가 흐릅니다. 그렇죠, 그게 정보죠.

　인맥이란, 객관적으로 말하면 정보가 교류하고 있는 관계입니다. 만일 여러분이 직장인이라면 정보의 교류가 얼마나 중요한지 금방 알아차릴 것입니다. 이때의 정보란 사업에 상당한 영향을 미칠 수 있는 업계의 최신 정보일 가능성이 높기 때문이죠.

당신의 비즈니스는
안녕한가요?

　지금 우리는 4차 산업혁명 시대에 살고 있습니다. 2017년 현재 1년 간 생산되는 정보의 양은 지난 수천 년의 역사가 만들어낸 정보의 양보다 많다고 하죠. 장마철 빗줄기처럼 지금 이 순간에도 막대한 정보가 유무선 망을 통하여 쏟아지는 시대가 되었습니다. 그래서 우리는 마치 정보가 더 이상 특정인의 소유물이 아니라는 착각을 하곤 합니다. 이게 착각일 수밖에 없는 이유가 있습니다.

　첫째, 정보로서의 가치가 낮아질 때 정보는 오픈되는 경향이 있다는 점입니다. 마치 산사태 같습니다. 산사태가 벌어지면 골든타임이 있습니다. 초기에 징후를 포착해야 피할 수 있는 거죠. 구르는 돌멩이의 양이 많아지면 늦게 됩니다. 마찬가지로 우리가 일상에서 접하는 정보는 대응 시간이 충분히 주어지는 정보가 아닙니다. 물론 사후약방문은 가능하죠. 그러나 사전대응은 거의 불가능합니다. 실시간 교통정보를 탐색하는 내비게이션처럼 운전대만 틀면 대응이 되는 일도 있지만, 사업이라는 게 소프트웨어적 접근만 하는 게 아니라 하드웨어까지 바꾸어야 하기 때문에 땅을 치며 후회할 시간도 없이 쓰러진다는 얘기입니다.

　치킨집만 해도 그렇죠. 신문을 보니까 마늘 치킨이 뜬다고 해서 2개월에 걸쳐 속전속결로 자리 선정하고 인테리어 공사하고 간판을 달았습니다. 처음 한두 달은 신장개업 효과로 반짝할지 모르지만 그 사이 마늘의 시대는 저물고 다시 복고풍 치킨이 뜹니다. 1년 단위로 유행이 바뀌는 속도의 시대에 1년 전 정보에 토대를 두고 창업하면 말 그대로 쪽박을 찰 위험이 높아집니다.

치킨집도 이런데 하물며 막대한 비용을 들여 설비를 갖춘 공장 제조업들은 어떨까요? 제가 경영자로 몸담고 있는 회사도 몇 년 전 당혹스런 일을 경험했습니다. 2013~14년도의 신문 경제면 기사 제목입니다.

> "PDP TV는 왜 몰락했을까?" - ZDNet Korea(2013년 12월 31일)
> "평판TV 대명사 PDP는 왜 몰락했을까?" - 뉴스1(2014년 5월 9일)
> "PDP시대의 종말"…LG전자 'PDP TV 사업 중단' - 뉴시스(2014년 10월 28일)

1990년대 처음 출시되었던 피디피 티브이(PDP TV)는 2000년대 초 시장을 강타하며 대형 벽걸이 TV 시대를 열었습니다. 대형 TV의 90%는 PDP를 채택하고 있었죠. 그러나 삼성과 LG는 2014년 PDP TV 공급 중단을 선언합니다. 그 자리를 대체한 기술이 엘씨디(LCD)였습니다. 2007년 이전만 해도 기술적 한계 때문에 주목받지 못했지만 이후 급속한 발전을 거듭하며 PDP를 뛰어넘게 되죠. 드디어 2010년에는 가격마저 저렴해지고 발광다이오드(LED)를 사용하면서 제품 두께도 얇아졌습니다. 기술과 가격, 부피 등 모든 측면에서 모자랄 데가 없는 기술이 탄생합니다.

당시 우리 회사의 주요 매출 품목은 PDP에 들어가는 커넥터였습니다. 명색이 제가 인맥의 달인인데 소식을 못 들었을까요? 이미 2010년 이전부터 관련 소식을 듣고 있었습니다. 2013년 당시에는 촉각을 세울 정도로 주의 깊게 살피며 회사 차원의 대응책도 마련하고 있었죠. 그런데 시장의 변화는 가혹했습니다. 예전에 브라운관 TV가 역사의 뒤안길로 사라질 때는 그래도 10년 정도의 몰락기를 거쳤습니다. 하루아침에 사라진 게 아니라 완만한 곡선을 그렸기 때문에 탈출전략을 세울 만한 시간을 벌 수 있었죠. 우리도 10년까지는 아니어도 몇 년간은 버텨 주리라고 생각했던 것이 첫 번째 착각이었습니다. 이 공룡은 1년 사이 화석도 찾을 수 없을 만큼 지구상에서 깨끗이 사라지고 말았죠.

그렇습니다. 언제든 손만 내밀면 원하는 정보를 얻을 수 있다는 생각이 착각인 두 번째 이유는, 정보의 생산 속도가 빨라진 만큼 소멸 속도도 엄청나게 빠르다는 것이죠. 농경시대에는 농사 정보가 세대를 관통할 만큼 장수했습니다. 그러나 오늘날 정보는 하루살이 목숨입니다. 어쩌면 오늘 우리가 붙들고 있는 정보 역시, 이미 그 실체는 죽었을지도 모르는 그림자 같은 정보일지도 모르죠.

그래서 사전 정보, 즉 아직 공식화되지 않은 정보에 대한 접근성이 중요해집니다. 이런 비공식적 정보의 유통경로가 대개는 신뢰를 바탕에 둔 사람 사이에서 오가고 있는 것이죠. 긴밀한 두 사람 사이에 오고 가는 정보는 아직 오피셜 코멘트는 아니지만 사람 사이의 신뢰만큼의 무게를 가진 정보가 된다는 얘기입니다.

직장인의 필수 업무 스킬

정보의 홍수 시대라는 말이 가진 세 번째 착각이 있습니다. 정보의 홍수 시대라고 하지만 홍수의 물결을 이루는 정보는 홍수가 될 만한 딱 그런 정도의 정보에 그친다는 사실이죠.

정보의 재생산 측면에서 살펴보면 그 이유가 분명해집니다. 1차 생산된 정보의 유통 생명력이 길어지는 이유는, 정보 수용자가 1차 정보를 재생산하여 퍼뜨리기 때문입니다. 이것이 정보의 재생산이죠. 각종 포털사이트의 실시간 검색 순위는, 그 시각 정보 유통자들이 어떤 정보를 재생산하는지 알 수 있는 지표가 됩니다. 이런 정보는 대개 대중적인 정보일 가능성이 큽니다.

그러나 비즈니스 실무 현장에 필요한 정보는 어떨까요?

이런 정보는 대규모 유통망은커녕 따로 정보를 공유할 만한 공간이 존재하지 않습니다. 이런 정보의 소비자는 한정되어 있고, 이들은 공개적인 석상에서 업무 정보를 공유하지 않죠. 지금 잘 나간다고 한시름 놓고 있다 보면 금세 자리를 빼앗기는 게 오늘날의 비즈니스입니다.

그래서 회사의 팔다리를 이루는 각 지체들은 각자가 정보 모집책이 되어서 관련 정보 습득에 나서야 합니다. 개발팀은 말할 것도 없죠. 거래처의 동향을 파악하고, 경쟁업체가 지금 준비 중인 제품이 무엇인지 신경을 곤두세워야 합니다. 생산부도 마찬가지입니다. 다른 곳에서는 어떻게 원가를 절감하는지, 거래처의 품질 향상 정책이 어떻게 바뀌고 있는지 알아야 합니다. 구매부도 똑같습니다. 자고 나면 신제품이 나오는 세상에서 자신이 갑이라고 폼 잡고 있으면 경쟁업체는 좋은 부품을 장착하여 한 걸음 앞서 갑니다.

물론 회사의 명운은 경영자가 책임지는 게 맞습니다만, 각 부서의 몸체를 이루는 직원 개개인이 업계의 흐름을 알고 있을 때 회사의 경쟁력은 더욱 커지게 됩니다. 직원 개인으로 봐서도 자기 몸값을 올릴 수 있는 좋은 방법이 되지요.

저처럼 1천 명, 1만 명 인맥을 만들 필요는 없습니다. 저는 업무적 필요에 따라 일을 하다 보니 이만큼 늘어난 것이지 일부러 사람을 늘릴 것은 아니니까요. 마찬가지로 여러분 개개인도 현업에 안주하지 말고 보다 많은 사람을 만날 필요가 있습니다. 그들과 단지 알고 지내는 관계를 뛰어넘어 보다 긴밀한 관계를 만드는 게 업무 역량을 높이는 지름길이 됩니다.

일반적인 회사에서는 자기 업무에 필요한 역량만을 요구합니다. 인맥관리의 필요성에 대해서도 소극적으로 전달하는 데 그칩니다. 그러나 제가 해보니까 인맥관리는 제가 가지고 있는 기본적 업무 역량을 증대시키는 데 특히 도움이 됩니다. 인맥관리만 능하다고 직장인이 될 수는 없으나 가진 역량을 꽃 피우는 데는 인맥만큼 핵심적 역할을 하는 것도 드물죠.

더욱이 지금이 어떤 시절인가요? 제가 몸담고 있는 전자 부품 시장의 경우 제품의 수명 주기가 과거에는 10년 정도였다면 지금은 1년으로 대폭 줄었습니다. 우리가 부품을 납품하는 회사에서는 이 순간에도 새로운 기술을 적용한 신제품 준비로 열을 올리고 있습니다. 경쟁업체는 더 저렴하고 더 성능 좋은 부품을 만드느라 여념이 없습니다. 그런데 오늘도 어제처럼 일하면 된다고 믿은 채 똑같은 하루하루를 보내고 있나요? 만일 여러분의 직장생활이 무탈하게 되풀이되고 있다면 그건 나쁜 징후입니다. 지금 당장 관련 모임에 참석하거나 동종업계, 거래업체 담당자를 만나 보세요. 친하지 않더라도 그들의 이야기를 듣다 보면 자극을 받을 것이고, 친하다면 뭔가 더 중요한 정보를 주고받으며 서로 성장하는 사이가 될 것입니다. 귀를 닫고 있는 건 정말 어리석은 태도죠.

지인의 이직이 기회

혹시 이런 경험이 없으신가요? 친하게 지내던 어느 직장 동료가 회사를 옮기고 난 뒤, 그의 추천으로 같은 회사로 이직했던 경험?

물론 여기에는 설명이 필요합니다. 그 회사가 추가적인 확인 과정을 거치지 않았다면 그 회사는 먼저 이직한 그 동료에 대해 특별히 신뢰감을 갖고 있다고 보아야 하죠. 보통은 추천까지는 받지만 최종 결정을 위해서는 면접 과정을 거친다든가 아니면 예전 회사에 전화를 걸어 회사에서의 인사 평가를 체크합니다.

잠깐 다른 이야기입니다만, 이런 이유 때문에라도 직장을 그만둘 때는 서로 좋은 감정에서 헤어지는 게 바람직합니다. 이력서를 제출한 회사에서 당신의 과거 평판을 묻기 위해 예전 회사에 전화를 거는 건 흔한 일이기 때문이죠.

한 직장을 꾸준히 다니며 과거 평생직장이라 부르던 시대와 달리 요즘은 이직이나 전근은 회사의 평범한 풍경입니다. 인맥을 관리하다 보면 너무 잦은 담당자의 교체 때문에 곤란스러울 때도 있었죠. 그런데 반대로 보면 신뢰 관계를 쌓은 인맥의 이직이나 전근은 제게 또 다른 기회로 다가왔습니다.

저만큼 인맥관리가 좋은 어느 분의 이야기입니다. 당시 그분은 대기업에 납품하기 위해 6년간 공을 들였죠. 그러나 담당자가 1년 주기로 바뀌는 바람에 좀처럼 기회를 찾지 못했습니다. 1년마다 담당자가 바뀌는 자리라서 새로 온 담당자도 책임감이 다소 떨어졌던 것도 그분에게는 한계로 작용하고 있었습니다.

그러다 6년째 되던 해였습니다. 새로 담당자가 들어왔는데 그분이 잘 아는 사람이었습니다. 소위 A 그룹 인맥이었죠. 이럴 줄 알고 인맥을 관리하는 사람은 없겠지만 어쨌든 그분에게는 더 없이 좋은 기회가 되었습니다. 일은 속전속결이었습니다. 물론 납품하는 물건도 기준을 통과하는 훌륭한 제품이었습니다. 그러나 그분의 지인이 아니었다면 기회는 영원히 찾아오지 않았을지 모릅니다.

인맥이 많은 분들에게는 이런 일이 종종 벌어집니다. 알던 분이 자리를 옮기면서 새로운 비즈니스가 생기는 일이 잦죠. 그가 키맨이 되기 때문에 시장 개척이 수월해집니다.

기왕이면 같은 사람이 같은 자리에 있는 게 인맥관리 차원에서는 효율적인 게 분명합니다. 그러나 이직과 전근이 밥 먹듯이 벌어지는 직장 현실을 생각하면 바뀌지 않기를 바라는 건 본인의 기대치일 뿐, 올바른 대처방안은 아닙니다. 도리어 그때는 마음을 바꿔 먹는 게 좋습니다. 이건 새로운 비즈니스의 기회가 될 수도 있다!

따라서 담당자가 이직이나 전근을 했다고 관리를 그치면 곤란합니다. 많은 거래처 담당자들이 똑같이 느끼고 있는 게 있습니다. 자리를 옮겼다고 인사도 없고 연락도 없다고 서운해 하죠. 저는 우리 회사 직원들에게 담당자가 자리를 옮기더라도 절대 연락을 끊어서는 안 된다고 얘기합니다. 연락을 끊으면 상대는 나를 '자기 필요에 따라 연락하는, 자기만 아는 사람'이라고 단정하게 되죠. 그동안의 관계가 무색해지도록 너무 빨리 상대를 잊어버리는 일이 흔하기는 하지만 서운한 것도 사실입니다. 이렇게 해서는 인맥관리도 아니요, 직장 역량 강화에 아무 도움도 안 됩니다.

어느 지인이 그러더군요.

"저를 너무 힘들게 했던 본사 책임자가 있었어요. 그가 3년 전에 이직했는데, 그때는 쌍수 들고 환영했죠. 그런데 지난주에 그가 다시 같은 자리로 돌아왔습니다. 정말 미치겠어요."

이직이나 전근이 많다는 말은, 한 번 마주친 인연이 또 어디서 만나게 될지 모른다는 말입니다. 생각보다 세상은 좁습니다.

참, 담당자의 이직과 전근에 대비하는 방법을 소개합니다. 다음 담당자가 누가 될지 모르기 때문에 관련 인력들도 평소에 챙기는 거죠. 제가 한 거래처당 100명씩 만난다고 했는데 지금 당장의 책임자뿐 아니라 함께 동석하는 직원들도 잊지 않고 챙겼습니다. 그들이 다음 책임자가 될 확률이 상대적으로 높기 때문이죠. 시간은 금방 지나갑니다. 담당자 교체는 항상 있는 일이죠. 그런 걸 생각한다면 미래를 위한 투자라는 마음가짐으로 동석 직원도 함께 챙기길 바랍니다.

〈하루 1시간 인맥관리 법칙 1〉

**사람은 경청하는 이에게 더 많은 말을 한다.
남의 말을 귀 기울여 들으면
사람들은 자신에 대해 막힘없이 말할 것이다.**

⇨ 대화를 즐겁게 이어가는 아주 쉬운 방법

STEP 3

성공하는
인맥관리
SET-UP 도구

주기적 관리가 필요한 이유

나이가 들면 속담이 귀에 들리기 시작하죠. 속담은 수학적으로 보면 통계에 속하는 것으로, 자꾸 반복되는 현상이 입에서 입으로 전달되며 격언 형태로 굳어진 말을 의미합니다. 심리학이 사람 마음의 평균치를 의미한다면 속담 역시 원시 심리학으로 볼 수 있습니다. 속담에서 이렇게 말하죠.

> "Out of sight, out of mind."
> '안 보면 멀어진다.'는 뜻이죠. 사자성어에도 비슷한 내용이 있습니다.
>
> "거자일소(去者日疎)"
> '떠난 사람은 날로 멀어진다.'라는 말입니다.

동서양을 대표하는 한자 문화권과 영어 문화권에서 유사한 격언이 발견된다는 말은, 이런 심리가 사람에게는 보편적이라는 뜻이겠지요. 사람은 만나는 횟수가 줄어들면 마음이 멀어지는 게 인지상정입니다.

이를 인맥관리에 대입해 보면 왜 주기적인 인맥관리가 필요한지 어렵지 않게 짐작할 수 있습니다. 안 그래도 하루하루가 바쁜 직장인이라면 더더욱 주기적인 관리의 필요성을 절감할 수 있습니다. 일에 쫓기다 보면 봉급날이 다가옵니다. 거래처에서 거래처로 뛰어다니다 보면 한 분기가 훌쩍 지나갑니다. 눈앞의 일에 정신이 팔려 있으면 그 사이 인맥은 한 명씩 떨어져나가죠.

하지만 주기적으로 연락을 취하면 어쩌다 만나는 상대가 반갑게 인사를 해옵니다. 한번은 3년 만에 만나는 분이 있었습니다. 그분이 제 이름을 부르며 반갑게 인사하는데 얼굴과 이름이 매칭이 안 되더군요. 일단 아는 척을 해서 위기를 모면한 뒤 전화번호부를 뒤지고 골똘히 기억을 추적한 끝에 그가 누구인지 떠올립니다. 진땀이 흐르는 순간이었습니다.

기억을 못하는 경우는 드물지만 가끔 겪는 일입니다. 그런데 이 사례는 그만큼 주기적인 관리의 힘이 얼마나 놀라운지 보여준다고 생각합니다. 3년 전에 딱 한 번 뵀던 분이지만 때마다 한 번씩 전화와 문자를 주고받으며 관리한 결과, 그는 저를 가까운 사람으로 생각하고 있었던 거죠. 너무 잦은 연락도 곤란하지만 일정 주기 안에 재차 연락하여 내가 당신을 기억하고 있음을 어필하는 것은 인맥관리의 기본이 됩니다.

주기적인 관리가 필요한 또 한 가지 이유가 있습니다. 인맥을 찾을 때란 주로 도움이 필요하기 때문인데 1년 넘도록 연락이 없던 사람이 갑자기 전화를 걸어 부탁하면 어떨까요?

도움이 필요한 일이란 게 시간이 부족한 경우가 태반이죠. 뜻밖에 벌어진 일이라서 나 혼자 힘으로는 감당키 어려우니까 연락을 하는 것인데, 평소에 관리가 되어 있지 않으면 도움은커녕 전화를 해도 받지를 않죠. 부재중 통화에 번호와 이름이 찍힐 텐데 답신도 없습니다. 다들 하루하루가 얼마나 바쁩니까?

물론 도움을 받고 싶어 연락을 한 것이지만 도움을 못 받는 경우도 존재하죠. 그러나 도움을 받느냐 못 받느냐는 차후의 문제고, 아무도 받지 않는 전화기를 끄면서 우리는 그동안 내가 잘못 살아온 걸까? 후회하는 경우를 목격합니다.

이런 사태를 미연에 막기 위해서는 주기적 관리, 계획적 관리가 필수죠.

'나'의 범주

한 가지 덧붙일 얘기가 있습니다.

Step 1에서 저는 인맥의 집단지성적 특성에 대해서 이야기했습니다. 그때는 우리가 얻을 수 있는 이익, 즉 인맥이 많아질수록 내가 아는 것도 많아지고 나의 힘도 커진다고 설명을 드렸죠. 그런데 인맥을 '이익'이 아닌 '책임'이라는 차원에서도 살필 필요가 있습니다.

인맥을 관리하는 큰 이유 중의 하나는 '내가 필요할 때' 상대방에게 도움을 청하기 위해서입니다. 그런데 이때의 '나'를 '나' 자신으로 국한시킬지, 아니면 '가족'이나 '친구'로 범위를 넓힐지, 혹은 소속 회사까지 확대할지, 혹은 더 멀리 나아가 '나를 자신의 인맥이라고 생각하는 사람들'까지 '나'의 범주로 생각할지는 사람마다 다릅니다. 아무리 현대 사회가 개인화되었다고는 하지만 '나'를 '자기 자신'만으로 생각하는 사람은 드문 것 같고, 대개는 나의 가족 정도까지는 '나'라고 여기는 것 같습니다.

그런데 명색이 인맥을 관리한다는 사람이 '나'의 범주를 이렇게 좁게 쓰면 곤란하죠. 인맥관리의 달인들에게는 인맥이 곧 '나'인 경우가 흔합니다.

이 말이 무슨 뜻인가 하면, 누군가 저에게 도움을 청해오면 설령 제 손으로 문제를 해결할 수 없더라도 마치 나의 일처럼 키맨을 찾아서 연결시켜줄 수 있어야 한다는 말입니다. 이렇게 보면 제 입장에서는 도움을 청할 일이 생각보다 많게 되죠. 실제로도 참 많습니다. 김기남에게 부탁하면 마음이 편해진다는 사실을 지인들은 알고 있으며, 저는 그들의 부탁을 대부분 거절한 적이 없습니다. 제가 안 되면(저 혼자 힘으로 안 되는 일이 훨씬 많습니다) 다른 누군가를 찾아서 문제를 해결하기 위해 발품을 팔았던 게 제가 평생 살아온 습관이죠.

잠깐 이야기가 옆으로 샜습니다만, '인맥의 달인이 되어야겠다'고 생각했다면 '나의 범주'에 대해서는 한 번 되새겨 볼 필요가 있어서 말씀 드립니다.

12장짜리
연간 관리표

주기적 관리를 목표로 삼게 되면 우리가 알아야 할 표가 하나 생깁니다. 인맥관리를 위한 연간 관리표입니다.

일	월	화	수	목	금	토
		1	2	3	4	5
6	7 A사 김과장통화 pm 1~2시	8	9 A사 김 본부장 생일 / 축하메시지	10	11	12
13	14	15	16	17	18 B사 창립기념일 화환	19
20	21	22 C사 이 차장 결혼식 / 부조	23	24	25	26
27	28	29	30	31		

[표 3] 최상위 관리표: 연간 관리표

맞습니다. 이건 달력입니다. 달력은 연간 계획을 세우는 데 매우 유용한 툴이죠. 열두 달 달력을 한데 모아둔 연간 캘린더도 있습니다만, 기입할 공간이 없기 때문에 12장짜리 달력을 쓰는 게 좋습니다.

연간 관리표를 쓰게 된 특별한 이유는 없습니다. 그 사람의 생일을 기억하고, 그 회사의 창립기념일을 기억하려다 보니 자연스럽게 연간 관리표를 떠올리게 되었죠. 이런 기념일은 그 사람에게 중요한 의미가 있는 날이죠. 인맥관리의 핵심은 뒤에서 다시 이야기하겠습니다만, 그 사람이 중요하게 생각하는 것을 내가 소중히 여기는 것입니다.

예를 들면 5살짜리 아이가 뽀로로나 핑크퐁에 푹 빠져 있다면 우리는 그 아이에게 뽀로로나 핑크퐁이 그려진 캐릭터 상품을 선물하려고 할 테죠. 그 아이가 자기 생일을 손꼽아 기다리고 있다면 우리는 그 생일에 맞춰 선물을 주어야 합니다. '내가 보기에 이 아이에게는 지금 한자 학습이 중요해, 내가 보기에 이 선물은 생일이 아니라 크리스마스 때 주어야 의미가 있어'라는 생각은 무의미합니다. 상대의 마음이 머무는 곳에 내 마음도 머물러야 인맥관리가 가능해집니다.

연말이 다가오면 구 〈연간 관리표〉와 신 〈연간 관리표〉를 함께 꺼내 놓고 날짜를 옮겨 적습니다. 기일이나 생일을 챙기는 가정주부처럼 저도 똑같이 주요 인맥의 생일과 창립기념일 따위를 옮겨 적죠.

다만 기념일만 적고 끝내는 게 아니라 뒤에 대각선을 긋고 나의 액션 플랜을 적습니다. 그저 전화를 걸거나 문자를 통해 축하메시지만 전달할 것인지 아니면 부조를 할지, 혹은 화환을 보낼지 적어두는 거죠. 일반적으로 다음과 같은 원칙을 지키는 편입니다. 단, 부정청탁 및 금품 등 수수의 금지에 관한 법률(가칭 김영란법)에 의거하여 법을 위반하지 않는 범위에서 진행하도록 합니다.

화환

- 창립기념일이나 제품 출시일처럼 해당 회사의 중요한 날에 보낸다.
- 어떤 문구를 넣을지는 해당 날짜의 특성에 따라 결정한다. 예컨대 창립기념일의 경우 '축 창립기념. 귀사의 무궁한 발전을 기원합니다.' 정도로 적거나 신제품을 런칭하는 날이면 '금번 신제품 성공적인 출시가 되시기를 기원합니다.' 하고 적는다.
- 회사에 따라 화환 대신 난과 같은 화분을 보내는 것도 좋다.
- 내가 아는 어느 영업자는 기념일과 별개로 담당자를 찾아갈 때 꽃다발을 선물하기도 한다. 꽃다발은 의외로 남녀 구분 없이 좋아한다고 한다. 담당자의 생일이나 승진 때 쓰면 좋을 것 같다.

부조

- 회갑연이나 결혼식, 상가에는 반드시 부조한다(모두 참석하면 좋겠지만 사정이 여의치 않을 때가 있다. 그래도 상가는 가급적 방문을 목표로 한다).
- 액수는 상황에 따라 조금씩 다르지만 많이 하는 편이다. 한 가지 조언을 하자면 금액은 일반적인 경우보다 조금 더 보태는 게 좋다고 생각한다. 젊은이들 사이에는 부조금 액수를 '3 5 7'의 숫자로 말하는데 3만 원 할 거면 5만 원을 하고, 5만 원을 할 거면 7만 원을 하는 게 좋다. 이건 액수의 많고 적음 문제가 아니라 문화심리적인 문제다. 전부는 아니지만 상대는 나의 부조금 액수를 통해 자기와의 거리를 조정하는 경향이 일부 있다. 물론 액수는 주머니 사정에 따라야겠지만 다가가고 싶은 사람이 있다면 한 등급 올려서 부조하는 습관을 갖는 게 도움이 된다.

축하메시지

- 개인에게는 중요하지만 가족 모임으로 그치는 경우, 즉 결혼기념일이나 생일 같은 경우에는 전화나 문자를 통해서 축하메시지를 보낸다.
- 친한 정도에 따라 전달하는 메시지는 조금씩 달라질 수 있다. 그러나 나는 대개 다음과 같이 축하메시지를 전달한다. '김 부장님, 오늘 생일이군요. 가족과 함께 행복하고 즐거운 하루가 되시기를 기원합니다.' 단, 그 사람에게만 전달할 수 있는 개인적 메시지도 덧붙이는 게 좋다. 예를 들면 이렇다. '지난번 부산 미팅은 여러모로 도움이 많이 되었습니다. 다시 한 번 감사한 마음을 전합니다.'

〈연간 관리표〉를 작성하면 좋은 점이 한 가지 더 있습니다. 연간 관리표에는 나의 출장 일정이나 워크숍, 각종 행사 따위도 적게 되는데, 이를 통해 사전에 일정 조율이나 우선순위를 정할 수 있습니다. 연간 관리표가 주기적 인맥관리를 위한 툴이기는 하지만 챙겨야 할 사람이 많다 보면 부득이하게 날짜가 겹치는 경우도 있습니다. 마음이야 다 챙기고 싶지만 내가 처리할 수 있는 시간 자원에는 현실적 제약이 따르므로 적정한 선에서 타협하는 방안도 배울 수 있습니다.

한눈에 쏙
월간 관리표

〈연간 관리표〉는 중요한 기록이 담긴 관리표라서 낙서하기가 좀 싫더군요. 대개 연간 관리표의 정보는 공식화된 내용이라서 변동도 거의 없습니다. 그래서 새로 추가되는 일정이나 변경된 일정을 관리할 수 있는 똑같은 표를 하나 더 마련했습니다. 그게 월간 관리표였습니다.

매달 말이 되면 연간 관리표를 꺼내서 새로운 달의 〈월간 관리표〉를 작성합니다. 다음이 월간 관리표인데 보면 알겠지만 연간 관리표와 똑같습니다. 이름만 다를 뿐이죠.

월간 관리표에는 연간 관리표의 내용을 모두 담습니다. 여기에, 새로 잡히거나 변경된 일정을 추가합니다.

월간 관리표는 나의 한 달간 활동을 그대로 반영하고 있는 핵심적인 관리표가 됩니다. 여기부터는 실시간 기록이 이루어지죠. 추가되는 일정이 있으면 적되 다만 확정 전이라면 연필로 쓰고 확정되면 볼펜으로 다시 적습니다. 그 덕분에 일이 많아질수록 관리표에는 글자가 빼곡해질 수밖에 없죠.

일	월	화	수	목	금	토
		1 강원도 워크숍	2 A사 박 이사 방문 pm 3시	3 D사 방문 A제품 소개 am 10시	4	5
6 테니스 동호회 pm 2시	7 A사 김 과장 통화 pm 1~2시	8	9 A사 김 본부장 생일 축하메시지	10 고등 동창 모임 pm 7시	11 M사 허 부장 칠순 / 부조	12
13	14	15	16	17	18 B사 창립기념일 화환	19
20	21	22 C사 이 차장 결혼식 / 부조	23	24	25	26
27	28	29	30	31		

[표 4] 일정을 한눈에 보기 위한 표: 월간 관리표

그럼에도 월간 관리표에 불만스러웠던 점이 있었죠. 일정을 살피는 데는 모자람이 없었으나 해당 스케줄의 세세한 내용을 모두 적기에는 칸이 좁았습니다. 예컨대 만나기로 한 사람이나 시간 따위는 적을 수 있지만 미팅 주제나 내용까지 자세히 기록할 수는 없었지요. 그래서 추가적으로 마련한 게 1주간 관리표였습니다.

1주간 관리표

아마 사람들의 생각이란 게 비슷한 것 같습니다. 연간 관리표에서부터 내려오다 보면 주간 관리표에 이르게 되는데 다이어리에서도 흔히 접할 수 있는 스케줄 관리 양식이죠.

저에게 1주간 관리표는, 따로 생각을 더듬을 필요 없이 자세하게 구성된 계획을 의미합니다. 여기 적힌 기록만으로 내가 지금 뭘 해야 하는지 알 수 있도록 구체적으로 적는 게 목표죠. 일이 바쁠 때는 월간 관리표의 짤막한 표기만으로 오늘 스케줄의 의미와 중요도, 내용이 얼른 떠오르지 않을 때가 있습니다. 그래서 기억에 의존하지 않고도 내용을 알 수 있을 만큼 핵심을 관통하는 상세한 메모가 필요하죠.

이건 실행과 연관이 깊습니다. 계획을 짤 때는 머리를 써야 합니다. 그러나 실행 단계에서는 머리를 쓸 필요가 없도록 만드는 게 좋습니다. 관리표에 적혀 있는 대로 몸만 움직이면 효율도 높아지죠.

1주간 관리표가 깔끔히 정리되어 있는 것은 좋은 모습이 아닙니다. 잘 관리된 1주간 관리표는 지저분한 게 정상이죠. 업무란 게 계획대로 이루어지지도 않고 직장은 여유를 갖고 움직일 만큼 한가하지도 않습니다. 수시로 변경되는 스케줄을 기록하고 매순간 추가되는 일정을 넣다 보면 쓰고 지운 흔적이 가득한 게 보통이죠.

표를 관리한다는 말은 예측하기 힘든 비즈니스에 대응한다는 말이고, 실타래처럼 얽히고설킨 문제를 하나씩 풀어간다는 얘기이며, 한꺼번에 쏟아지는 업무를 우선순위에 따라 조정한다는 뜻이죠. 비즈니스란 땀방울이 떨어지는 현장의 실시간 움직임이기 때문에 관리표에도 땀 냄새가 가득 배일 수밖에 없습니다. 만일 관리표가 너무 깨끗하다면 정말 반성해야 할 일이죠.

저는 다음과 같이 1주간 관리표를 2개씩 넣습니다. 실행의 단위는 1주지만 현실적으로 다음 주 계획은 금주에 기록하는 일이 보통이기 때문에 부득이하게 2주간 관리표를 한 페이지에 담았습니다. 이렇게 하면 주간 관리표로서의 장점을 그대로 활용하는 동시에 따로 월간 관리표를 꺼내 볼 필요 없이 계획을 세울 수 있다는 장점도 생깁니다.

【2017년 8월 둘째 주】

일	월	화	수	목	금	토
6 북한산 등반 동창 A 합류 am 9시	7 A사 김 과장. B제품 납기일 조정 건. pm 1~2시 사이 통화	8 신규 거래건. C사 최 부장 pm 4시 내사	9 D사 창립기념일 화환 F사 박 사장. 납품 단가 재협상. 내사 pm 3시.	10 G사 구미 출장. 신기술 보고회 참석. pm 1시.	11	12

【2017년 8월 셋째 주】

일	월	화	수	목	금	토
13 고교동문회 종로 pm 4시.	14	15 일본 H사 1박 2일 출장. am 11시 본사 방문. 정기 미팅. 품질 관리 방안 발표.	16 pm 4시 귀사. pm 5~6시 영업팀 주간 보고.	17	18 M사 강 사장 저녁. pm 7시 마포.	19

[표 5] 1주간 관리표

표를 보면 알겠지만, 월간 관리표에서는 간단히 'A사 김 과장 통화 pm 1~2시'라고 적혀 있는 것이 주간 관리표에는 'B제품 납기일 건'이라는 미팅 주제까지 적혀 있으므로 왜 전화를 걸어야 하는지 힘들게 기억을 더듬을 필요가 없습니다. 이와 같이 머리를 쓰지 않아도 될 만큼 구체적으로 적는 게 주간 관리표의 목표입니다.

미팅 일지 노하우

물고기를 잡는 방법에는 여러 가지가 있습니다. 낚싯대를 드리우거나 그물을 치는 것도 한 가지 방법이요, 〈정글의 법칙〉 김병만 씨처럼 손 감각만으로 낚아채는 것도 한 가지 방법입니다. 그런데 이건 아무나 하는 일은 아니죠. 물고기도 바보가 아니니까 어설픈 손기술에는 절대 잡히지 않습니다. 그럼, 타고난 재주도 없고 낚싯대 같은 도구도 없는 사람은 어떻게 해야 할까요?

어머니께서 어린 저에게 들려주신 말씀이 있습니다.

'요령이 없으면 막고 품어야 하느니라.'

퇴로를 막고 물을 퍼내면 언젠가는 바닥이 드러나서 물고기를 잡을 수 있다는 말씀이죠. 예전 우리나라를 비롯해서 태국이나 캄보디아의

농촌에서 흔히 볼 수 있었던 물고기 잡는 풍경입니다. 개울이나 저수지 혹은 논에서 어로(魚路)를 막고 물을 퍼내면 나중에는 손으로 더듬어 물고기를 잡을 수 있을 만큼 바닥이 드러나게 됩니다. 사실 요령이 없어서 이렇게 한다기보다는 낚싯대를 드리우기에는 수위가 애매하거나 공간이 협소한 곳에서 주로 행하는, 환경적 특성이 가미된 나름의 요령 같기는 합니다. 낚시로 일일이 잡는 방법보다 힘이야 더 들겠지만 상황에 따라 수확량은 더욱 많으니까요.

그러나 어머니의 말씀을 음미해 보면 조금 다른 뜻이 됩니다. '요령이 없으면 막고 품어라'는 말은 '성실이 요령이다'라는 말이라고 생각됩니다. 타고난 재주가 아무리 뛰어나도 부지런함을 못 이긴다는 얘기죠.

제게 어머니는 가벼이 말씀하시는 분이 아니었고, 그래서 어머니 말씀을 철석같이 믿으며 자란 모양입니다. 군대에서 간부로 생활하면서도, 사회에 나와서 직장생활을 하면서도 저는 늘 '물샐틈없이 관리한다'라는 좌우명에 따라 살았습니다. 관리표를 만들게 된 것도 이런 이유가 작용한 것 같습니다. 저를 둘러싸고 벌어지는 모든 일이 저의 손바닥 위에 놓여 있어야 했으며, 그래야 비즈니스라는 저수지 속의 물고기를 모두 잡을 수 있다고 믿었으니까요.

미팅 일지도 그런 맥락입니다. 1주간 관리표부터 연간 관리표까지는 주로 스케줄 관리에 초점을 맞춘 표입니다. 그러나 스케줄만 장악하고 있다고 해서 비즈니스가 술술 풀릴 수는 없는 법이죠. 업무 내용 파악도 저에게는 중요했습니다. 많은 직장인이 하고 있는 툴일지 모르지만 미팅 일지는 업무 흐름을 파악하게 해주고, 다음 단계로 나아가기 위해서는 오늘 무엇을 해야 하는지 알려주는, 제게는 비즈니스의 출발과 끝이 담겨 있는 한편의 드라마 대본과 같은 존재였습니다.

미팅 일지는 프로젝트가 중심이 됩니다. 진행하는 프로젝트별로 하나의 미팅 일지를 만들어서 미팅이 끝날 때마다 작성하는 것을 원칙으로 합니다. 이 때문에 미팅 일지에는 일련번호가 붙게 되는데 이 번호만 보면 몇 번째 미팅인지 알 수 있죠.

- 당일 미팅 주제가 무엇인지
- 누가 어떤 말을 했는지
- 해결해야 할 문제는 무엇인지
- 다음 미팅 일정은 언제인지

제가 미팅 일지에 적는 내용은 대략 다음과 같습니다.

대략 이와 같은 기록만으로도 우리는 프로젝트의 흐름과 진척도를 살필 수 있으며, 다음 미팅 전까지 해결해야 할 일을 알게 됩니다. 표는 다음과 같습니다.

A사 납품 재협상건

2. 김영철 부장 미팅 / 2017.08.16.(수)
① 납품 시기별로 단가를 조정해주면 좋겠다. (A사 김 부장)
② 시기별 수량에 대해서 협의가 필요하다. (나)
③ 3/4분기에 가장 많은 OOO개 수량이 필요하다. 4/4분기는 시장상황에 달렸다. (A사 김 부장)
④ 4/4분기 납품 분량이 OOO개 이상이면 단가 조정이 가능하다. (나)
⑤ 4/4분기 분량의 최소 마지노선을 정해서 알려주겠다. (A사 김 부장)
⑥ 다음 미팅 일정 2017.09.08.

[그림2] 미팅 일지

> **3. 김영철 부장 미팅 / 2017.09.08.(금)**
> ① 000개 이상 000개 이하 납품시 00%, 000개 이상 000개 이하 납품시 00%로 협상을 마무리하고 싶다. (A사 김 부장)
> ② 000개까지 조정해주면 00%를 적용하겠다. (나)
> ③ 좋다. (A사 김 부장)
> ④ 다음 미팅 일정 2017.09.22.(금) 미팅 주제: 계약서 갱신 준비 및 납품 품질 관련 논의

[그림 3] 미팅 일지

한편 미팅 일지는 거래처 업무 용도 외에도 사적인 지인과의 만남에도 적용할 수 있습니다. 개인적인 만남을 미팅 일지로 관리하면 의외로 상대방에 대해서 더욱 많이 아는 계기가 되지요. 우리는 평소 사람에 대해서 따로 시간을 투자하여 알려고 노력했던 적이 얼마나 되겠습니까? 그러나 효과만큼은 확실하죠. 만일 특정인과의 만남이 중요하다면 미팅 일지 관리를 적극 추천합니다.

필수 인맥관리용
12개월 체크표

연간 관리표와 월간 관리표, 1주간 관리표도 물론 인맥관리에 도움

이 되지만 대체로 업무 중심의 관리표라는 공통점이 있습니다. 저의 스케줄 중심으로 관리하기 때문에 인맥관리에서 누수가 날 수 있다는 게 문제입니다. 저는 중요 인맥을 관리하기 위해 따로 두 개의 스케줄 표를 만들어서 쓰고 있는데, 그 중 하나가 〈필수 인맥관리용 12개월 체크표〉 입니다.

이 표에는 A 그룹으로 분류한 사람 중에서 특히 중요하다고 생각되는 60명의 이름을 기록합니다. 1만 명이라는 인맥 풀 가운데 절대 놓쳐서는 안 되는 저의 최상위 인맥들의 이름이죠. 이 특A급 인맥의 관리 목표는 함께 식사하기입니다. 물론 매달 식사를 할 수 있을 만큼 서로 한가한 사람들은 아니기 때문에 대개는 한 분기에 한 차례 정도 자리를 마련합니다. 그럼에도 관리를 하지 않으면 얼굴을 마주할 기회가 없게 되고, 그러다 보면 틈이 조금씩 벌어지는 게 인지상정이죠. 다음은 이 표의 운영 원칙입니다.

> - 한 달에 한 번 식사하기가 목표다.
> - 여의치 않으면 차라도 한 잔 같이 마신다.
> - 차 마실 시간도 없으면 전화나 문자메시지를 통해 안부를 묻는다.
> - 식사든 차든 전화든 반드시 한 달에 한 번은 안부 묻는 시간을 갖고 이를 기록한다.

이 표에 담긴 의미를 조금 더 상세히 이해하기 위해 표의 내용을 조금 구분해 보았습니다.

회사	이름	1월	2월	3월	4월	5월	6월	7월	8월	9월	10월	11월	12월
A사	강감찬				7일 미팅						21일 미팅		
B사	김유신	9일 미팅						28일 미팅					
B사	이순신			15일 미팅						17일 미팅			
C사	권율	20일 미팅								3일 미팅		4일 미팅	
D사	이성계						19일 미팅						
F사	관창		1일 미팅			26일 미팅							

[표 6] 필수 인맥관리용 12개월 체크표: 미팅만 포함

이 표는 핵심 인맥과의 미팅 일정만 적어 놓은 것입니다. 보통의 비즈니스 관계라면 이게 만남의 거의 전부인 경우가 흔합니다. 저 역시 업무로만 만나는 분도 계시죠. 그러나 그렇게 해서는 인맥관리라고 부를 수 없습니다.

회사	이름	1월	2월	3월	4월	5월	6월	7월	8월	9월	10월	11월	12월
A사	강감찬		5일 저녁		7일 미팅				28일 저녁		21일 미팅		
B사	김유신	9일 미팅			9일 저녁		11일 점심	28일 미팅			4일 저녁		
B사	이순신		9일 점심	15일 미팅			1일 점심			17일 미팅	5일 점심		
C사	권율	20일 미팅			8일 저녁	24일 저녁				3일 미팅	30일 저녁	4일 미팅	
D사	이성계	17일 점심			29일 저녁		19일 미팅				8일 점심		
F사	관창		1일 미팅	4일 저녁		26일 미팅			23일 점심			21일 저녁	

[표 7] 필수 인맥관리용 12개월 체크표: [표 6]의 미팅에 식사 포함

미팅은 흐린 글씨로 바꾸었고, 새로 추가된 식사(혹은 차 한 잔)는 진

한 글씨로 구분했습니다. 미팅 외에도 일정 간격을 유지하며 얼굴을 마주하는 시간을 마련했습니다.

업무만 보고 헤어지면 관계에 아무런 진척이 없습니다. 관계가 딱 그 정도라면 이해관계의 틀 안에서만 움직인다는 얘기입니다. 일이 잘 되려면 일만 잘해서는 안 된다는 말입니다.

다음 표가 최종 완성된 내용입니다.

회사	이름	1월	2월	3월	4월	5월	6월	7월	8월	9월	10월	11월	12월
A사	강감찬	5일 통화	5일 저녁	10일 통화	7일 미팅	10일 통화	7일 메일	20일 통화	28일 저녁	9일 통화	21일 미팅	20일 통화	18일 메일
B사	김유신	9일 미팅	14일 통화	12일 통화	9일 저녁	8일 통화	11일 점심	28일 미팅	20일 메일	21일 문자	4일 저녁	9일 통화	20일 문자
B사	이순신	5일 통화	9일 점심	15일 미팅	11일 메일	7일 통화	6일 문자	1일 점심	30일 통화	17일 미팅	21일 통화	5일 점심	10일 통화
C사	권율	20일 미팅	20일 통화	8일 저녁	12일 통화	24일 저녁	9일 문자	29일 문자	3일 미팅	30일 저녁	8일 통화	4일 미팅	9일 통화
D사	이성계	17일 점심	21일 통화	9일 문자	29일 저녁	10일 메일	19일 미팅	9일 통화	4일 통화	9일 문자	8일 점심	16일 통화	5일 메일
F사	관창	19일 통화	1일 미팅	4일 저녁	9일 문자	26일 미팅	23일 통화	13일 통화	17일 메일	23일 점심	19일 통화	12일 메일	21일 저녁

[표 8] 필수 인맥관리용 12개월 체크표: 미팅, 식사, 연락까지 모두 포함

미팅과 식사(차 포함)는 흐린 글씨로 바꾸었고, 전화나 메일, 문자 등이 포함된 최종 체크표입니다. 이와 같이 미팅이나 식사가 없는 날은 통화나 메일, 문자를 통해서 '한 달에 한 번 안부 묻기'를 진행하면 상대는 도저히 저를 잊을 수 없게 됩니다. 말 그대로 물샐틈없는 관리가 되는 거죠.

단기간 집중 관리를 위한
한 달간 1일 체크표

　마지막으로 한 가지 더 소개해 드릴 관리표가 있습니다. 사람이 친분을 쌓는 데는 골든타임이 존재하는 것 같습니다. 아직 서먹서먹한 관계에 있는 사람의 경우, 처음에 얼마나 자주 반복해서 목소리를 듣고 얼굴을 마주하느냐에 따라 빠르게 거리를 좁힐 수 있죠. 제 30년 경험상 그 기간은 최초의 한 달인 것 같습니다. 새 학년의 학기 초의 서먹한 분위기가 사라지는 시기도 첫 달이 지나갈 때쯤입니다. 그때면 붙어 다니는 친구 한 명쯤 생기기 마련이니까요.

　한 달이라는 골든타임을 놓치지 않으려면 집중 관리가 필요합니다. 그래서 만든 게 〈단기간 집중 관리를 위한 한 달간 1일 체크표〉입니다.
　이 관리표는 서먹함을 줄이고, 서로의 어려움을 편하게 털어놓을 만한 관계를 만드는 데 초점이 맞춰져 있습니다. 제가 영업자로 활동하던 시절에는 신규 거래처를 뚫을 때 사용하기도 했습니다만, 꼭 업무적 용도로 국한시킬 필요는 없을 것 같습니다. 표는 다음과 같습니다.

회사	일자	1	2	3	4	5	6	7	8	9	10
	요일	금	토	일	월	화	수	목	금	토	일
A사 개발팀		V			V	T		V			
A사 생산팀					V	T		M	M		
B사 마케팅부		E			T	V	T		M		
B사 영업부		T				V	T	E		V	

[표 9] 단기간 집중 관리를 위한 한 달간 1일 체크표

표를 보면 영문 약자로 활동 내역을 표기한 걸 알 수 있습니다. 칸이 좁으므로 다음과 같이 약자 표기를 통해 나의 활동을 체크합니다.

V – Visit   : 방문   E – E-mail   : 메일
T – Telephone   : 통화   M – Message   : 문자

표에서는 'A사 개발팀'처럼 회사와 부서명을 적었지만 필요에 따라 사람 이름을 적어도 무방합니다.

아무래도 집중 관리 대상들이다 보니 이 표는 수시로 들여다보면서 자주 연락을 취하고 있는지 스스로 확인해야 합니다. 횟수는 따로 정해서 하지는 않지만 주말을 제외하고는 하루 이상 연락을 끊은 적이 없는 걸 확인할 수 있습니다. 아마도 이제 막 비즈니스가 시작되었다면 연락할 핑계는 충분할 것 같습니다. 다만 업무 통화 외에도 자연스럽게 일상적인 대화도 나누면서 상대방이 나를 얼마나 친숙하게 여기는지 확인하는 게 중요합니다.

〈하루 1시간 인맥관리 법칙 2〉

'나'는 '자기자신'만 의미하는 것이 아니다.
가까워지고 싶은 이가 있다면
그 사람뿐만이 아니라
그의 가족과 지인까지 도와라.

⇨ 인맥관리의 기본은 당사자만 챙기는 것이 아니라
주변인도 챙기는 것이다.

인맥관리표를 완성하는
Technique

관리표에 누락된 내용

    당나라 초기 서예의 달인으로 불리는 세 사람이 있었습니다. 가장 이름이 높았던 구양순을 필두로, 우세남과 저수량이 그들이었죠. 하루는 저수량이 우세남에게 찾아가 '나와 구양순 가운데 누가 더 낫습니까?' 하고 물었습니다.

    우세남은 잠시 생각에 잠겼죠. 한때 저수량에게 왕희지의 글을 가르쳤기에 그의 사람됨을 잘 알고 있었습니다. 우세남은 저수량의 평소 지론도 잘 알고 있었습니다. '능서필택필(能書必擇筆)'. 이는 저수량이 늘 입에 달고 다니던 말로, '글에 능한 자는 반드시 붓을 가려 쓴다.'는 뜻입니다. 저수량은 붓에 대해서만큼은 까다롭기로 유명했습니다. 속털은 너구리털, 겉털은 토끼털, 나아가 붓의 자루는 상아나 물소의 뿔로 만든 붓이어야 손에 쥐었습니다. 또한 그는 글을 비단에 즐겨 쓰곤 했습니다.

    우세남은 글재주를 비교하기보다는 글이란 마음임을 알려주고 싶었을 것입니다. 마침 구양순은 종이와 붓을 가리지 않고, 저수량과는 정반대로 글을 정신의 표상으로 생각했습니다. 드디어 우세남이 저수량에게 대답합니다.

    "내가 듣기로 구양순은 붓이나 종이를 가리지 않으면서도 글을 쓸 수 있다고 하더군. 그런데 자네는 명품 붓과 비단이 아니면 글을 못 쓴다고 하니 아무래도 구양순이 더 나은 것 같군."

여기서 탄생한 말이 '능서불택필(能書不擇筆)', 즉 명필은 붓을 가리지 않는다는 말이죠.

능서필택필이나 능서불택필은 아마 후대에 가미된 내용인 것 같습니다만, 우세남이 저수량에게 전하고 싶었던 메시지는 이렇게 볼 수 있습니다.

너는 기술에 너무 치우치는 경향이 있구나. 어떻게 글이란 게 기술에 국한된 문제이겠느냐?

우리의 주제로 옮겨볼까요?
'관리표가 아무리 좋아도 그것이 인맥관리를 완성시켜주는 것은 아니다!'

물론 관리표도 중요합니다. 그러나 붓이 명필을 만드는 게 아니듯, 관리표만으로는 인맥관리의 달인이 될 수 없습니다. 앞에서 관리표를 소개하고 사용법을 설명했습니다만, 여기에는 아직 빠진 게 있다는 뜻입니다. 무엇일까요? 간단한 수식을 써서 이 문제를 표현해 보면 이렇게 되죠. '관리표'에 무엇을 더해야 '인맥의 달인'이 되는가?

제가 살아 보니 이 물음표에는 두 가지가 들어가는 것 같습니다.

> 관리표 + ? = 인맥의 달인

- 첫인상을 지속하려는 노력
- 타인의 기대치에 부응한 끝에 만들어진 브랜드

이제, 이야기를 풀어가 보죠.

첫인상을 지속하려고
노력하는 사람

하루는 명절에 가족이 모였습니다. 형님의 아들, 그러니까 제 조카가 입사를 앞두고 있었습니다. 형님께서 제게 '동생이 경영자이니 조카에게 직장생활에 도움이 되는 조언을 해주기 바란다'고 요청해 오셨습니다. 형님을 두고 동생인 제가 말 하기가 송구했으나 거듭 청하시는 바람에 부득이하게 조카에게 조언을 하게 되었죠.

"너, 작은아버지가 시키는 대로 해볼 테냐?"
"네, 말씀해 주시면 해보겠습니다."
"입사하면 부서 사람 중에서 1등으로 출근하거라. 부서 사람들이 출근하면 사내 자판기로 달려가서 커피를 뽑아다 드리는 거지. 회사 자판기는 100원, 200원이면 한 잔 뽑을 수 있으니까 매일 뽑아도 한 달이면 10만 원도 채 안 들 거야. 술 한 잔 대접하는 것보다 저렴하면서도 효과는 확실하지. 단, 한 명도 빠뜨리지 말고 하루도 거르지 말아야 한다."

"그게 전부인가요? 정말 쉬운데요."

"아니다. 해보면 쉽지 않다는 걸 알게 될 거야."

　제 조카처럼 쉽다고 생각하는 분은 한번 해보기를 권합니다. 조카 역시 처음은 말처럼 쉽다고 느꼈겠지요. 당당한 직장인이 되었다는 부푼 마음에 며칠은 기분이 찢어져라 좋아서 아침마다 눈을 번쩍 뜨고 일어났을 것입니다.

　그런데 회사생활에 적응하고, 상사에게 깨지기 시작하면서 매일 돌아오는 아침이 조금씩 싫어지죠. 늦게까지 야근에 시달리고 모처럼 친구 만나 술 한잔 걸치면 다음날 아침에는 이불 돌돌 말며 10분만 더 자고 싶다, 하루만 쉬고 싶다는 생각이 간절해지기 마련입니다. 양념갈비보다 더 달콤한 유혹이 일주일 사이에도 수차례 손짓합니다. 회사의 공식적인 출근 시간만 지키면 사실 아무도 뭐라고 하지 않습니다. 마음은 번개같이 타협안을 찾습니다.

　이뿐이 아니죠. 공동생활을 하다 보면 미운 사람도 생기는 법인데 빠뜨리는 사람 없이 매일 커피를 챙기라고 했으니 때로는 줄까 말까 갈등이 일어날 때도 있습니다. 어쩌면 1등 출근보다 더 힘든 게 악감정 품지 않고 늘 한결같이 커피를 대접하는 자세일지도 모릅니다.

　상사들은 늙은 여우 같습니다. 신입사원의 이런 마음을 모를 리 없죠. 모든 신입사원이 처음에는 회사의 명운을 어깨에 짊어진 사람처럼 비장한 얼굴로 각오를 다집니다. 무슨 일을 시켜도 군소리 없이 덥석 받아 안습니다.

그러다 한 사람씩 본색을 드러내게 되죠. 상사 입장에서는 누가 먼저 말년 병장 눈빛으로 돌아가는지 살피는 시간입니다. 신입사원에 대한 탐색이 시작된 것이죠. 패기 없이 시작하는 신입은 없습니다. 그러나 독기를 품고 버티는 신입은 드뭅니다. 출신학교와 스펙은 종이 한 장이면 확인이 가능합니다. 그러나 인성의 가장 밑바탕을 형성하는 인내력에 대해서는 아직 검증을 마치지 못했죠. 첫인상이 나쁜 사람이 드문 것처럼 첫인상을 지속하는 사람 역시 드물다는 얘기죠. 마치 신혼의 사랑 호르몬이 떨어진 부부처럼 어느 날부터 싹 달라진 신입사원의 얼굴을 보는 직장상사의 마음은 어떨까요?

첫인상의 호감을 지속하는 데 도움이 된다면 저는 애플 창업자 스티브 잡스처럼 똑같은 청바지, 똑같은 티셔츠를 수십 장씩 사서 장롱에 넣어놓고 입는 것도 도움이 된다고 생각합니다. 저 역시 첫인상을 지속하기 위해 늘 같은 머리스타일을 유지하려고 2주에 한 번씩 이발소를 가니 자주 들르는 편이죠. 벌써 30년도 넘은 습관입니다. 물론 첫인상이란 게 겉모습이 전부는 아니지만 차림새가 달라지면 마음가짐도 달라진다고 생각합니다.

다시 명절이 되어 가족이 모인 자리에서 조카에게 잘 지키고 있는지 물었습니다. 다행히 조카는 지금까지는 잘해오고 있다고 합니다. 그러나 몇 번의 명절을 지나면서도 계속할지는, 순전히 조카의 의지에 달린 문제라고 생각합니다.

남들보다 2~3살 늦은 나이에 직장생활을 시작한 저는 2~3년의 세월을 만회해야겠다는 마음이 있었습니다. 시간을 만회하려면 답이 뻔하죠. 남들보다 더 많은 시간 일해야 했습니다. 가장 좋은 방법은 출근 시간 당기기. 정시 출근 시각은 8시 30분이었으나 6시 30분에 출근하는 저의 습관은 신입사원 시절부터 제 몸에 각인되었습니다. 물론 조카에게 했던 조언과 달리 남에게 보이기 위한 제스처가 아니었습니다. 하루에 2~3시간을 더 일해야 늦은 출발을 만회할 수 있겠다는 생각도 있었고, 그때나 지금이나 정말 챙겨야 할 일이 많았습니다. 그런데 그렇게 살다 보니까 주변 반응이 달라지는 것을 느낄 수 있었습니다.

경험이 인생관을 만들 듯, 사람들에게는 자신이 경험한 만큼 평균적인 사람에 대한 고정관념을 갖게 됩니다. 사람이란 본래 이렇다, 저렇다 하는 경험적 통계가 상식으로 굳어집니다. 이에 따르면 신입사원의 출근 시간은 갈수록 늦춰지는 게 상식입니다. 물론 긴장감과 서툰 행동이 줄면서 여유로움과 업무 역량, 나아가 눈치코치는 발달합니다. 대개는 이런 변화의 과정이 자연스러운 일이라고 여기게 됩니다. 자신도 그랬고, 자기가 아는 직장인들도 대부분 그랬기 때문이죠.

그런데 변하지 않는 사람이 존재합니다. 신입시절의 어수룩한 느낌이 아니라 첫인상의 좋았던 느낌이 1년 뒤, 3년 뒤, 5년 뒤에도 그대로인 사람들이 있습니다. 이런 사람은 나의 상식에서 어긋납니다. 중력의 법칙을 벗어난 사람이 있습니다. 이런 예외가 발견되면 사람들은 이렇게 말하죠. '저 사람은 뭔가 다르다.'

그대와 나는
예전이라고 더 좋았던 것도 아니요,
나중이라고 더 멀어진 것도 아니다

왕희지에게서 시작된 해서체는 구양순을 거쳐 조선의 서예가 추사 김정희에게도 영향을 끼쳤습니다.

"해서로 들어가는 길에 세 가지가 있으니, 〈구성궁 예천명〉과 〈화도사비〉, 그리고 〈공자묘당비〉이다."

김정희가 남긴 말입니다. 해서체를 배울 때는 세 가지 작품을 공부하라는 뜻이죠. 이 가운데 〈구성궁 예천명〉과 〈화도사비〉가 구양순의 작품이고, 〈공자묘당비〉는 저수량에게 따끔하게 충고했던 우세남의 작품입니다. 추사 김정희 역시 해서를 통해 서예의 깊은 세계에 들어가서 추사체로 나아가게 됩니다.

그런데 우리에게 김정희 하면 떠오르는 건 따로 있습니다. 바로 〈세한도(歲寒圖)〉입니다. 이 그림은 추사 김정희가 제주도에서 귀양을 살던 59세의 나이에 그린 것으로, 조선시대를 대표하는 문인화로 꼽힙니다. 초라한 집 한 채와 고목 몇 그루가 그려져 있고 그림 우측 상단에 '세한도'라고 적혀 있으며 '우선시상(藕船是賞)', '장무상망(長毋相忘)' 따위의 글이 작게 혹은 도장으로 찍혀 있습니다. 이 가운데 '우선시상'은 '이상적(사람 이름), 보시게'라는 편지 수취인을 나타내는 글이며, '장무상망'은 '오래도록 서로 잊지 말자'는 그의 바람입니다. 〈세한도〉는 김정희가 그의 제자였던 우선(藕船) 이상적(李尙迪)에게 띄우는 그림 편지였습니다.

이 그림 편지에는 사연이 있습니다. 김정희는 청나라에서 금석학(金石學)과 서화로 이름이 높은 학자였습니다. 청나라 지식인들은 동방의 지식인 김정희와 교류하며 그의 새로운 저작물이 나오기를 손꼽아 기다렸다고 합니다. 그러다 김정희가 45세 되던 해에 아버지 김노경이 전라도로 유배되었고, 10년 뒤인 1840년에는 김정희마저 반대파의 공격에 밀려 제주도로 유배길을 떠났습니다.

그가 제주도에서 유배하는 동안 그의 가장 가까운 친구였던 김유근이 죽고 아내와도 사별하고 말았습니다. 유배 떠난 사람들이 늘 겪는 일이었지만 서울 지인들은 꼬투리를 잡히지 않기 위해 김정희와의 연락을 뚝 끊었지요. 외로운 그를 위로해 주었던 건 오직 책밖에 없었습니다.

그런 김정희를 늘 챙겼던 사람이 그의 제자였던 우선 이상적이었습니다. 그는 중국 통역관이어서 자주 국경을 오갔는데 그때마다 청나라 서적들을 구입하여 김정희에게 보냈습니다. 그러던 어느 날 중국 사신으로 연경에 갔던 이상적이 하우경 편찬의 〈황조경세문편(皇朝經世文編)〉이라는 구하기 힘든 책을 손에 넣어서 이를 김정희에게 보냈습니다. 당시 교통수단과 인쇄기술의 수준을 감안하면 그가 손에 넣은 한 권의 책은 오늘날의 책 한 권과 무게나 의미가 달랐습니다. 국내에는 처음으로 수입하는 책이었으니 아마도 지체 높은 양반에게 바쳤다면 큰 사례를 받을 만한 일이었지요.

　김정희는 이상적이 보내준 책자를 받아든 채 가만히 앉아 있었습니다. 평소 그의 학구열로 본다면 응당 책부터 펼쳐서 글자를 탐독해야 할 텐데, 무슨 일인지 하염없이 바라보기만 합니다. 김정희의 눈에는 이 귀한 책자보다는 이 책을 보내준 이상적의 손길이 느껴집니다. 소식이 끊긴 이 외딴 섬으로, 마치 계절이 번갈아 찾아오듯이 잊을 만하면 한 번씩 책과 서신을 보내오는 이상적의 한결같은 마음씨가 가슴을 파고듭니다.

　그러다 논어의 문장이 떠올랐겠지요. '날이 추워진 뒤에야 소나무와 잣나무가 더디 시듦을 안다(歲寒然後知松柏之後凋)'는 그 문장입니다. 곤궁에 처하고 난 후엔 변치 않는 자가 누구인지 알게 되는 법이죠. 김정희는 그의 추사체로, 〈세한도〉의 그림 왼편에 짧지만 울림 깊은 글을 붙였습니다.

"지난해에는 〈만학〉과 〈대운〉 두 문집을 보내주더니 올해는 우경의 〈문편〉을 보내왔구려. 세상에 흔히 유통되는 책도 아니고 천만 리 먼 곳으로부터 구입해야 할 뿐 아니라 구하려고 마음먹어도 여러 해가 걸려야 간신히 손에 넣을 수 있는 책들이 아닌지.

　세상의 이치란 흐르는 물과 같아서 오직 권력과 이익으로만 향하니 대문이 닳도록 찾아다니며 선물하고 부탁하는 것이 보통인데, 그대는 고생 끝에 힘들게 얻은 책을 권문세가에 바치지 않고 바다 건너 살고 있는 초라한 나에게 보내주었구려.

　태사공(사마천, 〈사기〉의 저자)이 말하길 '권력에 기대어 사귄 자들은 권력이 사라지면 사이도 멀어진다'고 하였는데, 그대는 사람이 다르니 태사공의 말이 틀린 것인지. 공자께서 말씀하시기를 '날이 추워진 뒤에야 소나무와 잣나무가 더디 시듦을 안다'고 했는데, 지금 그대와 나의 관계는 예전이라고 더 좋았던 것도 아니요, 나중이라고 더 멀어진 것도 아니구려. 아! 쓸쓸한 이 마음이여! 완당 노인이 쓰네."

중국 지인들이 감동하다

〈세한도〉의 발문은 우선 이상적의 변치 않는 마음을 칭송하고 있습니다. 다이아몬드처럼 한결같은 마음에 대한 이야기는 늘 사람들의 마음을 움직입니다. 다음의 구전되는 이야기도 같은 주제를 담고 있습니다.

어느 아들이 매일 친구들 만나느라 밤늦게 돌아오자 그의 아버지가 근심스러웠습니다. 하루는 늦은 밤 귀가한 아들을 앉혀 놓고 진짜 친구가 몇 명이나 되느냐고 물었습니다. 젊은 아들은 만나는 모든 자가 나의 친구라고 자랑스럽게 말했으나 아버지는 그렇다면 시험해 보자며 아들에게 한 가지 제안을 합니다.

돼지 한 마리를 잡아 거적으로 둘둘 만 뒤 어깨에 짊어지고 친구들을 찾아가서 '내가 사람을 죽였는데 어찌지 못하여 이렇게 짊어지고 왔다'고 얘기해 보라는 것이었죠. 아들은 흔쾌히 응낙하고 곧바로 거적을 메고 친구 집을 돌았습니다. 그러나 그가 친구라고 믿었던 사람들은 그를 외면했습니다. '사람을 죽여 놓고 우리 집을 찾아오면 어떻게 하나? 빨리 자수하게.' 하며 그들은 문을 쾅 닫았습니다.

아들을 따라나섰던 아버지는 사색이 된 아들을 데리고 자기 친구 집으로 갔습니다. 이번에는 아버지 자신이 거적을 짊어지고 혼자 친구 집으로 들어가며 '내가 사람을 죽였다'고 고했습니다. 아버지의 친구는 깜짝 놀라며 대문부터 걸어 잠그더니 방안으로 그를 들인 뒤 촛불을 낮추며 아버지에게 간곡히 자수를 권했습니다.
 여기까지 일이 진행되자 아버지는 아들에게 참된 친구가 무엇인지 알게 해주고 싶었다며 자초지종을 고하고 잡아온 돼지를 안주 삼아 친구와 함께 즐겁게 술을 마셨다고 합니다.

〈사기〉로 유명한 사마천도 역사 속에서 비슷한 사례를 찾아냈습니다.
 중국 전국시대의 사공자 가운데 한 명인 맹상군에게는 풍환이라는 사람이 있었습니다. 맹상군이 제나라에서 재상을 할 때는 중국 전역의 인재 1,000명이 그의 집에 식객이 되었으나 그가 재상 자리를 잃자 식객들은 자기 살 궁리를 하며 다 떠나갔지요. 그러다 그가 위나라의 재상에 오르자 떠나갔던 식객들이 언제 그랬냐는 듯이 맹상군을 찾아왔습니다. 맹상군은 그들의 솜털처럼 가벼운 처신에 배신감이 들었던 모양입니다. 그가 툴툴 불평을 늘어놓자 한 번도 맹상군의 곁을 떠난 적이 없던 풍환이 이렇게 말했습니다.
 "그대는 사람들이 시장에 가는 이유를 알고 있습니까? 자신이 필요한 물건이 그곳에 있기 때문입니다. 반대로 날이 저물면 서로 어깨를 밀치며 시장을 빠져나오는 이유를 알고 있습니까? 더 이상 자기가 찾는 물건이 그곳에 없기 때문입니다. 이런 사정을 모르고 사람들의 가벼운 걸음을 책망하는 건 세상의 이치를 모르기 때문이 아니겠습니까? 부디 그들을 예전과 똑같이 대우하소서."

맹상군은 풍환의 충고대로 다시 찾아온 식객들을 예전처럼 따뜻하게 돌보았고, 그 덕분에 사마천은 그를 4명의 공자 가운데 제일 윗자리에 올려놓았습니다. 이 4명의 공자는 모두 인재를 사랑한 사람으로 이름이 높았지만 그 첫째 자리에는 늘 맹상군이 꼽혔습니다.

맹자 역시 〈맹자〉에서 항심(恒心)이라는 말로 변치 않는 마음을 표현합니다.

"항산(恒産)이 없어도 항심(恒心)을 잃지 않는 것이 선비다."

항산이란 일정한 수입을 의미합니다. 보통의 사람들은 벌이가 변변치 못하면 마치 맹상군의 식객들처럼 마음이 변합니다. 그러나 일정한 수입이 없어도 풍환처럼 마음이 변치 않으면 맹자는 그를 선비라고 부를 수 있다고 말하고 있습니다. 배움의 양이나 옷차림, 신분이 아니라 오직 마음으로 선비와 선비 아닌 자를 구분하고 있죠.

이처럼 변치 않는 마음이란 마치 희귀광물 희토류와 같은 존재입니다. 찾기도 힘들 뿐 아니라 그 쓰임이 대단히 귀중하고 나아가 굳이 쓰지 않고 갖고 있기만 해도 이목을 집중시킵니다.

이상적을 떠올리며 '추운 겨울 소나무 같은 이'라고 뭉클한 감동에 젖었던 59세의 김정희는 그의 마음을 그대로 화폭에 옮깁니다. 〈세한도〉는 이렇게 이상적에게 보내졌지요. 이상적은 중국 가는 길에 〈세한도〉를 품고 가서는 중국 지식인들에게 보여주었습니다. 〈세한도〉와 이에 얽힌 이야기를 들은 중국 지식인들은 크게 감동을 받고 글을 지어 이상적에게 선물합니다. 그들은 이상적의 변치 않는 마음과 지음(知音)

처럼 이상적을 알아주는 김정희의 마음이 어우러져 아름다운 작품으로 피어난 순간을 함께한 것이죠.

변치 않는 행동은 사람을 감동시키는 힘이 있습니다. 첫인상을 유지한다는 건 당신에 대한 내 마음이 그때나 지금이나 똑같습니다, 하고 고백하는 일입니다. 이익이 걸려 있을 때만 잘 보이려고 아양을 떠는 것은 세상의 많은 사람들도 똑같이 하고 있는 일입니다. 그러나 나의 이익이 걸려 있지 않을 때도 한결같은 마음으로 다가가는 것은 아주 드문 일이고, 그래서 귀합니다. 그 마음으로 관리표를 작성한다면 인맥의 달인이 결코 먼 이야기는 아니겠지요.

꾸준함은 탁월함을 만들고, 탁월함은 브랜드를 만든다

Step 3 성공하는 인맥관리 SET-UP 도구의 관리표에 누락된 또 한 가지가 있습니다. '타인의 기대치에 부응한 끝에 만들어진 브랜드'입니다.

브랜드란 뭘까요? 한마디로 이름값입니다. 여러분의 이름에 붙어 있는 세상의 평가를 의미합니다. 보통은 그게 탁월함을 뜻하죠. '아, 저 사람은 이런 걸 잘해.' 그런데 탁월함만으로는 브랜드가 완성되지 못합니다. 오랜 세월 반복과 발전의 시간이 축적될 때 비로소 브랜드라고 이름 붙일 수 있는 것이죠.

1959년 리처드 파인만 교수는 "바닥에는 풍부한 공간이 있다"라는 제목으로 연설을 한 자리에서 처음으로 나노기술을 제시합니다. 벌써 반세기 전인 그날, 파인만 교수는 브리태니커 사전 24권을 지름 1.6mm짜리 핀 머리에 담을 수 있다고 주장합니다. 지금은 너무나 당연한 이야기지만 그때는 '이 괴짜 과학자가 또 이상한 소리를 한다'고 느낄 만큼 파격적인 주장이었습니다. 마찬가지로 여러분의 이름에도 수십 년 세월이 1분 1초의 작은 단위로 켜켜이 쌓여 있지요.

제가 새벽 운동을 한 것도 벌써 30~40년 되었습니다. 하루를 한 장의 종이로 환산하면 제 육체에는 1만 장이 넘는 운동 기록지가 저장되어 있는 셈입니다. 6시 30분 출근도 사회에 첫발을 내디디면서 시작했으니 제 출근지의 기록도 대략 1만 장에 가깝습니다. 사람의 몸이란 입으로 들어간 음식의 결과라고 했던가요? 그간 제 입으로 들어간 밥풀은 몇 억 개가 될까요?

오늘의 내 몸을 보고 내가 평생 어떤 식습관으로 살아왔는지 알 수 있듯이 오늘 여러분의 이름에 내려진 평가를 보면 우리는 여러분이 어떤 삶을 살아왔는지 추적할 수 있는 셈이지요.

출근 정시보다 2시간 먼저 출근하면 저는 가장 먼저 생산부를 찾아가 밤샘을 마친 야간 근무자들을 만나 '고생 많으십니다. 진행은 어떠신가요?' 하고 격려하고 시설 안전을 확인했습니다. 그런 뒤 자리에 돌아와 조간신문을 읽고, 이메일을 확인하고 인터넷을 검색했으며, 당일 업무 스케줄을 정리하여 오늘 무슨 일을 어떻게 해야 할지 준비하는 시간으로 활용했습니다. 그래도 시간이 남으면 경비 아저씨를 대신하여 운동장을 청소하기도 했죠.

그렇게 살아온 시간이 30여 년이다 보니 멀고 가까운 이들의 눈에 제가 어떻게 보일지 조금은 유추가 가능합니다. 단 1년만이라도 똑같은 루틴으로 살아가면 가까운 사람은 그가 꾸준히 자기 패턴을 유지하고 있음을 느끼는데 이를 10년, 20년 넘도록 똑같이 유지하면 그때는 먼 곳까지 소문이 자자해지는 것이죠.

굳은살도 하루아침의 무리한 자극으로 생기는 경우는 없습니다. 찌든 때조차도 처음에는 콧바람에 흩날리는 작은 먼지에 불과합니다. 여러분이 회사에서 행하는 작은 일 하나도 그날 하루만 보면 아무것도 아니지만 장기간 축적의 힘을 생각하면 10년 뒤의 당신에게 붙게 되는 이미지는 단단한 바위처럼 확고해집니다.

물론 갈수록 우리 사회는 자리 이동이나 이직, 이사가 많아서 한 사람을 오래 두고 사귀는 경우는 드뭅니다. 그러나 여러분도 삶의 연차가 높아지면 알게 됩니다. 이 사회는 생각보다 좁아서 나중에 꼭 만나게 되는 사람이 있죠. 나에 대한 사회의 평가는 우리가 생각하는 것처럼 새로운 곳으로 도망가서 새로 만들면 되는, 휴대전화 게임 같은 게 아니라는 얘기입니다. 휴대전화에 게임을 깔았다 지우는 것처럼 우리의 이미지도 그렇게 세탁되는 게 아니죠. 특히나 높은 자리를 꿈꾸는 사람에게는 긍정적 이미지의 축적이 역량만큼이나 중요합니다.

당신에게 부여된 이미지는 당신 혼자의 꾸준함으로 만들어지는 게 아닙니다. 무인도에서 아무리 열심히 노력하며 역량을 닦더라도 그것만으로는 원하는 만큼 성과를 만들 수 없다는 얘기죠. 이 삶의 현장에서 끊임없이 삶의 습관을 개선하려고 노력했고, 그게 사람들 속에서 당신의 이미지로 굳어졌기 때문에 성공 가능성이 높아지죠. 사람들이 당신을 보증해주기 때문에 기회가 생기고, 그 기회 안에서 역량을 발휘할 때 비로소 성공의 문턱에 한 걸음 다가갈 수 있습니다.

한편 사람들의 시선은 우리를 게으름에서 벗어나도록 자극하는 힘이 되기도 합니다. 혼자서는 살빼기 힘들죠? 그런데 헬스클럽이라는 공개된 장소에서는 힘이 납니다. 폐쇄된 독립공간보다 개방된 카페에서 일할 때 집중력이 높아지는 이유도 우리가 타인의 시선에 영향을 받는다는 증거입니다. 사람은 무리 속에 있을 때 퍼포먼스 수준이 높아지는 경향이 있습니다. 사람은 끊임없이 타인의 시선을 먹고 자라는 아이와 같죠. 저에게도 그런 경험이 있습니다.

2009년 2월 10일, 저는 직원 교육과 친분 나누기를 위한 용도로 야후(Yahoo)에 블로그를 개설했습니다. 처음에는 순위가 있는지도 몰랐으나 매일 글을 올리다 보니 등수를 매긴다는 사실도 알게 되고, 1일 방문자도 카운트되고 있음을 알게 되었습니다. 처음 알게 되었을 때의 순위는 150만 등이었는데 1년을 꾸준히 하다 보니 30만 등까지 순위가 올랐습니다. 그렇게 또 1년을 하다 보니까 1일 방문자는 1,000명으로 2배가 되었고 순위도 6천~7천 등으로 껑충 뛰었습니다. 나중에는 전자신문에 전자업계의 파워블로거라고 소개되기도 했습니다.

물론 순위가 제 목적은 아니었지만 하다 보니 은근히 저를 자극하는 요인이 되었습니다. 제가 타인의 시선에 신경을 쓰고 있다는 뜻이죠. 저는 이게 굉장히 중요한 역할을 한다고 믿습니다. 혼자 있을 때는 느슨해지는 마음이 사람들의 눈길을 의식하면 다시 다져집니다. 그래서 분발하게 되는데 그러다 보면 잘한다는 칭찬도 받고 하는 맛도 나죠. 아는 것보다는 좋아하는 게 낫고, 좋아하는 것보다는 즐기는 게 낫다는 말이 있습니다. 이제 블로깅이 즐거워지는 단계가 찾아오면 더 이상 일이라고 생각지 않게 되고 블로그에 접속하는 시간이 기다려집니다. 즐기니까 더 잘할 수밖에 없고 그 사이 사람들의 평가도 달라져 있습니다.

이는 사람이 볼 때만 열심히 하라는 뜻이 아닙니다. 주변에 아무도 없을 때조차도 꾸준함을 잃어서는 안 됩니다. 왜냐하면 혼자 있을 때 했던 행동은 내 마음이나 얼굴에 잔상을 남기고 그 상태로 사람을 만나면 상대방도 나에게서 그 잔상을 느끼기 때문입니다. 내가 한 행동은 어떤 식으로든 나의 몸에 흔적을 남깁니다. 그걸 귀신같이 알아차리는 촉이 발달한 사람들이 있기 마련입니다.

우리가 사회활동에 참여하는 동안에는 물론 물리적 독립공간은 존재할 수 있지만 아무도 모르게 할 수 있는 행동은 없다고 생각합니다. 그게 세상에 비밀은 없다는 뜻으로 쓰는 '사지(四知)'의 메시지죠. '당신이 알고 내가 알고 하늘이 알고 땅이 안다'는 말입니다.

한번은 어느 대기업 임원에게 제가 쓴 책을 선물한 적이 있습니다. 그분이 제 책을 읽으시고는 이렇게 물으시더군요.

"아직도 그렇게 하고 계십니까?"

책에 쓴 대로 아직도 6시 30분에 출근하고, 하루 1시간씩 꼬박꼬박 인맥을 챙기고, 솔선수범하며 직원들 챙기고 하느냐는 뜻입니다. 아마도 '주신 책 잘 읽었다'는 인사 차 질문이었겠지만 속으로 뜨끔합니다.

책이란 또 다른 저와의 약속입니다. 그의 질문에 가만히 저를 돌이켜 봅니다. 꼭 그렇다고만 할 수 없었던 몇몇 순간이 스치기도 합니다. 그러면서 생각합니다. 얼마나 고마운 일인가? 내가 흐트러지지 않도록 잡아주는 분들이 내 옆에 있으니 얼마나 고마운 일인가!

제가 신입사원들에게 꼭 타이르고 싶은 것도 꾸준한 자기관리입니다. 그래서 면접 때마다 이렇게 묻고는 하죠.

"당신의 신뢰점수는 100점 만점에 몇 점입니까?"

입사지원자는 약간 망설이다가 입을 여는데 대개 80점이나 90점이라고 대답하죠. 그러면 다시 묻습니다.

"10점이나 20점만큼은 믿을 수 없다는 뜻입니까?"

당락을 결정하는 질문도 아니요, 채점을 위한 질문도 아닙니다. 그가 우리와 함께 일을 하게 되든 그렇지 못하든 '꾸준함'이라는 미덕을 장착하기 바라기 때문에 던진 질문입니다. 만일 그대가 목표를 갖고 꾸준히 매진한다면 이제 당신의 주변에는 당신을 신뢰하는 자들이 생길 것이며, 부가적으로 탁월함은 당신의 몫이 됩니다.

우리가 사는 이 세상은 꾸준함과 탁월함 두 가지만으로 이루어져 있지 않습니다. 여기에는 한 가지가 더 추가되는데 바로 옆에서 지켜본 사람들의 평가입니다. 그래서 이 세 가지는 하나의 공식처럼 서로 긴밀한 관계를 이룹니다. **즉 꾸준함은 탁월함을 만들고, 탁월함은 브랜드를 만듭니다.**

브랜드를 만드는 한 가지 팁

브랜드를 만드는 좋은 팁 하나 소개해 드리고 싶습니다. 바로 책 쓰기입니다.

공대 출신에다가 평생을 제조업에 종사한 사람이 책과 가깝기는 힘든 일입니다만, 저는 어쩌다 보니 책을 쓰게 되었습니다. 사실은 개인적인 관심사였죠. 그게 벌써 10년 전 일입니다. 살다 보니 기업체 경영에 대한 나름의 성과와 노하우가 쌓였고, 그간 모았던 자료들도 많았습니다. 이를 정리해서 원고를 만든 뒤 출판사에 보냈더니 그들 눈에는 저의 인맥관리 방식이 흥미로웠던 모양입니다. 며칠 뒤 출판사에서 찾아왔고, 이후 십여 차례에 걸쳐 미팅을 하면서 원고의 방향을 새로 만들었습니다. 원고를 추가하고 수정하면서 책은 서서히 형태를 갖추어갔습니다. 그게 저의 첫 책 〈인맥관리의 기술〉(서돌, 2008년 4월)이었습니다.

이후로 〈성과를 내는 기술〉(지식공간, 2010년 4월), 〈서른, 인맥이 필요할 때〉(지식공간, 2012년 5월), 〈위대한 직원이 위대한 기업을 만든다〉(비움과소통, 2012년 12월), 〈실전 중소기업 성공전략〉(비움과소통, 2013년 10월), 〈어떻게 살까?〉(좋은땅, 2014년 9월), 〈우리는 위대한 세일즈맨이 될 수 있다〉(좋은땅, 2016년 6월)까지 총 7권의 책을 냈으니 못해도 2년에 한 권 이상 책을 출간한 셈입니다.

뜻하지 않게 책 부자가 되면서 책을 선물하기 시작했습니다. 전부터 알고 지내던 분들에게도 선물로 보내고, 처음 만나는 분에게도 책을 드렸습니다. 찾아오신 분에게는 보관 중인 책을 드리면 되고, 밖에서 만나더라도 나중에 보내드렸습니다.

책은 생각보다 효과가 괜찮은 선물입니다. 출판사에서 책을 구입하면 1만 원 정도에 한 권 정도 살 수 있는데 1만 원을 투자하여 선물다운 선물을 할 수 있는 게 또 뭐가 있을까요? 투자 금액 대비 효과가 좋은 선물로 책만 한 게 없을 뿐 아니라 그게 저의 책이라면 만남도 기념하고 또 짧은 만남에서 전달할 수 없었던 제 이야기를 알리는 좋은 방법이 되기도 합니다. 단순히 저를 중소기업 사장이라고 알고 있던 분들도 제가 '저자'라는 사실을 알면 저를 대하는 태도가 달라집니다. '저 사장님 그냥 평범한 사장은 아니네?' 하는 느낌이랄까요?

책의 효용가치는 생각보다 큽니다. 강사들에게도 책이 있느냐 없느냐는 큰 차이가 있다더군요. 책을 쓴 강사는 이미 검증이 끝난 강사가 되어 대우가 달라진답니다. 저 말고도 책을 쓴 경영자들이 있는 것으로 알고 있는데, 출판사 관계자의 말을 빌리면 책을 통해서 자신을 설명할 수 있기 때문에 비즈니스에도 도움이 된다고 합니다.

창업을 준비하는 분들에게도 책은 출사표와 같은 역할을 하곤 합니다. 책을 통해 대중에게 자신의 이름을 알리고 창업을 하면 그만큼 성공 확률이 높아지는 셈이죠. 요즘은 그런 추세를 반영하듯 책 쓰기 사설 과정이 많이 개설되어 있다고 하죠.

저의 경우도 책을 쓰기 전과 후로 이미지에 큰 변화가 생겼습니다. 사람들은 이제 저를 '책 쓰는 경영자'로 생각하죠. 그런데 이런 이미지가 형성되기까지 시간이 필요했습니다. 첫 책을 출간한 뒤에는 그저 '책을 쓰셨군요. 축하합니다.' 정도였다면 10년이 지나는 동안 한 권씩 추가되면서 사람들은 저를 '작가'로 생각하게 시작했습니다.

그런데 고백하자면 제가 7권을 출간할 수 있었던 것은 지인들 덕분이었습니다.

가끔 만나면 이렇게 묻는 분들이 꼭 있었지요.

"신간은 또 언제 나오십니까?"

혹은 누군가 저를 소개할 때 '저 분은 작가다'라는 말을 빠뜨리지 않습니다. 그러면 저는 갑자기 대단한 사람이 됩니다. 사람들 반응이 그렇습니다.

그러다 보면 이제 부담이 옵니다. 책의 출간이 뜸하면 꼭 제가 일을 하지 않은 것 같은 느낌도 들고 그들과의 약속을 지켜야 한다는 의무감도 듭니다. 저를 작가라고 믿는 그들의 시선이 저의 지속적인 글쓰기의 원천이 됩니다.

그렇게 한 권씩 출간하다 보니 7권이라는 책의 저자가 되었습니다. 지금 가만히 돌이켜 보면 나라는 브랜드는 내가 만드는 게 아니더군요. 시작은 물론 제가 하지만 사람들의 입에 오르내리고, 또한 그들의 기대치를 충족시키기 위해 애를 쓰면서 10년간 김기남이라는 사람의 브랜드가 형성됩니다. 이렇게 한 번 만들어진 이미지는 경력 소개 없이도 저를 보증해주는 하나의 사회적 신뢰가 됩니다.

인생상담

저자가 된 후로 업계를 넘어 사회에까지 이름이 알려진 모양입니다. 대기업 사보를 비롯하여 신문기사에도 '인맥관리의 달인'이나 '중소기업체 성공 경영인'으로 소개가 됩니다. 모교에서도 강의 요청이 와서 어린 후배님들 모셔놓고 자기계발에 대한 강의도 하고, 직장인 대상으로 인맥관리를 주제로 강단에 서기도 했지요. 강사로 진출하려는 뜻이 없었기 망정이지 그게 아니었다면 지금쯤 스케줄 잡고 전국을 뛰는 강사가 되었을지도 모르죠.

주변 지인 중에는 저자가 되는 길을 묻는 분도 있었습니다. 대기업에 다니는 분이 두 명 있었는데 제가 코치를 해드려서 이 분들도 저자가 되었습니다. 물론 이 두 분 말고도 책 쓰기에 대해서 묻는 분들이 많죠. 그러면 저는 제가 알고 있는 모든 방법을 가감 없이 알려드립니다.

이제 그들은 단지 저를 지인이나 거래처 사장이라고 생각하는 단계에서 벗어나 성공과 행복, 책에 대한 꿈을 불어넣은 인생의 멘토라고 여깁니다. 인연의 깊이가 달라지니까 사소한 전화 한 통도 그냥 받지를 않죠.

그러다 보니 저에게 또 다른 역할이 부여됩니다. 제가 인간관계와 관련된 책의 저자임을 아는 사람들이 저에게 상담을 요청해오기 시작한 거죠.

가만히 손가락을 꼽아보면 한 달에 2번 정도는 상담을 해드리는 것 같습니다. 물론 사전에 약속도 없이 불쑥 이루어지는 상담이죠. 상담을 요청하는 분도 딱히 정해진 건 없습니다. 우리 회사 직원이 방문을 똑똑 두드리고 찾아오기도 하고, 어느 중소기업 직원이 고민을 털어놓기도 했습니다.

"부장님이 너무 무능해서 꼴 보기 싫은데 어떻게 해야 하나요? 다들 그 사람을 싫어합니다."

상담은 갑자기 시작됩니다.

"과장님 그건 큰 착각이에요. 그 사람이 부장까지 어떻게 올라갔는데요?"

얘기를 들으면서 잠깐 생각을 정리하고 답변을 드리죠. 특히 이런 경우 앞으로 예상되는 문제까지 알려드립니다.

"과장님이 부장을 무시하면 나중에 이유도 모른 채 불이익을 받을 수 있어요. 설령 과장님 보기에 꼴 보기 싫을 수 있지만 아닌 사람도 분명 있거든요. 그들끼리 얘기를 나누다가 과장님 이야기가 화제에 오르면 그 부장이 어떻게 이야기할까요? 아마도 부장은 정확한 근거는 못 댈 수 있겠지만 부정적으로 언급할 가능성이 높죠. 그러면 그 집단에서 과장님은 불이익을 주어도 마땅한 사람이 되죠. 이유도 모른 채 불이익을 당할 수 있다는 말이에요."

이런 경우도 있습니다.
"상사 한 분이 저를 미워합니다. 어떻게 해야 할까요?"
"이유 없이 그럴 리가 있겠나? 뭔가 이유가 있겠지?"
그러면서 구체적인 상황을 물어봅니다. 대화를 나누다 보니 30대 중반의 그가 스스로 답을 찾은 모양입니다.
"그러고 보니 제가 상사의 지시에 반발을 한 적이 몇 번 있었던 것 같아요."
"왜 그랬지? 지시가 불합리해서?"
"아니요, 저도 잘 모르겠습니다."
"그래? 어쨌든 말이네, 상사의 지시가 설령 말이 안 되더라도 반발하는 건 아니지. 이걸 잘 생각해 보라고. 상사가 잘못된 지시를 내리면 건의를 해야 해. 그게 부하 직원의 도리야. 상사가 놓치고 있거나 착각할 수 있거든. 그런데 반발은 무작정 반대하겠다는 거잖아? 상사가 납득할 리도 없고, 위계도 무너지겠지?"

직장인 스트레스 요인 가운데 상위를 차지하는 게 상사 스트레스임은 맞는 말인 것 같습니다. 책임자급의 어느 지인도 그런 고민을 털어놓더군요.

"상사 때문에 스트레스가 이만저만 아닙니다."

한숨부터 푹 내쉬는 게 아무래도 고민이 큰 모양이더군요. 자초지종을 물어보니 이 친구도 감을 잡지 못하겠다고 얘기합니다. 하루 이틀 합을 맞춰본 사람도 아니었고, 이 친구도 사회생활 할 만큼 해본 사람인데 도저히 이유를 못 찾고 있었죠.

"그러면 직접 찾아가서 솔직히 얘기해 보세요. 그게 지금 할 수 있는 유일한 방법 같아요."

보직 변경 문제로 상담을 요청한 분도 있었죠. 그는 자기 전문분야가 있는데 다른 분야로 발령을 내렸다며 나 보고 나가라는 소리인지 모르겠다며 배신감을 느끼고 있었던 겁니다. 그런데 회사는 경력 관리 차원에서 임원급으로 키우고 싶어 하는 사람을 여러 분야로 돌리는 경향이 있습니다. 아무래도 이 회사는 내부 커뮤니케이션이 부족했던 것 같았고, 그래서 회사가 보직을 변경하는 여러 이유를 들려주었지요.

사장으로부터 문책을 당한 어느 지인도 절망 섞인 얼굴로 한숨을 쉬더군요.

"이번에 목표달성에 또 미달되었습니다. 회사를 그만두어야 할지 고민스럽습니다."

참 안타까운 순간이죠. 제가 할 수 있는 건 최대한 그의 마음을 위로해주고 격려하는 일밖에 없으니까요. 그러나 제 나이가 있다 보니 이런 말이 통하는 것 같습니다.

"인생은 장기적으로 보고 접근해야죠. 살다 보면 인생은 직선이 아니라 굴곡이에요. 주춤거릴 때도 있고, 빨리 뛰어갈 때도 있어요. 단 한 번도 막힘없이 나아가는 사람은 못 본 것 같아요. 지금 힘들다고 포기하지 마세요."

가정 문제로 고민을 털어놓는 분도 있죠. 이 분은 집에만 가면 아내에게 화풀이를 한 모양입니다.
"회사에서 하도 스트레스를 받다 보니 집에만 가면 아내와 애들에게 화를 내곤 합니다. 이제 제가 집에 가면 아무도 저를 반기지 않아요."
"회사에서 받은 스트레스는 회사 일로 풀어야 해요. 절대로 집에 가져가서는 안 되죠."

사내 직원들도 고민이 있기는 마찬가지죠. 하루는 영업부 대리가 제 방으로 찾아왔습니다.
"애로사항이 있습니다."
들어보니 회계팀장에게 한마디 들은 모양입니다. '이 제품은 팔수록 적자인데 왜 자꾸만 갖다 파느냐?' 영업을 하다 보면 손해인 줄 알면서도 팔아야 하는 게 있기 마련입니다. 그건 영업적 전략에 대한 문제죠. 그러나 회계팀장은 그런 전략적 차원을 고려하는 게 아니라 당장 계산기를 두드리다 보니 해당 물건은 팔수록 손해라는 것입니다. 대충 이야기를 파악한 뒤 회계팀장을 불렀죠.
"회계팀장 말도 맞다. 그런데 적자여도 팔 수밖에 없는 경우가 있다. 영업자들은 하나라도 더 갖다 팔려고 하는 게 생리가 아니냐. 더구나 그런 문제가 있으면 윗선에 이야기하지 굳이 실무자에게 이야기할 필요가 있었느냐?"
아마 이게 조금 낯설지도 모릅니다. 회사 경영자가 영업부 대리의 문제를 해결하기 위해 회계팀장을 불러서 삼자대면을 하고 있는 상황이니까요. 그런데 저는 직원의 문제 해결을 위해 존재하는 게 경영진이라고 생각하고 있습니다. 누구를 혼내기 위한 자리가 아닙니다. 올바른 처리 방식에 대해서 공유하고 불쾌한 마음 없이 업무에 임하게 하려면 저는 소통을 해서 답을 찾아주어야 합니다.

제가 인간관계 상담을 해주는 경영자가 된 데에는 물론 책의 영향도 있지만 평소에 이야기를 들어주기 위해 노력했기 때문이라고 생각합니다.

때로는 격려하고, 때로는 위로하고, 때로는 용기를 북돋우면서 우리 직원, 내 지인들이 잘못된 마음을 먹고 인생길을 잘못 걷지 않기를 바라는 것이죠. 어렵게 뽑은 직원이 즐거운 마음으로 회사를 다니려면, 어렵게 맺은 인연이 즐거운 마음으로 인생을 살려면 저로서는 어떻게든 그들의 문제 해결에 동참할 수밖에 없는 것이고, 다행히 제가 책을 쓰는 저자라는 이미지가 그들의 귀를 열어주고 있다고 믿고 있습니다.

관리표만 흉내 내지 마세요

관리표에 누락된 게 두 가지 있다는 게 이 장에서 제가 전달하려는 메시지였습니다. 꾸준함과 브랜드가 관리표를 완성해준다는 내용이었습니다. 이 두 가지가 없이 관리표만 따라 한다고 인맥관리의 달인이 될 수는 없을 것 같습니다.

우리 회사의 고객담당 직원들도 이 관리표에 따라 거래처를 관리합니다. 업무적으로도 인맥관리의 중요성과 방법에 대해서 자주 이야기를 하죠.

그들에게 제가 쓰라고 지시한 체크표는 1일 체크리스트입니다. 가로줄에 매달 1일에서 31일까지 날짜를 적고 세로 줄에 거래처 명단을 적습니다. 한 명의 직원당 거래처는 대략 30개 선이죠. 거래처별로 이들이 만나야 하는 사람은 2~3명 정도니까 적어도 60명, 많으면 90명까지 관리해야 하는 셈이죠. 고객담당자는 한 달이 지나면 1일 체크표를 들고 저를 찾아옵니다. 체크표를 보면 고객관리를 위해 며칠에 한 번씩 무슨 활동을 했는지 확인할 수 있습니다. 우리는 표를 보면서 이날 만나서 무슨 이야기를 나누었는지, 상대가 어떤 요구를 했는지, 어떤 상황 변화가 있는지 확인합니다.

납품 물건에 불량이 있을 때는 고객담당자가 방문하는 건 필수입니다. 그러나 불량이 없을 때도 꾸준히 연락을 취하는 게 관리표를 운영하는 이유죠. 평소에 꾸준히 커뮤니케이션이 되면 담당자 사이에 정이 듭니다. 호의적인 관계가 되었다는 말이죠. 이게 업무적으로 어떤 의미가 있는가 하면, 예컨대 고객은 몰라도 전문가는 아는 아주 사소한 불량이 발견될 때가 있습니다. 이 경우 간단한 주의만 주고 넘어가는 경우가 생기는 거죠. 반품은 하지만 불량처리는 하지 않는다는 말입니다. 그저 한마디면 충분합니다. '다음부터는 잘 부탁해요.'

제가 보기에 관리표대로만 해도 업무적으로 여러 유익이 있습니다.

그런데 여기에 꾸준한 자기관리와 브랜드가 붙게 되면 그 힘은 전혀 달라진다고 생각합니다. 단순히 정만 든 사이와, '그 사람은 사람이 남달라'라는 존경까지 받는 것은 그냥 생각해 봐도 결과가 똑같을 수는 없죠.

마지막으로 덧붙이고 싶은 말이 있습니다. 우리는 이 관리표를 사회 속에서 활용해야 합니다. 그런데 이 사회를 바라보는 우리의 시각에 왜곡이 없기를 바랍니다.

관리표를 작성하고 전화를 건다는 것은, 단순히 나를 잘 봐주세요, 라는 의사표시가 아니라 당신에게 관심이 있다, 당신이 겪고 있는 곤란함을 돕고 싶다는 뜻입니다. 그의 문제를 해결해주다 보면 나는 더 이상 거래처 담당자가 아니라 사회생활을 함께하는 동료가 되죠. 관계에 변화가 생긴다는 얘기입니다. 이해관계를 떠나 있다는 뜻이죠.

우리가 만난 공간은 흔히 〈미생〉과 같은 '경쟁이 치열한 공간'으로 받아들여집니다. 그런데 그건 사람들이 만들어놓은 프레임일 뿐, 우리는 생존경쟁이라는 프레임을 거부할 수 있습니다. 우리는 경쟁 이전에 함께 존속해가는 윈-윈의 프레임으로 관례를 만들어갈 수 있습니다. 누군가를 짓밟고 올라가는 게 아니라 함께 갈 수 있는 방안을 찾을 수 있습니다. 인생은 생각보다 길죠. 관리표의 관리주기도 생각보다 깁니다. 오늘만 살고 말게 아니라면 함께 가는 방안을 찾아보아야 합니다. 관리표만 흉내 내는 것은 관리가 아닙니다.

〈하루 1시간 인맥관리 법칙 3〉

**사람은 자신에게 관심을 가져주는 이에게 호감을 가진다.
상대방의 변화를 세심히 관찰하고 언급해주어
관심을 가지고 있음을 알려라.**

⇨ 순수한 관심을 기울여 내 편으로 만드는 방법

STEP 5

인맥관리,
하루 1 Hour면
충분하다

지난주에
처음 만난 두 사람

지난주에 두 분을 처음 만났습니다. 한 분은 신규 거래 협상을 위해 어렵게 연락하여 만난 K사 김 과장이고, 한 분은 지인들 모임에서 만난 자영업자 박 사장이었죠. 새로운 사람을 만나서 명함을 주고받은 날, 자리를 파하고 돌아오면 인맥관리를 시작합니다.

우선 명함의 빈 곳에 두 분과 관련된 공적, 사적 정보를 앞뒤로 나누어 기입하고, 이후 주소록에 두 분의 연락처나 소속 따위를 적어 넣습니다. 이 주소록은 Step 1에서 말씀 드렸던 전체 주소록으로, 제가 아는 모든 지인의 연락처가 담긴 베이스캠프죠.

그 다음에는 어떻게 할까요? 기억할지 모르겠지만, 이 분들을 등급에 따라 분류한다고 했죠? 등급에는 A, B, C 세 등급이 있습니다.

여기서 오해가 없기를 바랍니다. 제 친구들에게 '너는 B 등급이야.'라고 말하면 기분이 좋을 리 없죠? 등급이란 건 책을 쓰기 위해 만든 표현일 뿐, 사람에게 등급 따위를 매기는 일은 사실 없습니다.

그럼 Step 1에서 소개했던 등급 구분은 무엇일까요?

> **A 그룹** 최상급 관리. 관리 빈도가 높은 사람. 긴밀한 관리가 필요한 사람
> **B 그룹** 중간급 관리. 관리 빈도가 높지는 않으나 비즈니스상 중요한 사람
> **C 그룹** 일반 관리. 관리 빈도도 높지 않고 업무적 연결고리가 없거나 적은 사람

설명을 드리면 이렇습니다. 사람을 처음 만나면 이 분들은 당연하게도 A 그룹이 될 수 없습니다. A 그룹은 매우 가까운 분들이기 때문이죠. 관계란 게 일방적 짝사랑이 아닙니다. 제가 만나고 싶다고 해서 상대가 '그럽시다' 하고 흔쾌히 시간을 내줄 리도 없습니다. 다들 바쁜 사람들이고 저보다 우선순위가 높은 일이나 지인이 있기 마련이니까요. 그런 관점에서 보면 당신은 A, 당신은 C라고 나누는 것은 저에게도 그들에게도 아무런 의미가 없죠.

그렇다면 A 그룹이 가진 의미를 여러분은 새롭게 이해할 수 있습니다. A 그룹이란 그간 충분히 시간을 들이고 서로 마음을 열어서 이제는 단순히 이해관계만으로는 설명하기 힘든 사이를 말합니다. 업무상으로 별로 할 얘기도 없는데 '봅시다.' 하면 '저 사람이 왜 보자는 거지? 바빠 죽겠는데.' 하고 이상하게 생각하는 게 일반적입니다. 그런데 저의 A 그룹 사람들은 '차 한 잔 하죠.' 하면 없는 시간을 쪼갭니다. 반대로 그분들이 저에게 '금요일 저녁에 시간 되면 봅시다.' 하면 '네, 그날 뵙죠.' 하고 이유를 묻지 않고 뵙습니다. 그만큼 자주 만나왔고, 그만큼 가까워졌기 때문에 특별한 용건이 없어도 만남이 성사되죠.

그렇다면 지난주에 만난 두 분은 어떻게 분류해야 할까요? A를 뺀 나머지, 즉 B와 C 가운데 하나에 속합니다. B와 C의 차이도 가깝고 먼

게 아닙니다. 업무상 고리가 있느냐 없느냐의 차이밖에 없습니다. 회사 일로 만나는 분이라면 B가 되고, 사적으로 만나는 분이라면 C가 되는 것이죠. 그러나 제 목표는 똑같습니다. 하루 1시간 관리를 통해 이분들을 제 인생의 A급 인맥으로 만드는 게 목표입니다. 조금 다르게 표현하면 귀한 인연이라는 생각으로 관계를 소중히 만들어가려는 것이죠. 결과는 미리 예측하지 않습니다. 저 사람하고는 반드시 가까워져야겠다고 독하게 마음먹고 달려들지도 않습니다. 여러분도 해보면 알겠지만 내가 원한다고 다 친해질 수 있는 건 아니기 때문이죠.

월요일 아침 9시, 내가 1시간 동안 하는 일

이제 저는 인맥관리 프로그램을 돌려서 그분들과 가까워지기 위한 순서를 밟게 됩니다.

K사 김 과장은 업무적 필요에 따라 만난 분이니 B 그룹, 자영업자 박 사장은 지인의 소개로 만난 분이니 C 그룹에 속하게 됩니다.

이 분들에게 다시 연락해야 할 시점은, 아무리 늦어도 한 달이 지나기 전입니다. '첫 만남 이후 무조건 한 달 안에 다시 연락할 것'이 저의 인맥관리 원칙입니다. 다만 K사 김 과장의 경우 업무적으로 충분한 이유가 있다면 '단기간 집중 관리 대상'으로 삼고 1개월간 1주일에 3~4

차례 꾸준히 연락을 취하게 되죠.

자, 이렇게 사람을 만나고 관리 등급을 매기면서 살아가다 보면 월요일이 찾아옵니다. 월요일 아침 9시가 되면 컴퓨터를 켜고 이메일에 접속하여 '읽지 않은 메일'을 체크합니다. 많은 분들이 그렇듯이 저 역시 하나씩 확인하며 지울 건 지우고 필요한 건 답신도 보냅니다.

그런 뒤 〈1주간 관리표〉를 꺼냅니다. 여기에는 지난주에 잡힌 일정도 있고, 이미 연초에 잡힌 스케줄도 담겨 있습니다. 동창회 모임이 있을 수도 있고, 아는 회사 지인의 생일이나 창립기념일이 잡혀 있을 수도 있지요. 확인된 당일 스케줄은 축하전화든 문자든 바로 보냅니다. 필요하면 화환을 보낼 준비도 이때 하죠.

그런 뒤에 ① A 그룹 관리를 위한 12개월 체크표 ② 단기간 집중 관리를 위한 1개월 체크표 ③ 그룹 전체를 위한 전화·문자표를 차례로 꺼내서 들여다봅니다.

① 〈A 그룹 관리를 위한 12개월 체크표〉의 경우, 한 달에 한 번 식사하는 게 목표이기 때문에 언제 식사를 함께했는지 확인하고 금주 스케줄을 살피면서 마땅한 시간을 찾아봅니다. 만남이란 내 시간만 허락된다고 가능한 게 아니므로 시간 여유를 두고 상대방과 약속을 정합니다. 마침 지인이 있는 근방에서 미팅이 있다면 점심식사가 가능한지, 혹은 시간이 애매하면 차 한 잔 가능한지 타진하는 것이죠.

② 〈단기간 집중 관리를 위한 1개월 체크표〉의 경우, 업무적인 관리가 목표라서 미팅 일정은 잡혀 있는 경우가 많고, 다만 중간에 진행 상황 체크나 업무 협의, 혹은 결과 보고 등의 이유로 전화 통화를 하거나 문자, 이메일을 보내는 것인데, 이때 딱딱하게 업무 이야기만 하면 곤란합니다. '거래처 사람의 연락'이라는 이미지를 넘어서 한 걸음 다가갈 수 있는 작은 징검다리를 만드는 게 중요합니다. 지난주에 만난 K사 김 과장은 이 체크표에 속하게 됩니다.

- ③ 마지막으로 설이나 추석, 연말연시가 가까워지면 〈그룹 전체를 위한 전화·문자표〉를 꺼내서 연락을 취합니다. 이게 조금 일이 될 수도 있지만 1년에 3~4회에 그치는 데다 이때가 아니면 딱히 용건을 찾아서 연락하기 쉽지 않으니 귀찮더라도 꼭 전화든 문자든 안부를 묻는 게 중요합니다. 지난주에 만난 자영업자 박 사장을 비롯하여 모든 사람은 이 그룹에 속하게 되죠. 설령 단기간 집중 관리 대상처럼 최근에 연락이 잦은 사람이더라도 반드시 연락을 드리는 게 좋습니다. 다만 하루에 몰아서 다 보낼 필요는 없고, 여러 날 걸쳐서 꾸준히 하면 될 것 같습니다.

그렇게 전화 드리고 문자 보내고 이메일 보내면 1시간 정도가 소요됩니다(〈그룹 전체를 위한 전화·문자표〉까지 보내려면 조금 더 시간이 걸립니다). 인맥의 수가 적을 때는 아직 익숙지 않아서 1시간 정도 걸렸고, 인맥의 수가 늘었을 때는 숙달되어 1시간 정도 걸렸으니 인맥이 많건 적건 관리 시간은 1시간이라고 보면 틀리지 않을 것 같습니다.

사람마다 다를 수 있겠지만 아침 9시에서 10시까지가 인맥관리의 골든타임이라고 저는 생각합니다. 다른 중요한 일이 있다면 모를까, 귀찮다고 미루다 보면 어영부영 점심시간이 되기 십상이죠. 저는 점심 이후에 보내는 답신은 성의가 없다고 생각하는 편입니다. 통화가 필요한 일이든 뭐든 상관없습니다. 아침에 출근하면 1시간 투자하여 기본적인 인맥관리를 마치는 게 좋습니다.

여기서는 월요일 아침으로 한정해서 이야기했으나 그건 설명을 위한 것이었고, 아침 1시간 투자는 매일 되풀이해야 하는 루틴임을 꼭 기억하기 바랍니다.

그럼, 대화의 소재는 어떻게 찾아야 할까?

하루 1시간이면 기본적인 인맥관리가 되는 건 맞습니다. 그런데 하루 1시간을 알뜰히 쓰기 위해서는 약간의 시간을 더 투자해야 합니다. 사람과 처음 만나서 명함을 주고받으면 휴대전화에 전화번호만 입력하고 끝내는 게 아니라 공적·사적 정보 기록, 주소록 입력, 집중적 관리 여부 결정, 전체를 위한 전화·문자표 기입 등과 같이 추가적인 행위를 통해 '관리할 준비'를 마쳐야 하듯, 하루 1시간을 효율적으로 쓰기 위해서도 '준비 시간'이 필요하죠.

예컨대 월요일 아침을 맞으면 이미 나에게는 그 주에 사용할 1주간 체크표가 마련되어 있어야 합니다. 준비는 언제 할까요? 지난주 금요일 업무 마감 후나 토요일, 혹은 일요일에 해야 합니다. 마찬가지로 월말이면 월간 체크표를, 연말이면 연간 체크표를 준비해야 합니다. 제대로 시작하기 위해서는 제대로 마무리해야 한다는 말입니다.

대개 이런 시간들은 1주일 업무가 마감될 때, 한 달 업무가 마감될 때, 1년 업무가 마감될 때처럼 직장인들에게는 매우 익숙한 마감 시점에 이루어집니다. 업무를 마무리할 때도 업무 평가를 하듯이 인맥관리 역시 한 템포를 마무리하는 단계에서 다음 주기를 준비하면 인맥관리가 체계적으로 진행된다는 느낌을 가질 수 있습니다.

또한 체크표라는 게 나의 실천 점수를 체크하는 용도도 있으므로 지난 한 주, 혹은 지난 한 달간, 나아가 지난 1년간의 인맥관리 점수를 스스로 점검하면서 빠뜨린 건 없는지, 개선할 건 없는지 찾아보는 시간을 갖는다면 점점 능숙해지리라고 생각합니다.

인맥관리란 사람을 관리하는 일이기 때문에 나의 지인들이 살아가는 방식, 즉 라이프사이클에 유념할 필요가 있습니다. 우리 역시 사회생활을 하는 사람들이기 때문에 비슷한 라이프사이클을 갖고 있죠. 그런데 저와 같이 인맥을 관리하는 사람들은 한 주나 한 달, 혹은 1년의 마감 시점에서 집에 가서 쉴 생각보다는 지인들을 한 번 더 생각하는 습관이 있습니다.

금요일이 되면 '나의 불금'을 생각하면서 동시에 '그들의 불금'을 한 번 생각해 보는 거죠. 휴가철을 앞두고는 '나의 휴가'를 계획하면서 '그들의 휴가'도 생각해 보는 것입니다. 이렇게 '그들의 삶'을 생각하는 습관을 갖게 되면 연락할 시점을 찾기도 쉽고, 말문을 열기도 쉬워지죠. 그들과 호흡을 같이할 수 있기 때문에 소통이 용이해집니다. 직장인의 라이프사이클에 조금 더 관심을 기울이는 게 인맥관리에 도움이 된다는 말입니다.

다수의 직장인은 주말을 바라보며 1주일을 견디고, 봉급날을 바라보며 30일을 견딥니다. 여름휴가를 학수고대하며 반년을 버티고 연말연시를 그리며 1년을 버팁니다. 이런 직장인의 사이클은 직장인이라는 탈(persona)을 쓰고 살아가는 사람들의 의식에 큰 영향을 끼칩니다.

불금이나 불목이라는 단어의 탄생, 주말 캠핑족의 증가, 스포츠유틸리티비이클(SUV)이나 패밀리카의 유행, 주말 고속도로 정체 등 우리는 주말이나 혹은 주말 직전에 벌어지는 일을 잘 알고 있습니다. 월급날이 되면 지친 자신을 위해 자신에게 선물을 하는 사람들이 있다는 사실도 잘 알고 있습니다. 추운 겨울이 가고 남쪽으로부터 봄소식이 전해지면 울긋불긋 꽃 핀 산으로 들로 나들이 가는 인파가 많아진다는 사실도 잘 알고 있습니다. 때 이른 무더위가 시작되면 한 명 두 명 휴가계획을 잡고 비행기 타고 바다 건너 여행을 떠나는 사람들이 많다는 것도 잘 알고 있지요.

반대로 월요일만 되면 머리가 아픈 사람, 휴가 다녀온 뒤에는 자꾸만 어느 섬나라의 풍경이 떠올라 마음이 싱숭생숭해지는 사람, 급여일이 지난 지 1주일도 안 되었는데 카드 연체료에 대출 이자에 자동차 할부금까지 내고 나면 통장이 텅텅 비어 갑자기 허무해지는 사람도 있습니다.

회사 일이라는 게 마감 시점이 제각각이지만 사람이란 본래 자연의 일부라서 지구의 자전 주기인 24시간이나 달의 공전 주기인 1개월, 자전축의 기울어짐에서 발생하는 계절 주기인 3개월, 지구의 공전 주기인 1년에 영향을 받는 법이죠. 그런데 직장인은 인위적인 시간(회사 업무 시간)과 자연적인 시간(생명체로서의 시간) 중에 대개 회사의 시간에 몸을 맞출 것을 요구받기 때문에 스트레스를 피할 수 없습니다.

밤늦게까지 야근이 이어지고 주말에도 출근하는 일이 다반사며, 연월차도 없이 하루 이틀 휴가차 다녀오는 게 전부인 경우도 종종 있습니다. 직장에 매인 몸이란 회사의 스케줄에 따라 움직여야 한다는 뜻으로, 여기에는 종종 우리가 햇빛을 보며 살아야 하는 인간으로서의 권리가 박탈당한다는 느낌도 있죠. 그래서 몸과 마음의 밸런스가 깨지면서 우울감이 찾아오고 피로감도 경험하게 됩니다.

과거 농경시절, 해 뜨면 일어나서 일하고 해 지면 잠자리에 들며, 봄에 일을 시작해서 가을걷이로 한 해 농사를 마치고, 겨울에는 휴식을 취하며 다시 봄을 준비하던 라이프사이클과 비교해 보면 우리가 사는 도시라는 공간과 회사라는 환경은 자연과 너무 많이 떨어진 것은 확실한 것 같습니다. 오늘날 귀농이나 귀촌, 대안적인 삶을 꿈꾸는 사람들이 느는다는 건 그만큼 직장환경이 직장인의 마음에 스트레스로 작용한다는 방증일 겁니다.

장황하게 주기(cycle) 이야기를 꺼낸 이유는, 이걸 우리가 의식하고 있다면 어떤 사람과 대화할 때도 공감대를 만들 수 있기 때문입니다. 당신이 관리해야 하는 사람은 우선 업무적 관계로 만난 사람일 가능성이 크고, 그래서 무엇보다 돈과 업무를 이야기하고 협상을 해야 하는 등 냉철한 이성으로 대해야겠지만 우리가 그런 공적인 관계망 안에서만 만난다면 우리의 관계는 더 이상의 진척이 없습니다.

내가 만나는 모든 사람은 분명 달이나 태양, 날씨와 같은 자연에 영향을 받고 있는 생명체이며, 그들은 누군가의 가족이고, 누군가의 아들이나 딸이며 꿈을 이루기 위해 현실의 고난을 감내하고 행복을 찾아 애를 쓰고 있는 사람이죠. 우리는 1주일, 한 달, 사계절, 1년에 영향을 받고 20대, 30대, 40대, 50대라는 인생의 주기에도 영향을 받습니다. 우리가 이런 삶의 궤적에서 겪게 되는 일에 대해 잘 알고 있다면 500명 혹은 3천 명의 사람에게 언제 연락을 할지, 또 어떤 화제를 끄집어내야 할지 조금은 힌트를 얻을 수 있게 됩니다.

오래 사귀어서 잘 아는 사람이라면 굳이 멀고 먼 이야기를 꺼낼 필요는 없습니다. 둘 사이에 공유된 사적인 이야기만 해도 한 보따리는 될 테니까요. 그런 사이라면 굳이 돌다리 두드리듯, 예의 차린다고 어렵게 화제를 찾아서 얘기할 필요도 없습니다. 그러나 이제부터 여러분이 관리해야 할 사람들은 바로 지난주에 처음 만난 사람들입니다. 30대 후반인 K사 김 과장과 50대 초반인 자영업자 박 사장에게 여러분은 언제 전화를 걸고, 어떻게 메시지를 보낼 생각이었나요? 혹은 지난 6개월간 한 번도 연락이 없던 사람이라면?

공유하고 싶은 이야기로 시작하라

'어떻게 말문을 열 것인가?' 작가든 강사든 늘 고민하는 게 있다면 첫 마디를 어떻게 꺼낼 것인가 하는 점이죠. 첫 마디의 중요성은 아무리 강조해도 지나치지 않습니다. 첫 마디에는 화자의 마음도 담기고, 상대에 대한 관심도 들어가고, 화자가 전달하려는 메시지도 약간은 읽을 수 있습니다.

첫 마디를 아이스브레이크(ice break) 용도로 쓰는 경우도 있고, 주제를 환기시키기 위한 용도로 쓰는 사람도 있고, 자기 마음을 담아서 담담하게 표현하는 사람도 있습니다. 어떤 용도가 되었던 첫 마디 떼기는 늘 어렵고 힘든 주제가 됩니다.

앞에서도 첫 마디를 어떻게 풀어갈지 살펴본 적이 있습니다. 명함에 적어둔 상대의 사적인 정보를 읽고 상대의 얼굴을 가만히 떠올리다 보면 첫 마디가 떠오른다는 얘기였죠. 그러나 그게 안 될 때도 있고, 첫 만남 이후 딱히 개인적인 이야기를 나눈 적이 없는 사람이라면 화제가 궁해질 법도 합니다. 제가 드리는 대안은 직장인이 공통적으로 영향을 받는 환경에 주목하라는 것입니다.

예컨대 한국 사회에 걱정스런 일이 벌어지면 사회적 불안감이 증폭되면서 그날 술집에는 직장인들이 바글바글하죠? 마치 김현승 시인의 시처럼 말입니다.

세상이 시끄러우면
줄에 앉은 참새의 마음으로
아버지는 어린 것들의 앞날을 생각한다
_ 김현승 시인의 〈아버지의 마음〉 중

물론 한일 축구 시합이 있는 날처럼 즐거운 이슈가 있을 때에도 술집은 사람으로 붐비곤 합니다. 직장인뿐 아니라 사회 전체가 관심을 갖는 소재는 언제든 우리가 무난하게 꺼낼 수 있는 첫 마디가 됩니다. 연말연시나 휴가철, 명절도 직장인의 주요 관심사 가운데 하나죠. 이런 사회적 관심사가 등장하는 시기는, 개인적으로 별다른 용건이 없어도 자연스럽게 연락을 취하기가 적합합니다.

제가 전체 이메일을 보내는 주기는 대략 2개월에 한 번 정도 되는 것 같습니다. 2개월마다 한 번씩 보내자고 마음먹은 것은 아니고, 방금 설명한 대로 공통적 이슈가 있을 때 보내다 보니 2개월이라는 간격이 생겼습니다.

> ① **직장인이 손꼽아 기다리는 날들:** 명절, 휴가철, 한 해의 시작과 끝, 계절의 시작과 끝
> ② **직장인의 사회적 관심사:** 월드컵이나 올림픽처럼 전국적 축제가 벌어질 때

1~2월 중에는 설날이 찾아오고 3~4월 중에는 새봄맞이 축제가 전국에서 벌어집니다. 7~8월에는 휴가를 떠나고 9~10월이면 추석이 돌아오죠. 다시 12월이면 크리스마스나 연말이 찾아오죠. 이밖에도 2년마다 월드컵과 올림픽이 번갈아 찾아오는 등 1년에 대략 5~6회에 걸쳐 연락할 건수가 생깁니다. 말머리를 꺼내기도 참 좋은 기회이며, 또한 말 몇 마디로 가까워질 수 있는 좋은 기회이기도 하죠. 이런 공통적 화제에 대해서 함께 이야기를 나누는 것만으로도 공동체 의식이 생길 수 있기 때문입니다.

단순히 생물학적 유전자만 유사하다고 다 한국인은 아니죠. 대개는 유전자와 더불어 사회적 경험을 함께 공유하고 있는지를 따져서 한국인이냐 아니냐를 가리곤 합니다. 즉 반일감정의 공유라든가 독도에 대한 생각, IMF나 촛불혁명이라는 사회적 이슈 따위를 공통적으로 기억하는 데서 한국인이라는 동질감이 만들어집니다.

특정 사회 경험은 이 경험을 공유한 사람들에게 동질감을 갖게 하고 비슷한 정서적 고리를 만듭니다. 한국전쟁을 경험한 세대는 비경험

자는 모르는 독특한 정서적 고리 안에 묶이며, 4.19 혁명을 경험한 세대 역시 이를 기억하는 사람들 사이에서 유대감을 갖도록 만듭니다. 경험의 공유란 동질감, 나아가 친밀감을 만드는 데 큰 영향을 끼치기 때문에 인맥을 관리하려는 사람이라면 경험의 공유에 주목해야 합니다. 공통의 화제에 집중하는 이유는, 단순히 말문을 열기 위한 용도가 아니라 당신과 내가 지금 같은 공간, 같은 시간 속에서 살아가고 있으며, 그래서 우리에게는 고리가 있다는 것을 암시하며 연을 맺기 위한 것입니다.

그래서 저는 이런 사회적 행사나 관심사가 있을 때는 가급적 전체 메일을 보냅니다. 물론 기왕이면 본인의 마음에서 우러나와 메일을 보내는 게 제일 좋을 것 같습니다. 설령 그렇지 못하더라도 괜찮습니다. 억지로라도 마음을 내어 연락하면서 점차 지인들과 함께 호흡하는 방법을 배우기를 바랍니다. 우리가 설령 멀리 떨어져서 살고 있지만 공통의 화제는 우리의 심리적 거리를 줄여주는 효과가 있습니다.

한편 저의 경우, 공통 이슈에 대해서만 언급하는 것에서 그치지 않습니다. 평소 인터넷이나 책에서 발견한 좋은 글귀나 간혹 힐링이 되는 그림을 저장해 두었다가 전체 메일을 보낼 때 함께 보내곤 합니다. 왜 그런가 하면 제가 연락을 취하는 시기는 그들이 사회생활의 고단함에서 잠시 벗어나 힐링을 필요로 하는 휴식기이기 때문입니다.

실은 제가 그 무렵이 되면 그런 글귀에 유독 시선이 가며 제 마음이 위로를 받았던 기억이 있었기 때문인데, 좋은 건 나누고 싶다는 마음이 생기면서 전체 메일에 함께 넣어 보내게 되었습니다. 제가 위로를 받고 힘을 내는 계기가 되었다면 그들도 똑같지 않을까 싶은 것이죠.

한 가지 주의할 점은, 아무리 공통적 화제라고 하더라도 사회적 갈등을 유발하는 소재에 대해서는 가급적 메일의 화제로 삼지 않기를 바랍니다. 최근의 정치적 이슈처럼 한 솥에 담기 어려운 소재가 있는 법이고, 이럴 때는 침묵으로 대응하는 게 바른 처신이라고 생각합니다. 얼마든지 다를 수 있는 견해 때문에 사람 사이가 망가질 수도 있기 때문이죠.

그를 걱정하면 말문이 열린다

사람에게 관심을 갖게 되면 화제는 저절로 찾아진다고 생각합니다. 불과 수십 년 전만 해도 우리나라는 명절이 되면 동네 한 바퀴 돌면서 친척집을 방문하며 문안 인사를 올리곤 했습니다. 무더위가 찾아와서 다들 힘들면 동네 친지 어르신을 찾아다니며 아픈 곳은 없으신지 진지는 잘 드시고 계신지 일일이 들여다보곤 했습니다.

이처럼 사람이 걱정되니 안부를 물었던 것이기 때문에 억지로 화제를 찾을 필요가 없었지요. 무더위에 내 몸이 힘들면 다른 사람이 걱정되는 건 자연스러운 현상입니다. 밥 한 끼 먹는 게 힘들 때는 '식사하셨습니까?' 하고 첫 마디를 꺼내 버릇한 것이 인사말이 되었고, 요즘처럼 지구온난화로 더위와 추위가 심해지고 날씨 변덕이 커진 때에는 '무더위에 무탈하신지요?' 하면서 말문을 여는 게 또 인사말이 되었습니다.

이와 같이 내가 힘든 것을 찾아 그를 걱정하는 마음으로 확대하면 자연스럽게 화제를 찾을 수 있습니다. 날씨뿐 아니라 자연환경이나 건강과 관련하여 화제로 삼을 수 있는 것은 다음과 같은 게 있습니다.

> **기온, 습도, 눈, 비, 하늘, 계절, 일교차, 감기, 건강……**

요즘은 휴대전화만 켜도 실시간 검색어가 뜨니까 국가적 차원에서 관심대상인 날씨 관련 소식을 쉽게 접할 수 있습니다. 2017년 8월 초 기준으로 소형급 태풍 노루가 일본으로 방향을 선회하여 국내에 별 다른 영향을 끼치지 못했던 적이 있습니다. 그 무렵 우리나라는 열대야를 방불케 하는 찜통더위로 곤혹을 치르고 있었죠. 그때 사람들이 주고받던 대화가 이랬습니다.

"태풍 노루가 일본으로 가는 바람에 더 덥네요."

물론 노루가 오기 얼마 전 물폭탄을 맞았던 청주 사람들은 안도의 한숨을 쉬기도 했으니 누구에게나 똑같은 기상 이슈는 아니었습니다.

만일 이런 때 서울에 계신 분에게 안부를 묻는다면 자연스럽게 태풍 노루 이야기를 언급하며 비라도 한 방울 적셔주면 좋았겠다고 여쭙는 게 어색하지 않습니다. 반면 청주 지역에 거주하는 지인에게는 물폭탄으로 난리가 났을 때 빨리 연락을 취하며 그의 안위를 돌봐야 하는 게 정상입니다.

몇 년 전, 일본에 쓰나미가 덮쳐서 원전 사고가 터진 적이 있었죠. 그때 일본에 사는 지인에게 전화를 걸어 안부를 물었습니다. 직접적인 피해 지역은 아니지만 뉴스로 접한 소식에 가슴이 다 철렁하더군요. 그럴 때는 기다릴 것 없이 바로 연락하여 도울 게 없는지 확인하는 게 인맥을 대하는 도리 같습니다.

자연환경 말고도 사회적 환경도 주요한 화제가 됩니다. 마찬가지로 경제환경도 주요한 화제가 되지요. 경기 부침이나 부동산 동향, 재테크, 주가와 같이 직장인의 관심사도 평소에 유심히 보면서 그 흐름을 따라가는 게 중요합니다. 때로는 동종업계 사람이라면 업계 현황이나 대기업이나 글로벌기업의 CEO 동향도 공유하면서 대화를 나누면 좋습니다. 다만 내가 연락할 사람과 함께 나눌 수 있는 공통의 화제인지 먼저 판단하는 게 좋을 것 같습니다.

한편 메일의 마지막에는 다음처럼 그의 앞길이 잘 되기를 빌어주는 내용이 들어가면 적절할 것 같습니다.

'요즘 경기가 안 좋은데 회사는 어떤지 궁금합니다. 바라는 바가 이루어지기를 기원합니다.'

'요즘 환경이 이런데 걱정스럽다, 힘을 내시고, 잘 되기를 바란다'는 식의 흐름으로 메시지를 전달하는 것이죠.

지금까지 이야기한 내용을 정리해 보면 한 가지 원칙을 발견할 수 있습니다. 아직 공유한 게 별로 없는 사람이라면 사회적 관심사로 화제를 삼는 게 좋고, 많은 걸 공유하여 잘 아는 분이라면 사적인 화제, 즉 가족 근황이나 상대 회사에 대한 관심 등으로 폭을 좁혀가는 것이죠.

공유의 폭이 좁은 대화가 이루어진다는 말은 그만큼 둘 사이의 거리가 가깝다는 뜻이겠죠. 그러므로 화제가 점차 사적인 소재로 좁혀지고 있다면 여러분이 잘하고 있다는 증거입니다.

아참, 한 가지 덧붙이면 여러분이 정성스럽게 메일이나 문자, 혹은 전화를 했는데 상대의 반응이 영 시원치 않을 때가 있을 수 있습니다. 그러면 좀 김이 새기도 합니다. 짝사랑처럼 하기 힘든 것도 없으니까요. 그러나 이럴 때는 생각을 고쳐먹어야 합니다. 상대가 나에게 호감을 갖고 있으나 표현이 서투르거나 많이 바쁘거나 아직 내가 진심을 다해 표현하지 못했다고 생각해야 합니다. 요는, 포기하면 안 된다는 거죠.

친밀도를 높이는
실전 스킬

상대방과의 친밀도를 높이고 싶다면 이미 친밀한 사람끼리의 대화 패턴을 따라하는 것도 좋은 방법입니다. 보통 처음 만난 두 사람끼리는 상투적인 인사를 주고받습니다. 날씨가 화창하다느니, 그런 기본적인 것들 말입니다. 그러다 시간이 지나면 사실, 즉 팩트를 가지고 대화를 하죠. 예컨대 작년에 비해 올 해의 경기가 안 좋다던가, 이제 추석 연휴인데 잘 쉬시라든가 하는 말들로 더 구체적이지만 여전히 상투적인 구석이 있습니다.

조금 더 친해진 이들은 사적인 이야기를 주고받습니다. 같은 날씨에 대해 이야기하더라도 앞서 말했듯이 서울에 사는 사람에게는 태풍 노루가 일본으로 가는 바람에 서울은 유달리 덥네요, 라고 말하고 청주에 사는 지인에게는 청주에 물난리가 났는데 괜찮으신가요, 하는 구체적이고 사적인 이야기를 하게 됩니다. 연인 사이에서는 오늘 날이 좋아서 기분이 참 좋다, 하는 자신의 감정을 표현하기도 합니다.

친밀도가 굉장히 높은 단계에서는 어떤 화법을 보이는가 하면 바로 '우리'라는 말을 자주 사용하게 됩니다. 같은 말이어도 '우리'를 사용한다면 두 사람은 같은 상황에 처해 있으며 같은 미래를 가지고 있다고 인식하기 마련이죠.

'우리'는 상대방을 얼마나 친밀하게 생각하고 있는지를 드러내면서 동시에 상대의 마음을 열게 해주는 마법의 주문입니다. 가령 푸짐하게 차려진 식사 앞에서 '우리 이걸 다 먹을 순 있겠지요?'하고 농담을 건네면 상대는 처음 본 사람이어도 저를 아주 오래된 친구처럼 느낄 것입니다.

'우리'는 아주 따뜻한 말입니다. 다른 나라에 비해 한국에서 더 자주 사용하는 단어이기도 합니다. 대화를 할 때 그와 나의 공통점을 찾아서 '우리'는 같은 상황에 놓여 있음을 계속적으로 인지시키는 것이 중요합니다. 그리고 그의 상황이 아니라 곧 나의 상황이기도 하니까 대화를 이끌어나가기 수월할 것입니다. 이렇게 '우리' 주문을 사용하면 호감도를 높이고 긍정적인 이미지를 얻어낼 수 있습니다.

또, 친밀한 사람들끼리는 자신의 약점 또한 서슴없이 드러냅니다. 누구나 자신이 좋아하는 상대에게는 자신의 비밀을 공유하고 싶은 심리가 있기 때문이죠. 아직도 잠꼬대가 심하다거나, 편식이 심해 집사람에게 혼이 났다거나 하는 이야기들은 상대방의 경계를 풀고 호감을 가진 이들에게 친화력을 제공하기 아주 좋은 고백입니다. 특히 지위가 더 높은 사람이라면 인간적인 면모를 보여줌으로써 그 사람에 대한 이미지가 확연히 달라질 수 있습니다. 한층 더 신뢰가 가고 존경심을 이끌어 줄 수 있는 방법이죠.

조지 부시 대통령은 자신이 브로콜리를 못 먹는다는 사실을 고백을 함으로써 부드러운 카리스마를 드러낸 바 있습니다. 대통령 후보에까지 선출되기도 한 아들라이 스티븐슨은 구두 바닥에 구멍이 나 있는 것을 보여줌으로써 서민층의 지지율을 끌어냈습니다.

그러나 이 방법에는 주의해야 할 점이 있습니다. 약점 고백은 강력한 만큼 상대방이 자신에게 명백히 호감이 있을 때에 해야 하죠. 처음 만난 자리에서 약점을 공개하면 역으로 상대방이 당황할 수도 있기 때문입니다.

덧붙이면 인맥으로 친밀도를 높이는 것도 중요하지만 상대가 철저히 비즈니스적 관계를 유지하려고 할 때 지켜야 할 매너들도 명심해야 합니다. 가령 대화를 길게 하는 것은 친밀한 사람들끼리 더욱 친해지기 위해서 더없이 좋은 방법이지만 업무상 만난 사람이 사담을 길게 늘어놓는 것은 성가실 수 있습니다. 바쁜 사람에게 자꾸 쓸데없이 만나자고 하는 것도 금물이죠.

통화를 오래 끄는 것도 좋지 않습니다. 업무상의 대화라면 사담은 1~2분이면 충분합니다. 업무상으로 만났고, 친밀도가 높지 않은 편이라면 상대에게 저와의 만남은 아직 '일'로 느껴지기 때문입니다. 따라서 신뢰도가 아직 충분히 쌓이지도 않았는데 이것저것 부탁을 하는 이는 좋은 인맥을 얻을 수 없죠.

1시간 만날 것을 약속했더라도 30분 만에 용건이 끝났으면 얼른 일어서는 것이 좋습니다. 그러면 상대는 30분을 벌었다는 생각에 저를 만나고 나면 시간낭비를 하지 않는다고 생각하게 됩니다. 당연히 약속

시간에 늦지 않는 것은 기본이죠.

다만 상대가 늦었을 때는 적절한 상황판단이 필요합니다. 상황판단을 하는 것은 어렵지만 대인관계에서 상대방에게 휘둘리기 시작하면 많은 인맥을 한꺼번에 관리하기가 어렵습니다. 상대방이 1시간 이상 늦는다면 명함 뒤편에 '오늘은 바쁘신 것 같군요.'라고 메모를 남겨놓고 떠나는 편도 좋죠. 그렇다면 상대는 저에게 빚을 지게 되고, 다음 번 만남에서는 그 빚을 갚기 위해 달라진 태도를 보일 것입니다.

요컨대, 항상 상대방의 처지에서 생각하라는 것입니다. 그것이 기본이자 인맥관리의 정석입니다.

전화를 걸까? 이메일을 보낼까?

연락의 수단은 다음과 같이 여러 가지가 있습니다.

> **전화, 문자메시지, 이메일, 카카오톡, 블로그 등 SNS**

이 수단들을 우리는 조금 구분해서 생각해 볼 필요가 있습니다. 전화와 블로그가 같을 수는 없기 때문이죠. 대개는 감각적으로 이 매체들이 갖는 특성을 우리는 이해하고 있습니다. 예컨대 블로그는 특정 대상이 아니라 불특정 다수에게 자신을 표현하는 수단이 됩니다. 블로그로 미팅 일정을 잡을 수는 없는 노릇이죠. 이런 식으로 간단히 정리를 해보면 다음과 같이 연락 수단별로 의미와 용도가 다른 것 같습니다.

전화

- 실시간 커뮤니케이션 수단. 바로 바로 말을 주고받으므로 급한 일이나 상대의 빠른 피드백을 구할 때 좋다.
- 글이 아닌 음성적 매체. 목소리를 통해 대화를 나누기 때문에 비언어적 느낌까지 주고받게 된다. 예컨대 상대의 목소리 톤을 통해 현재의 감정 상태나 컨디션 등을 확인할 수 있다. 그만큼 관계가 가까울 때 선호되는 수단이다.

카톡

- 다기능적 문자 매체. 용도에 따라 여러 가지로 쓸 수 있기 때문에 매체적 특성이 고정되어 있지 않다. 실시간으로 채팅이 가능하기 때문에 친근한 대화가 이루어지기도 하고, 전화 통화가 부담될 때 문자메시지를 보내는 것처럼 활용하기도 한다. 한마디로 사용자에 따라 친밀감의 정도나 용도가 다르다.
- 구어투 문자 매체. 말하듯이 문자를 주고받을 수 있는 수단이라는 뜻이다. 이 때문에 문자메시지나 이메일 등과 견주어 보면 가장 사적인 커뮤니케이션 수단이라는 느낌이 있다. 실제로 '카톡'의 경우는 이모티콘 활용도가 높아지고 구어투로 문자를 쓰는 일이 많다.
- 수신 확인 가능 수단. 전화통화, 이메일과 함께 수신 여부가 확인되는 수단이다. 반면 문자메시지는 수신 여부가 확인되지 않는다.
- 그룹 채팅 가능 수단. 연락 수단 가운데 유일하게 그룹이 실시간으로 대화를 주고받을 수 있다.

문자메시지

- 전화의 보조적 수단. 전화가 안 될 때 문자를 통해서 전화한 이유를 설명할 수 있다. 전화로는 조금 부담되는 상황에서 간편하게 메시지를 전달하는 게 용이하다. 자세한 이야기를 나누는 데는 불편하다.
- 전화나 카톡보다 친밀감이 떨어지는 수단으로 여겨지는 경향이 있다.
- 이메일의 보조적 수단으로 쓰이기도 한다. 간단한 내용은 이메일보다 문자메시지를 선호하는 사람도 있다. 이메일은 접근이 어려운 반면 문자메시지는 간단히 확인이 가능하기 때문이다. 이메일을 보낸 뒤에 '이메일을 보냈다'는 의사 표시를 하는 데도 사용된다. 이것은 이메일의 단점 때문인데 보통 사람들은 이메일을 하루에 한 번 정도 확인하고 더는 접속하지 않기 때문이다.

이메일

- 공식적 문자 수단. 전화, 카톡, 문자, 이메일, 블로그의 다섯 가지 매체 가운데 가장 사무적인 느낌을 준다. 거리감이 느껴지는 수단이기도 하다. 이모티콘 활용도가 떨어지며 구어투 문장보다 문어투 문장을 주로 쓰게 된다.
- 자료를 주고받는 용도로 많이 활용된다.
- 긴급한 경우에 연락수단으로 적합하지 못하다. 최근에는 휴대전화를 통해서 이메일을 빠르게 확인할 수 있게 되었으나 아직은 이메일 접속까지 여러 단계를 거쳐야 하기 때문에 긴급한 용건은 다른 수단이 좋다.

블로그

- 연락 수단이라기보다는 개인 매체. 블로그 이웃 등 관계 맺는 게 가능하지만 그들과 '연락'하려고 블로그를 운영하기보다는 내 경험이나 정보를 불특정 다수에게 오픈하는 성격이 강하다. 개인적으로 직원 교육 등에 활용하기 위해 운영하기도 했으나 그런 특수한 상황이 아니라면 개인 매체라고 보는 게 옳은 듯하다.
- 자기를 소개하는 데 적합한 수단이다. 내 생각이나 관심사가 블로그에 담기기 때문에 나를 더 알고 싶어 하는 분들이 자유롭게 들어와서 보고 갈 수 있는 공간이다.

대략 연락 수단별 특성은 이렇습니다. 그 특성에 맞게, 처한 상황에 맞게 쓰면 되는 것이죠. 그런데 한 가지 우리가 신경을 써야 할 부분이 있습니다. 이 매체들은 친밀도라는 측면에서 전화 〉카톡 〉문자 〉이메일 〉블로그의 순서로 나열되는데, 가급적 앞 순위 매체를 쓸 수 있도록 노력해야 한다는 점입니다.

친한 사람은 상관이 없습니다. 그들과는 전화로 대화하는 게 도리어 편하니까요. 문제는 아직 가까워지지 않은 지인들인데 거리감을 느끼기 때문에 문자나 이메일처럼 친밀도가 먼 수단을 활용하는 경향이 커집니다. 이래서는 좀 곤란하죠. 이메일만 드리는 사이였다면 문자도 드려보고, 문자와 이메일만 주고받은 사이라면 카톡이나 전화도 해보면서 거리를 좁히려고 시도해 보아야 합니다. 매체란 게 아무것도 아닌 것 같지만 어떤 매체를 쓰느냐에 따라 없던 친분도 생기기 때문이죠.

그러므로 '우리는 아직 친하지 않아. 그러니까 문자로 연락해야지'가 아니라 '우리는 아직 친하지 않지만 전화 통화를 통해서 거리를 좁혀야지'로 생각을 바꾸면 좋겠습니다. 사실 제가 보기에는 전화 통화를 통해서 거리를 좁히는 게 아니라 이미 서로 목소리를 들으면서 그만큼 가까워진 셈이죠. 표정 없는 문자메시지보다는 설령 공적인 이야기만 나누는 통화라도 그 사람의 감정이나 기분이 담긴 전화 통화는 거리를 1cm라도 좁히는 효과가 있습니다.

연락할 때
주의할 2가지

어떤 수단을 써서 연락을 하던 꼭 지켜야 할 두 가지 원칙이 있습니다.

첫째는 익숙해짐을 경계하라는 것입니다.

같은 일을 오래 하다 보면 습관처럼 하는 경우가 생기죠. 습관이 좋을 때가 있습니다. 숙련도 높은 일은 그렇게 해야 하죠. 몸에 장착해서 해야 합니다. 그러나 사람에게 연락을 하는 건 습관이 되면 위험합니다. 말이 뻔해질 가능성이 높아지기 때문입니다. 매일 만나는 사람이고, 매일 하는 인사다 보면 영혼 없는 꾸벅 몸짓이 되곤 합니다. 그건 인사가 아니죠. 만나면 반가워야 하는데 전혀 반갑지 않죠.

사람은 타인의 진심을 판별하는 데 매우 뛰어난 감각을 갖고 있습니다. 그가 내 생각을 하며 전화를 거는지 아닌지는 그냥 들어보면 압니다. 애정 없는 인사말은 그래서 차라리 하지 않음만 못하게 되는 거죠. 매일 수신되는 스팸메일과 같은 연락은 스스로 경계해야 합니다.

둘째는 상대의 일을 체크해주라는 것입니다.

오늘 연락할 사람이 다음 달에 결혼식을 앞두고 있다면 청첩장은 잘 만들었는지, 지방에 사는 사람들에게 제공할 대절 버스가 준비되었는지 물어보는 거죠. 다음 주 미팅이 준비되어 있는 분이라면 빠뜨린 준비물이 없는지 체크해 줄 수 있습니다. 이렇게 상대가 해야 할 일 가운데 놓치기 쉬운 일들을 언급해주면 상대가 고마워하죠.

당연히 상대의 스케줄이나 준비물을 체크하기 위해서는 그 사람 입장에서 당면한 이슈가 무엇인지 생각해 보는 시간을 가져야 합니다. 그런 시간도 없이 연락을 하게 되면 그것은 영혼 없는 인사가 되고, 진심이 느껴지지 않는 스팸메일이 되어 버립니다.

가끔 그 사람이 생각나서 이메일을 보낼 때

지금까지 이야기한 주제들은 '관리'라는 차원에서 바라본 것이 대부분이었죠. 제가 이 글을 쓰는 이유도 인맥관리를 체계적으로 하는 방법을 알리기 위함입니다.

그러나 인맥을 관리의 대상으로만 보면 딱 그 정도에서 관계가 굳어버리지 않을까 싶습니다. 저는 관리 툴을 활용하여 물샐틈없이 연락을 하고 있는 건 사실입니다만, 그건 저의 모자란 기억력을 메우기 위한 수단일 뿐 사실은 평소에도 사람들 생각을 자주 하는 편입니다. 그런 습관이 정립된 게 관리 툴인 것이지 관리 툴이 먼저 있고 제가 나중에 있었던 건 아니죠.

어쨌든 평소에도 '다정도 병인 양 하여' 좋은 게 있으면 사람들 생각이 습관처럼 나곤 하죠. 그래서 이메일을 자주 활용하는 편입니다. '그냥 당신 생각이 좀 나서요.' 하는 의사를 전달해야 하는데 전화를 걸기에는 간단히 끊기 어려울 거 같고, 문자로는 성의가 없어 보여 이메일을 쓰게 되었죠. 그러나 반대로 생각하면 상대로서는 다소 뜬금이 없는 이메일이 될 수도 있기 때문에 다음과 같이 몇 가지 규칙을 정해서 보내게 되었습니다.

첫째, 간결하게 쓸 것.

할 말이 많을 때도 있습니다. 그런데 저도 그런 메일을 받아보면 좀 압박감이 있더군요. 업무로 보내는 글도 아닌데 10줄, 20줄 이어지면 읽기 싫어지는 느낌이 듭니다. 제가 겪어보니까 가장 부담 없이 읽을 수 있는 게 4~5줄 정도 같습니다. 글도 문단 나눔 없이 죽 어이지게 쓰는 게 아니고 적절한 단위에서 자르는 게 보기도 좋고 읽기도 좋죠.

이메일 본문이 4~5줄이어야 한다는 말은 또한 한두 문장 안에서 빨리 메시지 파악이 되어야 한다는 뜻이기도 합니다. 모호하게 전달되거나 어떤 용건인지 드러나지 않으면 상대가 좀 곤란스럽겠죠.

"여차저차한 일로 생각나서 메일 보냅니다. 요즘은 그 일 어떠신지요?"

어떤 식으로 말머리를 열든 상관은 없습니다. 다만 왜 메일을 보내는지 간단히 알아볼 수 있도록 해주면 좋습니다.

둘째, 첨부 파일은 금물.

첨부 파일은 정말 필요한 경우가 아니면 붙이지 말고, 가급적 본문 안에 붙여 넣는 게 좋습니다. 첨부 파일은 확인하려면 다운로드를 클릭하고 다시 해당 폴더를 열어서 파일을 클릭하는 과정이 은근히 귀찮습니다. 딱히 필요한 일도 아닌데 바쁜 상대방을 번거롭게 만들면 안 되겠죠.

셋째, 전체 메일은 금물.

오랜만에 친구들 생각나서 전체 메일로 뽕 하고 보내면 보내는 사람은 편할지 모르지만 받는 사람은 자신이 1/N이 된 것 같아서 달갑지 않죠. 전체 메일로 보내게 되면 특정인에 대한 안부 묻기도 힘들기 때문에 스팸 냄새가 진동합니다. 요즘은 받는 사람 주소에 여러 명을 넣어도 한 명씩 보낸 것처럼 발송할 수 있는 기능도 제공됩니다만, 받는 사람은 이게 전체 메일인지 아닌지 척보면 알게 되죠.

넷째, 문자와 병행할 것.

아무리 뜬금없이 보내는 메일이라지만 메일만 보내는 것보다는 문자메시지와 병행하는 게 훨씬 좋은 것 같습니다. 저도 오랜 습관이라 대개 월초가 되면 문자메시지를 보내고 한 달의 중간에 이메일을 보내는 편입니다. 언제 이메일을 보낼지는 각자의 상황에 맞게 하면 될 것 같으나 대신 이메일과 문자(혹은 카톡)를 번갈아 보내야 관계를 유동적으로 만들 수 있을 것 같습니다. 왜냐하면 앞서 설명했듯이 이메일은 사무적인 느낌이 있고, 문자는 이보다는 사적 연락 수단이라는 느낌이 있기 때문이죠. 그러므로 이메일만 보내지 마시고, 문자나 통화 따위를 섞는 게 필요할 것 같습니다.

아는 사람을
나의 사람으로
만드는 How to

그가 나의 인맥이 되었다는 징후

태광산업 전자사업부 재직 시절입니다. 태광산업 임원 한 분의 부름을 받고 갔더니 어느 중소기업체로 자리를 옮기면 어떻겠느냐고 제안을 하시더군요. 거론된 회사는 태광산업 임원의 친구 분이 대표로 있는 곳이었습니다.

"그 친구가 나이가 많으니 아마도 다음 사장은 자네가 해야 할 것 같네."

그 임원은 저에게 장기적 관점에서 좋은 기회가 될 수 있다는 점을 강조하며 제게 영업 총괄을 부탁했습니다. 개인적인 이익을 우선시하는 사람은 아닌지라 고민스러웠지만 당시 발을 담그고 있던 오디오 분야에 변화의 바람이 불고 있었던 게 마음에 걸렸습니다. 컴퓨터와 엠피쓰리(MP3)가 시장에 등장하며 오디오 산업이 사양길을 걷고 있었습니다. 고민 끝에 결단을 내렸습니다.

그렇게 자리를 옮기고 3년이 지나자 회사는 궤도에 올랐는데 이때 힘이 되었던 분들이 저의 인맥들이었지요. 지인들이 거래처를 소개해준 덕에 어렵지 않게 자리를 잡을 수 있었습니다. 이후 1년 뒤에, 보장된 차기 사장 자리를 내려놓고 씨엔플러스에 합류했을 때도 마찬가지였습니다. 전부터 알고 지내던 인맥들이 회사 담당자에게 우리 회사를 추천해주면서 대기업 거래를 하나씩 뚫었습니다. 기술은 있었으나 영업이 막혀 있던 씨엔플러스는 제가 합류한 후 매년 매출을 2배씩 늘리며 성장세를 구가했습니다. 제 인맥들은 제가 두 차례에 걸쳐 회사를 옮기는 동안 저의 부탁을 모른 척하지 않았죠.

몇 년 전에는 위기가 찾아왔습니다. 갑작스런 시장 변동으로 일부 부품이 더 이상 필요 없는 최악의 상황에 부딪쳤습니다. 경영환경은 갈수록 대응하기 어려워지고 있습니다. 전 세계가 거미줄처럼 촘촘히 연결되어 있기 때문에 경영 이외의 요소, 즉 정치나 사회, 외교적 변수가 매출에 영향을 끼치는 정도가 심해졌습니다.

2017년 7월 5일 매일경제에는 '현대기아차 중국발 위기, 협력사도 쇼크'라는 기사가 실렸습니다. '사드'라는 외교, 군사적 이슈가 현대기아의 중국 매출을 반 토막으로 만들어버리고 500개 협력업체를 손 놓게 만들었습니다. 이런 일이 비일비재하기 때문에, 제아무리 현대 같은 대기업이더라도 대응할 시간적 여유도 없이 휘청 흔들리는 게 오늘날 경영환경입니다.

우리 회사가 부딪친 위기도 예측 범위를 넘어선 경우였습니다. 하루아침에 물동량 절반이 감소되고, 일부 공장 라인에는 불이 꺼졌습니다. 이럴 때는 뭘 어떻게 해야 할까요? 보통의 중소기업체라면 부도로 무너지는 게 흔한 일입니다만, 그때 저희에게는 신뢰와 믿음을 크게 가지고 있던 몇몇 고객사가 있었습니다. 그들은 발 벗고 나서서 일거리를 소개해주고, 새로운 시장을 소개해주었습니다. 덕분에 우리는 힘든 위기의 순간을 딛고 재기의 발판을 마련하게 되었죠.

물론 모든 게 순조롭게 되었다고 말하면 곤란합니다. 여기에는 추가로 몇 가지 요인이 있습니다. 하나는 신뢰였습니다. 제 지인들은 저희가 어떻게 사업체를 이끌어왔는지 옆에서 지켜봐왔기 때문에 저희가 어려움을 이겨내리라고 믿었습니다. 또 하나는 비전이었습니다. 경영진은 직원들을 모아놓고 회사 비전을 꾸준히 전파했습니다. 비전을 공유하는 과정에서 직원들도 희망을 품게 되고 그 희망 속에서 열정이 피어나더군요. 아마도 외부 사람들 눈에도 그런 게 감지되었던 모양입니다. 성적은 좋지만 분위기가 좋지 않은 회사를 보면 '머지않아 위기가 오겠다'고 느끼는 반면, 성적은 나쁘지만 분위기가 좋은 회사를 보면 '그리 절망적이지는 않다'고 느낍니다. 기왕이면 성적도 좋고 분위기도 좋아야 하지만 설령 성적이 나빠도 분위기 좋은 회사가 마음에 드는 건 인지상정입니다. 이런 분위기 덕에 새로운 일거리를 만들 수 있었던 거죠.

우선순위는 가리지 못하겠지만 우리가 위기를 극복한 데에는 고객의 신뢰와 직원의 열정, 그리고 위기 극복에 대한 믿음과 그간 비축해둔 체력 등 여러 요인이 원동력이 되었다고 생각합니다.

그런데 말입니다, 다소간 버틸 만한 체력이 남아 있더라도, 직원 개개인이 열정을 쏟아내고 있다고 해도, 저희가 고비를 넘기며 살아남은 백전노장이더라도 만일 고객의 조력이 없었다면 과연 우리 회사가 오늘의 태양을 맞이했을까요? 곰곰이 생각해 보면 그건 또 아닙니다. 다른 요인도 필수불가결이지만 고객들이 제공해준 기회만큼 소중한 것도 없었습니다.

고객의 도움을 받는 게 인맥을 관리하는 최종적인 목표는 아니지만 그럼에도 인맥을 관리하는 주요 목적 가운데 하나임을 부정할 수 없습니다. 제가 사람을 만나고 깊이 교류하면서 우리는 서로에게 중요한 사람으로 자리를 잡게 되고, 그 사이 저는 과장에서 부장으로, 부장에서 임원으로 승진했으며 자칫 어려운 상황으로 기억될 뻔한 위기에서도 벗어날 수 있게 되었습니다.

이와 같이 생각해 본다면 우리는 개인적 성과와 회사 성과 차원에서 인맥을 다음과 같이 정의할 수 있습니다.

> **나의 비즈니스적 목표 달성과
> 나의 커리어 개발에 도움이 되는 관계**

그런데 이런 관계가 하루 1시간 인맥관리만으로 달성될 수 있을까요? 그건 힘들겠죠? 그렇다면 하루 1시간 인맥관리는 왜 하는 것일까요? 다음과 같은 메시지를 전달하며 친분 쌓을 기회를 만들어가는 과정이 되는 거죠.

- 나는 당신을 잊지 않고 있다.
- 나는 당신과 업무적 관계를 뛰어넘어 인간적인 관계를 맺고 싶다.
- 나는 당신이 부딪친 어려움을 함께 나누고 싶다.

한마디로 하루 1시간 인맥관리는 친분을 나누고 싶다는 프러포즈입니다. 마음에 둔 이성에게 틈만 나면 카톡을 보내 소식을 묻듯이 계속 연락을 하며 상대방을 걱정하고 챙기는 것이 하루 1시간 인맥관리의 의미입니다. 이러한 밑바탕 위에 비로소 교류의 기회가 생기고, 그런 교류의 기회에서 친분이 쌓이며, 친분이 쌓이는 중에 비로소 '인맥'이

될 기회가 생깁니다. 친분이 쌓였다고 전부 인맥은 아니고, 인맥이 되기 위한 준비를 마쳤다는 말입니다.

가끔 듣는 얘기입니다만, 제 지인들은 사석에서 술 한 잔 나누다가 이런 얘기를 합니다.

"김사장, 문득 당신이 보고 싶을 때가 있어."

보통은 한 3~5년쯤 사귐이 이어지면 정이 깊어지는데 그럴 때 술 한 잔 나누면 마음을 터놓고 이런 이야기를 주고받게 되죠. 저는 이게 '우리가 인맥이 되었구나' 하는 징후로 받아들입니다. 그냥 살다가도 문득 그 사람이 보고 싶어지면 진짜 인맥이 된 것이죠. 저는 그 사람 인생에서 소중한 사람이 되었으며, 반대로 그 사람도 제 인생에서 소중한 인연이 됩니다. 그는 더 이상 단순히 아는 사람도 아니고, 단순히 교류하는 사람도 아닙니다. 아는 단계를 넘어 서로 부탁을 하면 절대 모른 척 넘어가지 않을 사이가 되었죠.

그렇다면 저는 어떻게 해서 그를 '나의 사람'으로 만들었을까요?

상대가 나에게 준 기회

살다 보면 하기 싫은 일이 있습니다. 회사에서도 그런 일이 부지기

수입니다. '내 일도 바빠 죽겠는데 당신 일까지 해야 해?' 하는 상황이 죠. 그런데 회사 이익이 걸려 있을 때는 상대방의 부탁을 거절하지 못 합니다.

우리 회사처럼 부품을 납품하는 중소기업에도 하기 싫지만 해야 하는 일이 있죠. 대기업에서 시험 생산을 요청하면 번거롭고 비용이 들어가도 어쩔 수 없이 해야 합니다. 다음 납품 건도 우리가 따내려면 귀찮아도 공장을 돌려서 원하는 샘플을 제공해야 하죠. 중소기업이 이를 외면하지 못하는 이유는 철저히 이익이 걸려 있기 때문입니다. 대기업 입장에서도 시험 생산을 통해 해당 업체가 생산 능력이 있는지 확인해야 합니다. 그래서 피할 수 없는 일이 되죠.

비즈니스니까 가능한 이야기입니다. 우리의 일상으로 돌아오면 조금 복잡해집니다. 서로 죽고 못 사는 사이여도 막상 뭔가를 부탁하면 번거롭고 귀찮아지는 경우가 생깁니다. 득이 되는 일도 아니고 일상이 바쁘니 한가하게 부탁을 들어줄 여유도 없습니다.

그런데 이걸 다른 관점에서 볼 필요가 있습니다. 부탁을 받으면 대개는 부담으로 여기게 되는데, 그게 아니죠. 생각을 바꿔 상대가 나에게 기회를 제공한 것으로 봐야 합니다. 어떤 기회인가요? 바로 인맥이 될 기회입니다.

그가 나에게 부탁을 했다는 것 자체는 그간 관계를 잘 맺어왔다는 뜻입니다. 그만큼 마음이 열려 있다는 얘기죠. 부탁이란 게 얼마나 꺼내기 힘든 것인지 잠깐만 생각해 보면 알 수 있습니다. 가까운 사이라고 느끼기 전에는 쉽사리 입을 떼기 힘듭니다. 그런데 '지금 바빠서 좀 힘들다', '나는 그쪽에 아는 사람이 없다'고 딱 잘라서 거절하면 친한 사이 자체는 깨지지 않을지 몰라도 인맥으로 넘어가지는 못합니다. 왜냐하면 상대는 당신에게 아무런 빚이 없기 때문에 훗날 당신의 부탁에 빚을 갚아야 한다는 생각을 하지 못하게 되죠. 그저 각자 생존하며 여유 되면 얼굴 보는 아는 사람으로 남는 것이죠.

저도 사회생활 30년 동안 정말 많은 부탁을 받았습니다. 일이라면 자다가도 벌떡 일어나던 습관이 있는지라 회사에 가면 업무가 잔뜩 쌓여 있습니다. 그러나 그들이 내민 손을 부끄럽게 만든 적은 드뭅니다. 결과의 좋고 나쁨을 떠나서 일단은 '알아보겠다'고 대답하고 없는 시간 쪼개서 문제 해결에 발 벗고 나서죠.

한번은 여름휴가를 앞두고 있다가 급하게 도움을 청하는 지인이 있어서 휴가를 미루고 1주일간 문제 해결에 골몰했던 적도 있었죠. 스스로 해결할 일이라면 저에게 연락하지도 않았겠지요. 주변에 도움을 줄 사람이 있었다면 저에게까지 전화하지 않았을 겁니다. 어쩌면 여러 곳에 전화를 돌리다가 막막하여 저에게 도움을 청한 것일 수도 있습니다.

우리는 당장 전화 한 통만 받기 때문에 그가 어떤 과정을 거쳐 내게 연락했는지 잘 모릅니다마는 대개는 이런 어려움에 처하여 수화기를 드는 게 보통이죠. 수화기를 들고 나서도 망설이고 망설인 끝에 마음 다잡고 통화 버튼을 누릅니다. 그런 사정을 알고 있다면 그저 내 입장에서 대답하면 안 됩니다. 상대의 절실한 마음을 읽었다면 최소한 성의 있는 반응을 보여야 하죠.

한번은 인터뷰를 앞두고 사전에 질문지를 받았습니다. 곧 준비에 돌입했습니다. 뭘 물어볼지 질문 리스트가 있으니 그에 맞게 답을 궁리하며 자료를 만들었습니다. 백짓장도 맞들면 낫겠다는 생각으로 아내와 아들을 불러 답변을 적어보라고 돌려 보게 합니다. 최종적으로 적당한 대답을 정리하고 약속한 날 자료를 공유하여 인터뷰를 진행합니다. 이렇게 하면 기자는 저를 어떻게 생각할까요?

예전 회사에서 산재사고가 난 적이 있었습니다. 당시 실무 담당자로 있었던 까닭에 담당 형사에게 두 달 정도 조사를 받았습니다. 형사가 요청하는 자료는 하나도 빠뜨리지 않고 챙겨서 조사에 응했습니다. 형사책임까지 물을 수 있는 상황인지라 보통은 긴장감이 감돌며 경계의 눈빛을 주고받을 텐데 저는 문제 해결과 소명이 목적이었지 잘못을 축소하거나 은폐하는 데 관심이 없었습니다. 달라는 자료 꼼꼼히 챙기고, 묻는 질문에 성실히 답변하며 두 달간의 조사를 마치던 날도 그랬습니다. 형사에게 '애 많이 쓰셨다, 나중에 식사 같이 하시자.'고 위로했죠. 얼마 뒤 전화를 드려 식사를 했는데 그날의 인연이 지금까지 이어지며 연락을 꾸준히 하고 있습니다.

성실한 대응은 악연도 좋은 인연으로 바꿀 수 있습니다. 그러므로 당신의 지인이 무엇을 요구하든 '된다, 안 된다'고 성급하게 대답하지 말고 길을 모색해 보아야 합니다. 왜냐하면 지인의 요청이나 부탁은 인맥으로 가는 발판이 되기 때문이죠.

자, 그래서 이제부터는 지인이 무언가를 부탁하면 절대 다음 3가지 말은 입에 담지 말아야 합니다.

> "안 된다."
> "모른다."
> "바쁘다."

대신 다음 한 가지 말로 응답하면 좋을 것 같습니다.

"이삼 일 정도 여유가 있다면 알아보겠다."

마음의
빚을 지게 하라

성실히 응하기만 해도 상대는 저의 진정성을 읽어줍니다. 그런데 문제 해결에 도움까지 주었다면 어떨까요? 이제 지인은 저를 각별한 시선으로 보게 됩니다. 그는 저를 '자기 일처럼 나를 도와주는 사람'이라고 생각합니다.

1996년 7월 중앙대학교 병원에서 P53유전자치료법이라는 새로운 암치료 방법을 발표합니다. 이 치료법은 아직 임상실험 단계였으나 말기 암환자들의 문의가 끊이지 않았죠.

당시 지인이었던 모 음반회사의 사장도 이 기사를 보았습니다. 자궁암 말기로 병원에서도 치료를 포기한 부인을 이 병원에 입원시키고 싶다며 연락이 왔습니다.

그 얘기를 듣기 4개월 전, 저는 뇌출혈로 쓰러진 공장장의 부인을 삼성병원에 입원시켜 목숨을 건진 적이 있었습니다. 안양의 한 병원에서 '마음의 준비를 하라'고 했다는 공장장의 얘기를 듣고 저는 부랴부랴 병원을 알아봤고 옮길 수 있었습니다. 그 사정을 음반회사 사장도 알고 있었죠.

유명병원은 늘 포화상태이고 좋은 의료진과 의료시설을 갖춘 곳은 연고가 없는 환자는 입원하기도 쉽지 않죠.

그때는 여름휴가 바로 전이었습니다. 사장의 말을 들으니 선뜻 휴가를 떠날 수가 없었죠. 집에 오자마자 전화번호부를 펼치고 지인들의 이름을 훑었습니다. 일단 알 만한 분들에게 전화를 걸어 암치료법을 개발한 의사를 아는지, 혹은 누가 아는 사람이 없는지 찾기 시작했습니다.

이 과정은 생각보다 지난합니다. 모래밭에서 바늘 찾기 같은 느낌이죠. 바늘이 분명히 있다는 것만 알더라도 힘이 나지만, 바늘을 못 찾을지도 모른다는 생각이 자주 엄습합니다. 전화를 걸어 확인할 때의 심정이 그렇습니다. 오랜만에 전화를 거는 분들과는 안부 인사부터 합니다. 전화를 안 받는 분에게는 문자를 남기죠.

그렇게 한 분 한 분 전화 통화를 하면서 가교 역할을 해줄 분을 찾습니다. 때로는 지인들에게 주변에 아는 분 없는지 찾아봐 달라고 요청도 하죠. 그런 부탁은 또 저의 빚이 됩니다. 그건 나중에 제가 갚아야 하는 부담이 되죠.

저는 처음부터 전화 한두 통으로 해결될 일이 아님을 알고 시작했습니다. 관계망은 늘 우리의 예측을 벗어나 있기 때문에 때로 직종 무관한 분들이 지인일 때도 있고, 먼 곳에 사는 분이 아는 경우도 있지요. 그래서 시간이 오래 걸리는데, 보통 3~4일 정도 걸립니다. 그렇게 하다 보면 아는 분과 연락이 닿습니다.

음반회사 사장의 부인도 병원에 입원할 수 있었습니다. 항암치료는 입·퇴원을 자주 하는데, 그 틈에 들어갈 여지가 생겼죠. 사장의 부인은 치료 후 5년을 더 살았지만 안타깝게도 다른 곳으로 전이가 일어나며 6년째에 돌아가셨습니다. 하지만 5년 동안 집에서 일상생활을 할 수 있었으니 결과는 좋았던 셈이지요.

이런 일들이 저에게는 1년에도 여러 차례 되풀이됩니다.

아버지가 천식으로 고통받던 어느 지인에게도 병원을 알아봐 드린 경험이 있습니다. 그의 아버지는 장기간 천식으로 투병생활을 하던 분이었는데 호흡 곤란이 찾아와 대구 모 병원 응급실로 달려갔답니다. 그런데 중환자실이 만원이라 응급실에서 대기만 하고 있었던 거죠. 당장 숨 쉬기가 힘드시니 아들로서 얼마나 속이 탔겠습니까? 그는 제게 전화를 걸어 어느 병원이라도 좋으니 중환자실에 입원시켜달라고 부탁했습니다. 마침 제가 아는 대학병원 간부가 있었죠. 그에게 전화를 걸었더니 '구급차 말고 승용차로 모셔오라'고 하더군요. 구급차 타면 자리 없다며 다 돌려보낸다고 합니다. 그런데 호흡이 곤란한 환자인데 어떻게 의료장비 없는 승용차를 타고 갈 수 있겠습니까? 어려움을 호소하니까 이 분이 다시 대구의 그 병원에 연락을 한 모양입니다. 몇 시간 뒤 지인의 아버지는 중환자실로 들어갈 수 있었고 아버지를 살릴 수 있었습니다.

몇몇 분들에게는 불편한 이야기일 수도 있습니다. A를 살리기 위해 B를 내보내는 일처럼 보일 수도 있기 때문이죠. 그러나 저는 그렇게 생각하지 않습니다. B를 내보내는 게 문제가 된다는 말은 B의 생명이나 치료에 지장을 끼칠 수 있다는 뜻인데 병원이 그렇게 허술한 곳은 아니겠지요. 대신 저는 병원이 이런 예기치 못한 환자를 수용할 만큼의 융

통성을 갖고 있다고 보고 싶습니다. 법의 테두리를 넘지 않는 선에서 다소 부담을 감수하는 것이죠.

  우리가 이런 부담을 감수하면서까지 지인을 돕는 이유는, 일단 제가 뭐라도 도움이 되고 싶기 때문입니다. 아버지가 죽게 생겼답니다. 아내가 오늘 내일 하고 있답니다. 울먹이는 그들에게 제가 해줄 수 있는 게 무엇일까요? 어느 마을 사람이 공자에게 이렇게 말했습니다.

"우리 마을의 젊은이들은 참으로 정직합니다. 그의 아버지가 이웃집 양을 훔치자 관아로 달려가서 아버지를 고발했습니다."

공자가 대답합니다.

"정직이란 그런 게 아닙니다. 만일 아버지가 이웃집 양을 훔쳤다면 아버지에게 용서를 구하고 자수하라고 간곡히 말씀을 올립니다. 그렇게 여러 차례 말씀을 올렸으나 아버지가 듣지 않으면 야음을 틈타 아버지와 함께 마을을 버리고 도망쳐야 합니다. 그게 바로 정직이죠."

가까이 있는 가족을 버리고 멀리 있는 법을 우선시하는 건 자기 마음에 솔직한 행동이 아니라는 얘기죠.

  저 역시 설령 합법과 위법의 위태로운 경계선을 타는 일이더라도 가까운 사람들이 아프지 않기를 바라고, 그들의 문제가 해결되기를 바랍니다. 그게 저의 정직이고, 그 정직으로 그들과 교류를 이어왔습니다. 그리고 그 정직이 그들의 마음에 뭔가 뜨거운 흔적을 남겼음을 저는 잘 알고 있습니다.

도움을 줄 때
잊지 말아야 할 5가지 원칙

앞에 든 사례에 대해서 추가 설명이 필요할 것 같습니다. 혹시나 그 전부터 도움을 주고받던 사이였기 때문에 그렇다고 느끼실 수도 있습니다. 물론 친분은 있었지만 휴가를 반납하고 도움을 줄 만큼 끈끈한 관계는 아니었지요. 그들이 제게 도움을 청했을 때 저는 그분들에게 아무런 마음의 빚이 없었습니다. 그럼에도 그들을 도운 건, 우선 돕고 싶은 마음이 들었기 때문이지만, 이 책의 주제에 합당하게 설명하면 그들이 제게 기회를 주었기 때문입니다. 이해관계를 뛰어넘을 수 있는 기회가 부여되었으니 저는 이를 십분 활용해야 하는 것이죠.

예컨대 이런 일도 있었습니다. 업무적으로는 잘 알고 있었지만 깊은 친분까지 나눈 적은 없던 거래처 사람이 있었습니다. 그의 동생이 공무원인데 술을 마시고 택시 기사를 폭행하여 물의를 일으킨 끝에 사회적 매장을 당할 위기에 처했다고 합니다. 분명 그 공무원이 잘못한 것은 사실이지만 저지른 잘못의 크기에 비해 받아야 할 처벌 수위가 너무 높았던 게 마음에 걸렸던 것이죠. 이 문제도 지인을 통해 소명 기회를 얻어서 오해를 풀고 해당 과오에 적당한 벌만 받도록 조치를 취했습니다.

제가 자주 찾던 식당 주인에게서 도와 달라는 요청이 온 적도 있었습니다. 그는 본의 아니게 미성년자에게 술을 팔았다가 경찰의 검문에 걸렸습니다. 얘기를 들어보니 미성년자는 딱 1명이었고 동석자인 친구들은 성인이었습니다. 생일이 늦어서 혼자만 미성년자였던 사례였죠. 더욱이 그 친구는 제일 마지막에 합석했습니다. 앞 친구들은 주민등록증을 다 검사해서 이상이 없었으니 아마도 이 친구도 괜찮을 거라고 생각하고 무심결에 넘어간 모양입니다. 그러다 경찰이 불시에 들이닥쳤고, 주민등록증을 조사하는 과정에서 마지막 친구가 걸린 것이지요. 나중에 식당 주인에게 들으니 영업정지 2개월을 맞을 것 같다는 얘기를 들었다고 했습니다.

사실 지인들과 모임이 잦아서 자주 찾아가는 식당에 불과했습니다. 그럼에도 식당 주인의 도움 요청을 외면하지 않고 시간을 조금 달라고 말씀 드린 후 아는 변호사에게 전화를 걸어 대응책을 물었습니다.

"최근에 이런 판례가 있었습니다."

변호사가 제게 알려준 얘기에 따르면, 만일 미성년자가 합석한 뒤로 술을 시킨 적이 없다면 미성년자에게 술을 판 게 아니어서 문제가 안 된다고 합니다.

식당 주인에게 전화를 걸어 당시 상황이 어땠는지 물었습니다. 다행히 미성년자가 온 지 얼마 되지 않아서 경찰이 들이닥쳤으니 새로 술을 시킬 시간적 여유가 없었을 것 같다고 합니다. 동석했던 친구들에게 이 사실을 확인해본 결과, 실제로도 술을 시킨 적이 없더군요. 매우 드문 경우이긴 합니다만, 다행히 식당 주인이 제시한 증거가 인정을 받아 영업정지 2개월의 행정처분은 취소되었습니다.

이런 일이 관계의 전환점이 됩니다. 친분은 있으나 아직 인맥이라고 할 수 없는 분들에게 도움 요청이 왔을 때 이를 거절하지 않고 성의껏 도와드리면 이제부터는 관계에 변화가 생깁니다. 우리가 기억해야 할 지점이 바로 여기죠. 그는 마음에 빚을 지게 되고, 그래서 나중에 제가 뭔가 부탁을 드리면 적극적으로 반응을 보여주시는 거죠.

제가 도움을 드리는 방식을 보면 몇 가지 공통점을 찾을 수 있습니다.

첫째, 제가 직접 해결하는 경우는 극히 드물다는 점입니다. 앞서 인맥이란 집단지성적 특성을 갖고 있다고 말씀 드렸습니다.

나 혼자의 힘은 약하지만 여럿의 힘은 강합니다. 각자가 가진 능력을 골고루 나누는 게 인맥의 특징이죠. 그래서 실제로 연락은 제게 오지만 도움은 다른 분이 주게 됩니다. 저는 중간에서 아는 분을 찾느라 시간을 쓰는 게 전부입니다(물론 적절한 사람을 찾아서 연결시키는 게 쉬운 일은 아니죠). 그래서 명심해야 할 게, 부탁을 받으면 내가 할 수 있는지 없는지를 따지지 말아야 합니다. 그들은 나에게 이 문제를 해결해 달라고 요구하는 게 아닙니다. 힘 써줄 분을 찾아달라는 것이죠. 이게 핵심입니다.

둘째, 가족 문제는 가능하면 끝까지 도와주라는 것입니다.

앞에서 우리는 '나'의 범주에 대해서 이야기한 적이 있습니다. 수십 년 전에는 할아버지, 할머니를 비롯하여 형제들 식구까지 '나의 가족'이었습니다. 그런데 요즘 아이들에게 물어보면 할아버지와 할머니는 가족이 아니랍니다. 같이 살아야 가족인데 같이 사는 일이 드물기 때문이죠. 마찬가지로 사람마다 '나'의 범주가 다릅니다. 대개는 부모님, 배우자, 자녀까지가 '나'의 범주에 속하며 때에 따라 형제자매까지, 멀리는 삼촌이나 고모, 사촌 형제까지 나아갈 때도 있죠. 제가 지금까지 사람들을 돕다 보니까 지인들은 '나'의 범주에 속하는 사람들을 도울 때 정말 고마워하는 것을 느낍니다. 즉, 그에게 자기 몸이나 다름없는 사람들을 돕는다면 그가 짊어지는 마음의 빚이 그만큼 커진다는 뜻이기도 하죠. 사실 생각해 보면 도움이 필요한 그 사람은 그가 자기 몸처럼 아끼는 사람인 경우가 많죠. 누군가 자기 동생 문제 해결을 부탁한다면 그만큼 자기 동생에 대해서 각별한 마음을 갖고 있기 때문이 아닐까요? 만일 부탁을 받았는데 그게 부탁하는 당사자 문제가 아니라 아내나 자녀, 부모의 문제라면 절대 모른 척하지 않기를 바랍니다. 당신이 좋아하는 친구가 있다면 우리는 그의 자녀에게 선물을 주죠. 왜냐하면 친구가 마음을 두고 있는 사람이 그의 자녀이기 때문입니다.

셋째, 이번 문제 해결에 도움이 되었던 사람에게는 따로 보답해야 한다는 점입니다.
도움 요청을 받은 건 저입니다만, 실제로 도와준 분은 따로 있죠. 그분들에게 우리는 보답을 해야 합니다. 도와주어서 고맙다고 답례해야 합니다. 어떤 식으로 보답할지는 정해져 있지 않습니다만, 하다 못해 전화라도 드려서 '덕분에 일 처리가 잘 되었다'고 말씀을 드리고 식사라도 대접해 드려야 합니다. 기왕이면 작은 선물을 준비하는 것도 나쁘지 않을 것 같습니다. 어쨌든 핵심은 '내가 당신에게 도움을 받았다, 고맙다'라는 의사 표시를 분명히 해주는 것이죠.

넷째, 사람을 가리지 말고 도와야 한다는 것입니다.
사람을 가린다는 말은 '나에게 도움이 될 분, 아닐 분' 하고 내가 먼저 판단한다는 말인데 그건 완전한 오판입니다. 제가 살아보니 도움이 어디서 어떻게 올지 알 수 없습니다. 단순히 내 이익을 기준 삼아 사람을 가린다면 반대로 그들도 당신을 자기 이익에 따라 가리기 시작합니다. 그래서는 인맥이 될 수 없죠. 그러므로 사람을 가려서는 안 됩니다.

다섯째, 사람을 도울 때는 딱 한 걸음 더 한다는 마음으로 해야 합니다.
보통 남들은 적당히 해보고 '할 만큼 했다'고 말하는데 그렇게 해서는 곤란합니다. 남들이 5m를 함께 가주었다면 당신은 10m를 동행해야 합니다. 제가 속해 있는 한 모임에 아는 분이 있었습니다. 그분이 지방에서 장례식을 치렀는데 너무 멀어서 직접 가지는 못했죠. 그래서 조화를 먼저 보내고 얼마 뒤 모임에서 만났을 때 조의금을 전달해 드렸습니다. 보통은 조화만 보내도 마음을 전했다라고 생각합니다. 나중에 만나서 한 차례 인사 나누면 충분히 성의를 표한 셈이 되죠. 그런데 조의금까지 드리면 조금 다르게 느껴집니다. 친한 친구가 상을 당하면 친구들 사이에 조의금 가이드라인이 있습니다. 이럴 때는 아끼지 말고 조금 더 봉투에 담는 게 좋습니다. 남들보다 조금 넉넉히 드리면 상대가 나를 바라보는 눈빛도 조금씩 달라지죠. 이건 단순히 액수 문제가 아닙니다.

어려움이 없는 사람은 없다

　어느 회장님이 한 분 계십니다. 평소에도 평안한 얼굴로 미소를 짓고 계시는 분이죠. 세상살이란 게 다 힘들고 어려운 까닭에 고민이나 어려움이 없는 분은 뵌 적이 없는데, 이상하게 이 분만큼은 전혀 세상 걱정이 없어 보였죠. 어느 날 그게 궁금해서 여쭈었습니다.
　"회장님은 걱정이 없어 보이십니다."
　늘 한결같은 미소를 머금고 '행복하다'고 말씀하시더군요. 그런데 반 년쯤 뒤에 회장님이 저를 찾습니다. 만나 보니 본인에게 여동생이 하나 있는데 그 남편, 즉 매제가 알코올중독이라고 하더군요. 그러면서 한 번도 본 적이 없는 표정으로 땅이 꺼져라 한숨을 쉬었죠.
　그날 제가 알게 된 사실 하나는, 세상에 태어나서 살아가는 사람 중에 걱정 하나 고민 하나 어려움 하나 없는 사람은 없다는 사실입니다.

　하루는 인도의 어느 여성이 성자를 찾아갔습니다. 하나밖에 없는 어린 아들이 며칠 앓다가 방금 죽었다며 펑펑 울면서 성자에게 매달렸습니다.
　"성자님께서 오셔서 우리 아들 좀 살려주십시오."
　성자가 가만히 듣다가 여성에게 말했습니다.
　"만일 그대가 한 가지를 찾아오면 내가 아들을 살려주겠소."

살려주겠다는 말에 여성이 눈을 번쩍 뜨며 귀를 쫑긋 세웠죠.

"제가 반드시 찾아오겠습니다."

"이 마을을 다니며 한 번도 사람이 죽은 적이 없는 집안을 찾아오시오."

여성은 성자가 시키는 대로 마을을 돌며 집집마다 문을 두드리고 다녔습니다.

"혹시 이 집이 사람이 죽은 적이 없는 집인가요?"

그러나 번번이 돌아오는 답변은 '아니오'였습니다. 어느 집은 10년 전에 할머니가 돌아가셨고, 어느 집은 작년에 남편이 사망했습니다. 또 어느 집은 며칠 전에 동생이 죽었습니다. 어느 집을 찾아가도 '죽지 않은 사람이 있는 집'은 없었습니다.

그렇게 돌고 돌다 보니 여성은 스스로 알게 되었습니다. 죽음은 피할 수 없구나.

마찬가지입니다. 사람이라면 어려움을 감출 수는 있지만 어려움이 없을 수는 없습니다. 사람에게는 모두 해결되지 못해서 갖고 있는 고민이나 걱정이 있습니다. 직원 상담을 오랫동안 하다 보니 얼핏 보면 직무에 열심히 하는 것 같은데도 '제가 업무 역량이 떨어져서 폐를 끼치는 것 같다. 그만두어야 할 것 같다'고 말하는 사람도 있습니다. 이 직원은 나중에 다른 부서로 자리를 옮겨주었죠. 명절 때면 외국인 근로자들은 쓸쓸한 휴일을 보내야 합니다. 이 직원들과는 아내와 함께 명절 음식 마련해서 같이 식사를 한 적도 있습니다. 회사에서건 집안에서건 세상에서건 문제가 없는 사람은 없습니다.

이 말은 곧 우리가 도울 일이 참 많다는 사실입니다. 저에게 전화를 걸어 도움을 직접 요청하시는 분들도 있지만 말하지 않아도 도움이 필요한 곳이 많다는 것을 우리는 쉽게 알 수 있습니다. 만일 인맥이란 게 어려운 사람을 돕는 데서 시작하는 것이라면 우리는 얼마든지 인맥을 만들 수 있는 준비가 되어 있는 셈이죠.

다만, 친구처럼 자존심이 중요한 관계가 있을 수 있으니 가급적 상대가 알아차리지 못하도록 도와야 한다는 점이죠. 왼손이 하는 일을 오른손이 모르게 하라는 말씀 그대로죠. 사실 도움이라고까지 부르기는 민망합니다. 그저 배려만 해주어도 괜찮습니다.

나이가 들다 보니까 친구 중에 명예퇴직자도 속출하고 사업하다 망한 친구도 생깁니다. 그 친구 역시 저에게 어렵다고 털어놓은 적은 없습니다. 하루는 제가 친구들을 술자리에 초대했습니다. 단체 문자를 넣어 '내일 어디서 소주 한잔 살 테니 시간 되시는 분들 참석하세요.' 하고 초대합니다. 그러면서 그 친구에게도 꼭 오라고 얘기를 하죠. 어차피 제가 술값을 내기로 했으니까 그 친구도 부담이 없습니다. 술자리 중간에 우연히 들어보니 그 친구와 옆자리 친구가 이야기를 나눕니다. 옆자리 친구가 묻습니다. '기남이가 왜 너를 초대한 거야?' 조금 무례한 질문처럼 들리지만 친구니까 편하게 물어볼 수 있는 질문이기도 하죠. 사실 자주 보이지 않던 친구이기도 했으니까요. 그 친구가 대답합니다. '몰라, 그냥 초대해서 왔어.'

저로서는 그 친구가 요즘 어렵다는 얘기를 전해 들었기 때문에 초대를 한 겁니다만, 저는 그런 얘기를 입 밖에 내지 않았습니다. 먼저 꺼낸 얘기라면 다를 수 있으나 친구 사이에 지켜주어야 할 자존심도 있기 마련입니다. 내 선행을 밝히자고 친구를 창피하게 만들 수는 없는 노릇이니까요.

핵심은 이거죠. 누구나 어려움을 갖고 있으나 그렇다고 나에게 다 털어놓는 건 아니다. 그래서 우리가 기민하게 그들의 어려움을 알아차려서 설사 도움까지는 아니어도 위로하고 격려할 수 있는 방법을 찾아야 한다는 말입니다. 그래서 필요한 게 평소에 상대의 말에 귀를 기울여야 한다는 것이죠.

마음의 소리를 들어라

저는 기억력이 좋은 편은 못 됩니다. 다만 잘 기억하려고 애를 쓰죠. 그래서 관리표나 전화번호부를 쓰게 되었는지 모릅니다. 메모하는 습관도 그런 맥락입니다.

저는 사람을 만나면 수첩과 볼펜을 꺼내놓습니다. 대화를 나누다가 중요한 이야기가 나오면 펜을 들고 기록으로 남기죠. 업무적 습관, 기억력 보조라는 측면에서 시작된 메모 습관은 대인관계에서도 긍정적인 효과를 냅니다. 제가 기록하고 있는 모습을 보면 상대는 이렇게 느끼죠. '내 말을 가벼이 여기지 않는구나.'

그렇습니다. 실제로 제가 메모하는 이유 역시 그의 말이 지금 제게 무겁게 다가오기 때문입니다. 업무를 위해서든, 인생을 위해서든 제가 듣기에 무게가 있는 말은 반드시 기록합니다. 저는 그 몇 문장, 몇 단어를 적기 위해 그가 하는 말에 귀를 기울입니다. 경청을 하고 있는 것이죠.

하루는 동종업체에 다니는 어느 부장에게 연락이 왔습니다. 저에게 영업 노하우를 배우고 싶으니 괜찮은 시간에 방문하고 싶다는 얘기였습니다. 영업은, 제가 평생을 해온 일이기는 하지만, 이렇게 배움을 청하니 어떻게 준비를 해야 할지 모르겠더군요. 그분도 모르는 게 아닐 테고, 또 무엇이 궁금하신지 구체적으로 알려주지 않아서 더 준비하기가 까다로웠습니다.

어쨌든 약속일이 되어 만남을 가졌습니다. 그런데 그 부장이 제게 묻고 싶다더니 계속 자기 이야기만 늘어놓더군요. 질문 형태가 아니니까 들으면서 맞장구쳐주고 고개를 끄덕이며 묵묵히 듣기만 했습니다. 듣다 보니 1시간이 훌쩍 지났습니다. 그러더니 부장이 이렇게 말합니다.

"오늘 정말 많이 배우고 갑니다."

제가 한 일이라곤 맞는 말에 맞장구치고 고개를 주억거린 게 전부입니다. 그런데 무얼 배웠다는 뜻일까요? 추론해 보면 대개의 고민 상담이 그렇듯이 들어주는 것만으로도 많은 부분 고민이 해결됩니다. 또 제가 맞장구치는 모습을 보면서 본인 생각이 옳았음을 확인했을 수도 있겠죠. 그래도 그건 배운 건 아니지 않습니까?

이 일에서 제가 배운 게 하나 있습니다. 잘 들어주는 것은 잘 말하는 것보다 더 중요하다는 사실이지요. 말을 잘하고 싶다면 먼저 잘 들어주어야 합니다. 설령 입을 꾹 다물고 있어도 좋습니다. 귀를 활짝 열고 있어도 소통은 이루어지기 때문입니다.

　1년 만에 만난 지인이 있었습니다. 제가 관리하는 표에 따르면 〈그룹 전체를 위한 전화·문자표〉에 속해 있는 분입니다. 1년에 3차례 정도 전화나 문자로 소식을 주고받고 추가적으로 2~3차례에 걸쳐 이메일로 소식을 전하는 정도의 분입니다. 소식이 비교적 뜸한 지인이었으니 그간 어떻게 살았는지 구체적인 삶의 흔적은 알 길이 없습니다. 이 때문에 오랜만에 만난 분일수록 조금 더 집중해서 그의 이야기를 듣는 편이죠.

　그와 대화를 나누던 중 그에게 중학교 1학년짜리 아들이 있다는 것과 그 아들이 자폐증을 앓고 있다는 사실을 알게 되었습니다. 마침 제 아들이 공익근무요원으로 군복무를 마쳤는데 당시에 자폐아를 보호하는 일을 맡았기 때문에 들은 이야기가 좀 있었죠. 그 이야기를 지인에게 들려주었습니다.

　"제 아들이 공익요원으로 있을 때 자폐아를 돌보는 일을 했습니다. 아들이 그러더군요. 자폐증 아이들은 대화를 나누기 힘들다고. 그러니 딱히 친해질 계기도 없이 그렇게 제대를 한 모양입니다. 제대한 그해에 어린이날이 가까워졌습니다. 아들 녀석이 애들이 보고 싶었던 모양입니다. 선물을 준비해서 찾아갔더니 선생님들이 자리를 마련해주었답니다. 사실 아들은 아이들이 자신을 기억할까 크게 기대하지 않았습니다. 대화를 나눈 적도 드물고 친하게 지낸 적도 없으니 말이죠. 그런데 놀랍게도 아이들이 반겨주고 좋아했답니다."

이 이야기는 '저도 자폐증 환자를 좀 알아요' 하는 뜻이 아니라 '당신 이야기가 궁금하니 더 들려주세요'라는 의미입니다. 실제로 지인은 표정이 한층 부드러워지더니 자녀 이야기를 털어놓기 시작하더군요. 그렇게 이야기는 술술 풀려나왔는데 이제는 제가 그의 마음을 들을 차례였지요. 그의 말을 끝까지 다 들으며 제가 할 수 있는 이야기는 딱 하나밖에 없었습니다.

"희망을 잃지 마세요."

그는 끝내 눈시울을 붉혔습니다.

직원 상담을 할 때도, 친구들과 술자리를 가질 때도 저는 일단 듣습니다. 물론 필요할 때는 한마디씩 합니다만, 설령 하고 싶은 말이 많아도 상대의 용건이 끝나기 전에는 말을 아끼는 편이죠. 귀가 둘이고 입이 하나인 것은 생물학적 현상이지만 유태인들의 선생인 랍비들은 여기에서 삶의 교훈을 이끌어냅니다. '귀가 둘이고 입이 하나인 이유는 말하는 것보다 더 많이 들으라는 신의 뜻이다.'

적을
만들지 마라

아돌프라는 젊은이가 있었습니다. 그는 없는 말을 지어내서 남을 험담하는 사람이었습니다. 하루는 길을 가다가 소크라테스를 보고는 쪼르르 달려갔지요. 입이 간질간질했던 모양입니다.

"선생님, 글쎄 아랫마을 소식 들으셨어요?"

소크라테스도 아돌프가 어떤 자인지 잘 알고 있었습니다.

"말이란 말일세, 가다듬을수록 아름다워지는 법이지. 자네 이야기도 체로 걸러서 곱게 만들어보면 어떻겠나?"

"그렇군요. 좋습니다. 어떤 체로 거르면 될까요?"

"첫째 체는 그 이름이 '사실'이라네. 자네가 하고 싶은 이야기가 사실인지 먼저 확인해 보는 거지. 자네 이야기는 직접 보고 확인한 것인가? 아니면 누군가에게 들은 이야기인가?"

아돌프가 난처한 표정을 짓습니다.

"다른 사람에게 들은 이야기입니다."

"그럼 사실이 아니라 뜬소문일 수 있다는 말이군. 좋아. 다음 체로 걸러보자고. 둘째 체는 그 이름이 '선(善)'이라네. 좋은 내용을 담고 있는가?"

아돌프가 머리를 긁적였습니다.

"아닙니다. 별로 좋은 내용이라고 할 수는 없습니다."

"그렇군. 그렇다면 셋째 체를 꺼내볼까? 마지막 체의 이름은 '필요성'이라네. 자네 이야기는 식사할 때 숟가락처럼 꼭 필요한 것인가?"

아돌프가 땀을 뻘뻘 흘립니다.

"꼭 필요한 얘기는 아닌 것 같습니다."

그러자 소크라테스가 미소를 지었습니다.

"세 가지 체로 걸러내었더니 남는 게 없군. 그런데 왜 이야기하려는 것이지?"

인맥을 쌓아가는 데 있어서 가장 큰 방해 요인이 있습니다. 자기도 모르게 내뱉는 한마디 실수입니다. 살짝살짝 긁어대는 말 한마디가 괜히 사람을 싫게 만드는 계기가 되곤 합니다. 특히 낯가림이 사라지고 친분이 생길 무렵이 되면 조심성이 줄어들게 되죠. 그렇게 방심한 상태에서 자기도 모르게 상대의 가슴에 푹 하고 송곳을 꽂죠. 물론 의도는 그게 아니죠. 자기 딴에는 이제 친해졌으니 농담 한마디 던진 것일 수도 있고, 편해졌으니 다른 사람들에게 하듯이 습관적인 말투가 나온 것일 수도 있습니다. 생각해 보면 아무것도 아닌 사소한 말일 수도 있죠. 그런데 듣는 사람은 그게 아닙니다.

"식당 좀 좋은 데 잡지 그랬니?"
"너 차가 왜 이렇게 후지냐? 요즘 차들 잘 나오던데."

본인이 실수했다는 사실을 모릅니다. 다시 만난 날, 그 친구 표정이 별로입니다. 회사에서 무슨 일이 있었던 것 같습니다. 2차를 가자는데도 안 가겠답니다. 다음 모임에는 안 나옵니다. 집안에 무슨 일이 있나 봅니다. 그러다 점차 소식을 듣기가 힘들어집니다. 설령 이렇게 헤어지는 경우는 없더라도 껄끄러운 관계가 되곤 하죠. 그 친구는 이제 나에 대해서 좋은 이야기를 하지 않습니다. 나도 모르는 사이에 적이 만들어진 것이죠.

만일 당신이 갑의 위치에 있는 사람이라면 절대 을을 함부로 대해서는 안 됩니다.
만일 당신이 누군가와 친해지는 단계에 있다면 함부로 농담을 하거나 말을 쉽게 해서는 안 됩니다.
만일 당신이 술자리에 있다면 찬반양론이 갈리는 이야기에 함부로 뛰어들어서는 안 됩니다.

그런데 적을 만들지 말라는 얘기는 만나는 모든 사람을 내 편으로 만들어야 한다는 말은 아닙니다. 만일 상대가 도덕적으로 심각한 문제가 있다면 가까이 하지 않는 게 좋습니다. 모든 사람을 관리하는 게 인맥관리는 아닙니다. 억지로 무리해서, 스트레스 받아 가며 할 필요는 없습니다. 그러나 사귀기로 마음을 먹었다면 꼭 예의를 지켜야 합니다.

〈하루 1시간 인맥관리 법칙 4〉

**비평은 직설적으로 말하지 말고 돌려서 말하라.
아무리 잘못이 분명하더라도
직접적인 비난은 상대방을 당황시킨다.**

⇨ 현명하게 미움을 사지 않고 비평하는 방법

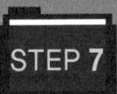

30년 인맥관리의 성공 Secret 1

인맥관리는
장거리 마라톤이다

김영삼 정권에서 안기부 기조실장을 했던 김기섭 씨가 감옥에 갔다가 6공의 금융 황태자 이원조 씨를 만났답니다. 김기섭 씨가 한숨을 푹 쉬며 자신의 몰락을 한탄합니다.

"제가 알고 지내던 사람이 1만 명이었는데 교도소에 오고 나니까 딱 1명이 찾아왔습니다. 인생 허망이라더니. 휴우."

그러자 이원조 씨가 가소롭다는 듯이 이렇게 대답했답니다.

"당신은 인생을 잘 산 편이네. 나는 10만 명을 알고 지냈는데 그 중에 면회 온 사람이 1명밖에 없소."

떡고물이 떨어질 때는 안 보이던 동네 아이들까지 모이기 마련입니다. 그러나 지는 해는 늘 외로운 법이지요. 주변에 꼬이던 파리조차도 그들이 감옥에 가기 전부터 이런 날이 오리라고 염려하기 마련입니다. 권력에 기대어 자기 셈속을 차리는 사람은 썩는 냄새를 기가 막히게 잘 맡죠.

우리는 지금까지 하루 1시간 인맥관리 방법을 알아보았습니다만, 3년 뒤 5년 뒤를 생각하지 않을 수 없습니다. 내가 늘 추수기의 곡식처럼 탐스럽게 익어간다면 주변에는 사람이 끊이질 않습니다. 그러나 인생에는 부침이 있습니다. 내가 쭉정이처럼 볼품없는 사람이 되면 인맥이 후드득 떨어져나갈 수 있죠. 김기섭 씨와 이원조 씨의 대화는 남의 이야기가 아닙니다. 오늘 하하 웃으며 만난 사람이 내일 등에 비수를 꽂을 수도 있으며 언제 나를 알았냐는 듯 고개를 돌릴지 모릅니다.

이 장부터는 장기적 관점에서 어떻게 인맥관리를 해야 하는지 살펴보겠습니다. 성급하지만, 장기적 인맥관리의 핵심을 말씀 드리면 채근담의 문장이 답이 될 것 같습니다.

"대인춘풍 지기추상(待人春風 持己秋霜)"

많이들 들어본 문장이죠. 그런데 너무 많이 소비되면서 둔감해진 점도 있고, 또 본래 뜻이 훼손된 느낌도 없지 않습니다. 많은 사람들이 이 문장을 이렇게 해석하죠.

"남을 대할 때는 봄바람처럼 하고, 자신을 지킬 때는 가을 서리처럼 하라."

타인에게는 한없이 따뜻한 사람이 되고, 자신에게는 엄격하게 하라는 의미입니다. 물론 틀린 해석은 아닙니다만, 대개는 일반적인 배경 아래서 이 문장을 받아들이죠. 그런데 이 문장이 놓인 배경색을 조금 바꾸면 어떨까요?

봄날의 초록처럼 파릇파릇한 '대인춘풍'이라는 글자를 검정색 바탕에 놓아 봅시다. 예컨대 내가 대해야 할 그 사람이 회사나 사회에서 어려움을 겪고 있어서 뭔가 반전의 기회를 찾고 있으며, 그래서 꿍꿍이를 갖고 나를 찾아온 것이라고 우리는 배경색을 바꿀 수 있습니다. 그가 겪는 고통의 실체는 모릅니다만, 어쨌든 그는 나를 보고 싶어 찾아온 게 아닙니다.

만일 이와 같이 배경색을 바꿔 본다면 '대인춘풍'이라는 말은 새로운 의미를 띠게 됩니다. 그 사람은 북풍한설을 맞고 있을지 모릅니다. 그런 생각으로 사람을 만나면 우리는 그의 어려움을 살피게 됩니다. 상대가 지금 궁지에 처했으므로 그를 외면할 것인가, 아니면 그의 처지를 활용하여 나의 이익을 얻을 것인가, 아니면 그의 어려움을 헤아리고 그의 문제 해결에 도움이 될 것인가. '대인춘풍'은 그런 의미입니다.

마찬가지로 '지기추상'도 조금 더 섬세하게 해석해야 합니다. '지기(持己)'란 나를 지킨다는 뜻입니다. 나의 현재 상태가 최악은 아니라는 뜻이죠. 이제 막 피어난 봄이든 한창 무럭무럭 자라는 여름이든 성장기에 있다는 뜻입니다. 그러나 쇠퇴기, 즉 가을이 머지않았으니 대비하는 마음을 갖고 있어야 합니다.

주역에서 가장 유명한 문장 가운데 하나가 '이상견빙지(履霜堅氷至)'입니다. 서리를 밟으면 단단한 얼음의 계절이 온다는 뜻입니다. 가을 서리가 내리면 사람들은 겨울을 준비하죠. 곡식도 비축하고 담벼락과 지붕도 수리하며 겨울 눈보라와 굶주림에 대비합니다. 짧은 기간으로 보면 인생은 오르거나 내려가거나 한 방향만 있는 것 같습니다만 10년, 20년을 보면 인생에는 굴곡이 있기 마련입니다. 올라갈 때가 있으면 내려갈 때가 있죠. 그런 관점에서 '지기추상'이란 나쁜 시절을 대비하라는 말입니다. 위기를 대비하는 마음으로 자신을 단속하는 게 '지기추상'의 의미입니다.

'대인춘풍 지기추상'이란 단순히 나에게 엄격하고 타인에게 관대하라는 말이 아니라 어려움에 처한 그가 내미는 손길을 외면하지 말며, 나의 봄날이 언제까지 이어질지 알 수 없으므로 낙관하며 살지 말라는 의미로 생각할 수 있습니다. 한마디로 장기간의 인생관을 담고 있는 문장으로, 우리는 이 여덟 글자를 통해 장기적 인맥관리의 핵심을 살필 수 있습니다. 이 가운데 우리가 살펴 볼 것이 '지기추상'입니다.

"장기적 인맥관리에서 실패하지 않으려면 나를 어떻게 지켜야 할까?"

일상에서 되풀이되는 작은 행동들

아이큐 테스트 한번 해볼까요? 다음 물음표에 올 숫자는 무엇일까요?

```
1 = 5
2 = 7
3 = 9
4 = 13
5 = ?
```

이와 같이 문제가 주어지면 사람은 본능적으로 규칙 혹은 패턴을 찾습니다. 5가 7이 되고, 7이 9, 13으로 커질 때 어떤 패턴을 갖는지 머리를 굴리죠. 수많은 아이큐 테스트는 누가 패턴을 찾을 수 있느냐가 관건입니다.

지식은 이처럼 패턴의 성격을 띠고 있죠. 수많은 시도 가운데 딱 한 번 나타나고 사라지는 것을 우리는 기적이라고 부르는데, 기적은 머리로는 이해할 수 없는 비(非)지식적 현상입니다. 인류가 쌓아온 지식의 최고봉에 과학이 놓여 있습니다. 과학은 같은 실험 조건에서는 늘 같은 결과를 만들어냅니다. 가장 정밀하게 다듬어진 패턴인 셈이죠.

그만큼 사람은 규칙을 찾는 데 능합니다. 회사에서도 신입사원을 뽑을 때 확인하는 게 패턴입니다. 그의 학업 역량은 출신 대학이나 성적을 보면 알 수 있습니다. 그러나 이 사람이 과연 어려움을 극복하는 데 능한지, 리더십을 갖고 있는지는 성적만으로 알 수 없습니다. 그럴 때 우리는 자기소개서를 살핍니다. 지원자가 어떤 길을 걸어왔는지 삶의 흔적을 살피죠. 과거에 그랬다면 미래에도 그럴 것이다, 하는 믿음으로 그의 패턴, 즉 성격을 찾습니다. 그래서 취업컨설팅에서는 성격을 '유사한 상황에서 유사하게 반응하는 태도'라고 정의합니다. 성적표나 점수만으로 확인할 수 없는 역량 평가를 위해 패턴을 찾는다는 말입니다.

사람이 어리고 순진할 때는 상대의 말을 믿습니다만, 속임수와 거짓말, 꾸미는 말이 있다는 사실을 알게 되면 우리는 더 이상 상대의 말만으로 그를 평가하지 않습니다. 대신 그가 되풀이해서 보여주는 행동을 통해서 그 사람에 대한 이미지를 만들어가죠. 물론 사람이 처한 상황이 늘 똑같을 수는 없으므로 환경이 달라지면 나타나는 행동도 달라질 수 있습니다만, 그래도 예전에 보여준 태도가 미래에도 똑같이 되풀이될 것이라고 여기는 경향이 있습니다. 때로는 그게 편견이 되기도 하지만 패턴을 통한 행동 예측보다 더 나은 방법은 아직까지 발견되지 않은 것 같습니다.

이 말은, 반대로 말하면 나의 행동 패턴을 상대가 지켜보고 있다는 뜻입니다. 10번 함께 식사하는 동안 딱 한 번 내가 밥을 샀다고 쳐봅시다. 상대는 내가 밥을 잘 사는 사람이라고 생각할 리 없겠죠? 보통 우리는 '그래도 10번 중 1번을 샀다'고 돈을 낸 기억에 초점을 맞추는 경향이 있습니다만, 상대는 그 1번을 예외적인 경우로 인식하죠. 당신은 그에게 90% 확률로 밥을 사지 않는 인색한 사람이 됩니다.

자, 한 걸음 더 진척시켜 보죠. 사람들은 나의 말이 아니라 되풀이되는 어떤 행동을 통해서 나를 판단합니다. 그런데 이때 사람들의 관찰 대상이 되는 '반복 행동'에는 어떤 게 있을까요? 이슈가 될 만한 큰 사건이 기억에 잘 남기는 합니다만, 그런 일은 드물다는 게 함정입니다. 대부분 상대가 관찰하는 우리의 반복 행동은 일상의 작은 일들입니다.

예컨대 회사 식당에서 일하는 아주머니들에게 인사하거나 약속 장소에 10분 먼저 도착해서 상대를 기다리거나 하는 사소한 일들입니다. 상대의 말에 귀를 기울이는 태도나 종이를 꺼내서 메모하는 작은 행동들입니다. 그게 나에 대한 이미지를 만드는 데 기초 자료가 된다는 점이죠. 미국의 심리학자 앨버트 메라비언이 첫인상을 만드는 요소를 분석해 보았습니다.

보디랭귀지	55%
목소리	38%
메시지	7%

당신이 전달하고 싶은 메시지가 아무리 훌륭해도 보디랭귀지가 각

인시키는 효과에 비하면 조족지혈입니다. 그만큼 사람은 타인의 말보다는 목소리에, 목소리보다는 몸짓이나 행동에 더 큰 영향을 받습니다. 더욱이 그 행동이 반복적으로 나타난다면 그에 대한 이미지는 다이아몬드처럼 굳어지게 됩니다.

저는 앞에서 인맥관리의 두 가지 축을 이야기했습니다. 상대의 마음에 빚을 지게 하라는 것도 한 가지 이야기입니다. 그런데 마음에 부채를 남길 만한 일은 정말 드물 뿐만 아니라 그런 기회가 생기기까지는 사전 정지작업이 필요합니다. 아무나 나에게 어려운 부탁을 하는 게 아니라는 말이죠.

최소한 부탁을 주고받을 사이가 되려면 하루 1시간씩 할애하여 소식 전하고 안부를 묻는 등 거리를 줄이고 친분을 쌓을 만한 반복 행동이 필요합니다. 그렇게 패턴이 형성되면 상대는 당신에게 하나의 이미지를 갖게 됩니다. 그런 이미지가 있기 때문에 전화를 걸어 어렵게 부탁하는 것이죠.

회사 직원들이 경영자인 저에게 찾아와서 고민을 털어놓거나 거래처 지인이 제게 인생 상담을 요청하는 이유는 저에게 '말해도 괜찮을 것 같다, 의견을 구할 수 있다, 내 삶에 도움이 되겠다'는 이미지가 있기 때문입니다. 그들 역시 저의 반복 행동을 보았다는 얘기입니다.

이 작은 패턴 짓기가 장기적 인맥관리에서 핵심 역할을 한다면 믿기나요? 누가 보든 말든 늘 한결같은 자세로 매일의 루틴을 해나간다면, 물론 하루 이틀 봐서는 모르겠지만 한 달, 두 달 시간이 쌓일수록 그 사람의 이미지는 점점 단단해져서 나중에는 '저 사람은 정말 성실한 사람이야'라는 굳건한 지식이 되죠. 통계란 짧은 시간 안에서는 오류를 많이 포함하고 있는 수학적 편견일 수 있으나 시간이 축적될수록 정확도가 높아지는 과학입니다.

제가 지금 하는 이야기는, 그래서 우리에게는 원칙이 있어야 하고, 설령 불가항력이 존재하더라도 자기 스스로 원칙을 깨뜨리면 안 된다는 얘기로 확대됩니다. 누군가 원칙을 가지고 있다는 말은, 사람들이 그를 원칙과 동일하게 바라보고 있다는 말입니다. 그걸 화신(化身)이라고 부르죠. '그는 신뢰의 화신이야.' 혹은 아이콘이라고도 부릅니다. '그는 믿음의 아이콘이야.' 인생에는 부침이 있습니다만, 김기섭 씨나 이원조 씨처럼 불쌍한 말년을 겪지 않으려면, 즉 장기적 인맥관리에 성공하려면 우리는 원칙을 목숨처럼 붙들고 살아야 합니다.

줄기가 연약한 풀들은 바람이 부는 대로 눕습니다. 북풍일 때는 남쪽으로 눕고 동풍일 때는 서쪽으로 눕죠. 자기 이해관계에 따라 처신을 달리하는 사람들은, 아무도 그를 믿을 만한 사람이라고 생각지 않습니다. 반면 북풍한설에도 자기 자리를 지키고 있는 사람은 다른 시선으로 바라봅니다. 그 시선을 얻는 것이 장기적 인맥관리를 위한 첫 걸음입니다.

참, 앞서 인용한 아이큐 테스트 문제의 정답은 1입니다. 문제의 첫줄에 '5 = 1'이라고 이미 답이 주어져 있습니다.

원칙이란 오래 씹을수록 단맛이 나는 것

홍자성이 지은 〈채근담〉은 풀뿌리라는 뜻의 '채근(菜根)'이라는 단어로 제목을 삼고 있습니다. 이 낱말은 송나라 학자 왕신민의 문장에서 빌려 온 것인데 원문은 다음과 같습니다.

"人常能咬菜根卽百事可成(인상능교채근즉백사가성)"

사람이 늘상 풀뿌리를 씹을 수 있다면 곧 백 가지 일을 능히 이룰 수 있다는 뜻입니다.

인맥관리의 노하우 가운데 하나는 앞서 소개한 툴을 활용하여 물 샐틈없이 관리하는 방법입니다. 이건 어렵지 않기 때문에 누구나 쉽게 시작할 수 있죠.

그런데 장기적 인맥관리의 노하우는 조금 다릅니다.

인맥을 관리한 지 30년이 지났습니다만, 책을 쓰기 위해 준비를 하면서도 요령을 찾는다는 게 참으로 힘들다는 사실을 새삼 느끼게 됩니다. 단기적인 관점에서 호감을 얻는 효과적인 방법은 물론 존재합니다. 그러나 그렇게 해서는 서로 간과 쓸개를 꺼내서 보여줄 수 있는 간담상조(肝膽相照)의 관계까지는 가기 어렵다는 게 제 생각입니다. 예컨대 카네기 처세술 등에서 제시하는 인간관계의 노하우는 상대적으로 써먹기 용이하지만 욕 먹고 살지 않을 만한 처세에 적합할 뿐, 끈끈한 동양적 우애관계로 깊어지기에는 한계가 있는 것 같습니다.

장기적 인맥관리의 비밀은 원칙 지키기입니다. 많이 들어본 말이죠? 너무 자주 듣다 보니 뒷방 노인네의 잔소리처럼 보이기도 합니다. 이걸 조금 다르게 보여주고 싶어서 가져온 문장이 왕신민의 문장입니다. 그 문장의 핵심 키워드는 '교채근(咬菜根)'입니다. 풀뿌리를 잘근잘근 씹는다는 뜻이죠. 칡뿌리가 그렇듯이 풀뿌리라는 게 대개 첫맛이 씁니다. 그런데 질긴 뿌리를 씹다 보면 단맛이 우러나오죠.

마찬가지로 우리는 원칙 지키기라는 말에서 힌트를 얻어야 합니다. 그러나 남들이 좋다고 하니까 좋다고 생각해서는 안 되고, 본인 스스로 풀뿌리처럼 오래 씹어보아야 합니다.

정약용이 유배지에 있을 때입니다. 하루는 제자 황상이 찾아와서 한숨을 푹 쉽니다.

"선생님, 저는 머리가 나빠서 공부가 더딘 것 같습니다."

그러자 정약용이 말합니다.

"공부를 못하는 사람의 병폐가 세 가지 있느니라."

다음은 정약용의 공부 못하는 사람의 3가지 병폐입니다.

첫째는, 암기력이 비상한 사람입니다. 둘째는 이해력이 뛰어난 사람입니다. 셋째는 글재주가 남다른 사람입니다.

병폐라고 꼽은 이유치곤 이상합니다. 다들 부러워하는 타고난 재주가 좋은 사람들 아닌가요? 그렇습니다. 정약용이 주목한 것은 그들이 너무 비상한 재주를 갖고 있어서 한 번 공부한 책을 두 번 꺼내보지 않는다는 점이었습니다. 암기력이 좋은 사람은 한 번만 보고도 척척 외우니까 다시 읽을 일이 없습니다. 이해력이 뛰어난 사람도 한 번만 보고도 다 알 것 같으니까 두 번 다시 꺼내 읽지 않습니다. 글재주가 뛰어난 사람은 일필휘지로 글을 써 내려가면 되니까 퇴고 따위는 쓰레기통에 버립니다.

재주가 뛰어난 이들의 공통점은 다시 곱씹는 일이 없다는 점입니다.

어느 평론가는 우리나라 문단의 안타까운 점을 이렇게 설명한 적이 있습니다. '젊은 시절 천재는 많으나 나이 들어 천재가 된 사람은 없다.'

요절한 사람도 물론 있기는 합니다만, 20~30대에 반짝했다가 40대에는 평범한 문인이 되는 경우가 우리나라에는 유독 많았다는 얘기입니다. 헤밍웨이나 톨스토이가 50대를 넘기며 대작을 내놓았다는 사실에서 미루어 짐작할 수 있는 건, 아무리 뛰어난 재주를 갖고 태어났더라도 인생의 놀이 질 때 삶의 궤적을 곱씹어보지 않으면 좋은 글이 나올 수 없다는 얘기겠지요.

원칙을 지켜야 한다는 말은 분명 고리타분한 얘기가 될 수 있습니다. 그럼에도 원칙이라는 단어 외에는 자기를 지켜나가는 방법을 달리 설명할 길은 없습니다. 다만 여러분에게 부탁하는 것은 원칙이 왜 삶에서 중요한 역할을 하는지 '교채근'해 보라는 얘기입니다.

부정적 마인드와의 전쟁

영업자 출신이었던 저는 외부에 나갈 때마다 내가 회사를 대표한다는 생각이 강했습니다. 외부 사람들에 대해서 나는 늘 '회사 사람'이었고, 같은 개념에서 회사 사람들은 나와 한 동아리에 모여 있는 사람, 즉 또 다른 나였습니다.

그렇게 생각하다 보니 제 자신에게 부여한 원칙을 회사에도 종종 요구하고는 했지요. 무슨 말인가 하면, 저는 회사가 우선이었고, 사적인 이익을 추구하지 않았습니다. 그래서 회사 사람들이 회사보다 자기 자신을 우선시하는 모습을 견디지 못했습니다.

과장 시절 이야기입니다. 소속은 영업부였으나 그전부터 오디오 사업부의 전체 업무에 관여하는 바람에 본의 아니게 기획업무를 담당하게 되었습니다. 각 부서의 부장들을 모아놓고 회의를 진행했지요. 그런데 한두 번 회의를 진행하면서 생각보다 저항이 만만치 않다는 사실을 깨달았습니다. 뭔가 해보자고 아이디어를 제시하면 부장들은 하나같이 '부정적 마인드'에 감염된 사람처럼 '안 된다'는 말만 되풀이했습니다.

"시기상조 같네. 회사가 커가는 데 단계가 있다고. 전교 꼴지가 100등까지 올라가는 건 쉬울 수 있지만 100등이 10등에 진입하기란 쉬운 일이 아니라고. 일단은 70등, 50등부터 진입한 뒤에 10등을 노려봐야지."

"안 그래도 할 일이 밀렸는데 누가 하라는 얘기인가? 사람이나 더 뽑아주면 모를까."

"시장을 선도하는 회사가 할 일이 있고, 우리 같은 회사가 할 일이 있는 법이야. 물론 자네 말처럼 큰물에서 헤엄치고 싶은 생각이야 굴뚝같지만 자본 경쟁에서 밀려서 뼈도 못 추릴 거야."

부장들의 생각이 아주 일리 없는 말은 아니었습니다. 그들 역시 부장이라는 타이틀을 가위바위보 해서 딴 건 아니었으니까요. 실제로 자본의 규모 문제나 인력 문제는 어느 회사나 발전에 장애가 되고는 합니다. 현재 수준에서 할 수 있는 일이 있고, 할 수 없는 일이 있는 법이죠.

그러나 지울 수 없었던 느낌이 있었습니다. 부장들의 이야기는 마치 답은 정해져 있고, 너만 모른다는 것처럼 들릴 때가 많았죠. 그러다 보니 진지하게 검토해보겠다는 사람은 없었고, 회의 시간은 헛심만 빼는 시간으로 전락하고 말았습니다.

두 번째 회의를 마치고 돌아와서 깊은 고민에 빠졌습니다. 제가 고민했던 건 '좋은 아이디어'가 아니었습니다. 좋든 나쁘든 아이디어가 나오면 일단 해보자는 생각으로 발전할 수 있는 분위기가 필요했습니다. 세상의 모든 성공작이 처음 아이디어 단계부터 열렬한 환영과 적극적 후원을 받았다고 생각하는 것은 순진한 발상입니다. 쓰레기통에 수차례 들어갔다가 간신히 목숨을 건지고 나온 아이디어가 지금 우리의 일상을 이루고 있다는 사실에 주목한다면 지금처럼 단칼에 아이디어를 잘라버리는 분위기부터 바꾸어야 한다고 믿었죠.

그러나 저는 일개 과장이었고, 제가 상대해야 할 사람들은 부장이었습니다. 그런데 제가 의지할 사람이 한 명이 있었습니다. 공장장이었습니다.

다음 회의 시간에 맞춰 저는 후배 직원 한 명을 대동하고 자리에 들어갔습니다. 이전 회의 시간처럼 이야기를 주고받았습니다. 사전에 지시한 대로 후배 직원은 회의 현장에서 오고가는 대화를 하나도 빠짐없이 기록했습니다. 그날도 미팅 분위기는 현실론을 앞세운 회의주의자들이 주도했습니다. 괜찮은 것 같다는 의견도 드물게 등장했습니다만, 안 되는 이유의 흙더미를 뚫고 나올 만큼 강력하지는 못했습니다. 되는 이유가 상상속의 가정이듯 안 되는 이유도 그저 생각일 뿐이라는 점을 그들은 절대 인정하지 못했지요. 인생의 쓴맛을 너무 많이 봐서 더 이상 집밖으로 나가기 싫어하는 노인네들의 이야기만 회의실에 울려 퍼지고 있었습니다.

회의를 마치고 후배가 정리한 회의록을 공장장에게 올렸습니다. 공장장은 입술을 굳게 다문 채 '이게 사실인가?' 하고 짧게 물었습니다.

다음 날, 개발부 부장을 시작으로 호출이 이어졌습니다. 부장들은 붉으락푸르락한 얼굴로 저를 노려보았습니다.

"회의 자리에서 나온 이야기를 거르지도 않고 공장장에게 보고하면 어떻게 하는가?"

"이렇게 뒤통수를 치면 어떻게 하나?"

"보고할 게 있고 보고하지 말아야 할 게 있다는 걸 모르고 있었나?"

저의 이야기도 한결같았습니다.

"부장님께서 하지도 않았는데 제가 지어내서 기록한 게 있습니까?"

그렇게 말씀을 드렸더니 아무도 대답이 없더군요.

"그게 아니라면 더 말씀하지 마십시오. 제가 할 일을 했을 뿐입니다."

그들에게 화가 난 건 사실이지만 사람이 미웠다기보다는 그들 사이에 깊게 퍼져 있는 부정의 마인드가 싫었습니다. 제가 제거하고 싶었던 건 패배주의적 사고방식이었던 것이지 사람 자체는 아니었죠. 다행히 다음 회의 시간부터는 덮어 놓고 '안 된다'고 말하는 사람은 찾아보기 힘들었습니다.

원칙이란 건 사실 누구나 잘 알고 있어서 입에 올리는 게 귀찮을 정도입니다. 그러나 원칙을 지키는 일이란 편견이나 문화와 싸워야 하는 일이 될 때도 있고, 때로는 상사와 다투어야 하는 일이 될 때도 있죠. 하지만 제가 원칙을 지키면 가깝게는 회사 내부에서 평가가 달라지고, 멀게는 거래처에서 바라보는 시선이 달라집니다. 일이 우선이고, 개인적 관계는 차선이라면 사람들은 그를 공과 사가 뚜렷한 사람이라고 인식할 테고, 그렇다면 신뢰가 생기지 않을까요?

상사의 멱살을 잡은 이유

물론 무엇을 원칙으로 삼느냐는 사람마다 조금 다를 수 있다고 생각합니다. 어떤 사람에게는 위계질서를 지키는 게 더 큰 원칙이 될 수 있죠. 특히 우리나라처럼 나이를 중시하거나 선후배를 따지는 문화가 있는 곳에서는 더욱 그렇습니다. 다음 에피소드도 그런 경우에 속합니다.

대리 시절 이야기입니다. 하루는 이웃 부서 과장이 찾아왔습니다. 그런데 과장이 난처한 표정이었습니다. 저를 찾아온 건 맞는데 용건은 모르겠다는 얼굴이었죠.

"공장장님이 자네를 찾아가 보라시더군."
"네? 아무 이유 없이 그러시진 않았을 텐데요."
"글쎄, 내 말이. 다른 말씀도 없이 그저 찾아가 보라고만 하시니."
가만히 보니 과장의 난감한 얼굴에는 자존심이 상한 듯한 표정이 깃들어 있더군요. 뭔가 감추는 게 있는 것 같았습니다.
"과장님, 공장장님과 어떤 일이 있으셨죠?"
숨을 수차례 들이쉬는 동안 아무 말이 없던 과장은 체념한 듯 자초지종을 털어놓기 시작했습니다.

과장에게는 공장장에게 지시받은 업무가 있었습니다. 그런데 아직 업무를 처리하지 못한 채 공장장에게 보고를 하러 갔다가 '김기남을 찾아가 보라'는 얘기만 듣고 무작정 온 것이죠. 과장은 나름 열심히 했습니다. 그런데 관계 부서에서 비협조적으로 나와서 아직 업무가 미결 상태였습니다. 대충 짐작되는 상황이었습니다. 과장으로서는 협조를 요청했는데 그들이 처리를 해주지 않았으니 별 수 없다고 생각한 것입니다. 반면 공장장 입장에서는 협조 요청에 불응한 것도 과장의 일부 책임임을 알려주고 싶었던 것입니다.

과장의 이야기를 듣는 동안 왜 공장장이 그를 저에게 보냈는지 짐작되었습니다. 얼마 전에 그런 일이 저에게 벌어졌기 때문입니다.

저는 영업자였기 때문에 개발부의 일정에 촉각을 곤두세우고 살았습니다. 출시일을 기준으로 매출 목표를 잡기 때문에 신제품 출시는 단순히 영업부만의 문제는 아니었습니다. 회사로서는 1년 농사의 중요한 순간인 셈이죠. 제품 출시에 맞춰 회사 인력과 대리점이 가동될 수 있도록 준비도 마쳤습니다.

그런데 출시일은 가까워오는데 개발부에서는 일처리가 지연되고 있었죠. 사정을 알아보기 위해 부서를 찾아갔더니 개발부 과장 한 명이 결재를 미루고 있었습니다. 분명 제가 보기에는 '미루고' 있었습니다. 물론 개발부 과장은 '절차가 있으니 기다려라'며 정상적인 과정임을 강조했습니다.

보기에 따라서 그의 말이 맞을 수도 있습니다. 조직에는 절차가 있으며 그에 맞게 움직이는 게 순리일 수도 있으니까요. 그러나 제 생각은 달랐습니다. 회사의 모든 활동은 매출 목표를 중심으로 움직이기 때문에 매출 목표 달성에 장애가 되는 일은 아무리 절차라도 용납될 수 없다는 생각이었습니다. 신제품 출시가 하루 늦춰지면 그만큼 회사의 수익 역시 늦춰지기 마련입니다. 예컨대 코끼리에게 오늘 먹여야 할 음식을 절차가 있으니 내일 먹으라고 미루는 것과 마찬가지인 거죠. 민주적 절차를 따라야 하는 일이 있고, 생존이 우선인 일도 있습니다. 회사는 매출이라는 먹이를 먹지 않으면 존속이 어렵습니다. 특히 거의 모든 기업이 매출 목표를 공격적으로 잡기 때문에 하루 이틀의 출시 지연도 영업자 입장에서는 양보할 수 없는 법이죠.

그런데 절차 때문에 결재를 못하겠다? 그건 매출 목표가 누구보다 중요한 영업자로서는 이해할 수 없는 대목이었습니다.

꼼짝도 하지 않는 개발부 과장 옆에 붙어서 신제품 출시가 늦어졌을 때 회사가 떠안아야 할 손해를 설명하고, 출시일에 맞춰 준비가 이루어졌기 때문에 늦춰지면 곤란하다는 사실도 리마인드시키면서 설득에 나섰습니다. 간단한 일이라면 일단 결재하고 나중에 절차적으로 하자 없게 마무리하면 되지 않느냐고 대안을 제시하기도 했습니다. 그러나 과장은 복지부동이었습니다. 아마도 그에게는 영업부 대리의 말보다 자신의 소신이 더 중요했는지 모릅니다.

더는 말이 통하지 않겠다는 생각이 들더군요. 너무 화가 나서 과장의 멱살을 잡고 말았습니다. 백주대낮에 벌어진 상사 폭행사건이었죠. 지금도 마찬가지입니다만, 그때는 위계질서를 어기는 사람은 회사에서 거의 매장당하기 일쑤였습니다. 그것도 뻔히 상사들이 보는 앞에서 대리가 과장의 멱살을 잡았으니 강력한 내부 징계가 예상되었죠.

그런데 자초지종을 들은 상사들은 이 일을 문제 삼지 않았고, 또 과장의 결재 역시 그 자리에서 이루어졌습니다.

저는 공장장의 명을 받고 찾아온 과장에게 당시의 일을 들려주며

강단을 보여달라고 요청했습니다.

과장이 알았다고 고개를 끄덕이더니 마지막으로 묻더군요.

"두 사람 이제는 서로 얼굴도 안 보겠네?"

그렇지 않았습니다. 우선순위 문제란 우선적인 문제가 해결되면 차선을 돌보아야 한다는 뜻이지 최우선 과제만 중요하고 나머지는 무시해도 된다는 뜻은 아니지요.

"그날 저녁에 술 한 잔 기울이며 사과를 했습니다. 개발부 과장님도 겸연쩍은지 사과를 받아주시면서 자기 잘못이니 잊자고 하셨습니다."

원칙이 위협을 받으면 몸을 사리지 말고 지켜야 합니다. 그런 뒤 원칙이 다시 제자리로 돌아오면 그 뒤에 우리가 지켜야 할 새로운 가치가 보이는 법입니다.

당신의 우선순위가 이미지를 결정한다

이순신이 최고의 장군 '명장(名將) 이순신'으로 불리는 이유가 있습니다. 그는 자나 깨나 왜구를 소탕하고 조선과 백성을 지키겠다는 마음뿐이었죠. 비록 왜구의 손에 아들도 잃고, 모함을 받아 장군직에서 내려와 백의종군을 하기도 했지만 그런 고통의 순간에도 그의 마음을 지배하는 우선적 가치는 국토 수호였습니다. 우리나라를 침략하는 왜구를 어떻게 물리칠 것인가? 이것은 이순신의 삶을 설명하는 여러 가치 가운데 하나로, 그에게는 최우선순위였습니다. 그는 이 우선순위 가치를 지키기 위해 자기 목숨까지 바쳤습니다.

에디슨이 엉뚱한 '괴짜 발명가 에디슨'인 이유도 마찬가지입니다. 그는 아이였을 때부터 궁금증을 해결하는 게 삶의 우선순위였습니다. 학교 가는 것도 잊고 계란을 품고 있기도 하고, 백열전구의 필라멘트를 만들겠다고 1만 가지나 되는 재료를 시험해 보기도 했죠. 그의 인생 역시 우선순위가 정해져 있었고, 그 일을 위해 자신의 삶을 헌신했죠.
귀머거리 작곡가 베토벤이나 혀를 길게 빼물고 사진을 찍은 아인슈타인도 마찬가지입니다. 그들을 생각하면 우리는 그들의 인생에서 우선순위가 무엇인지 어렵지 않게 찾을 수 있습니다. 당신의 친구가 가정적이라고 한다면 그에게는 가정이 삶의 우선순위가 됩니다. 당신의 친구가 등산광이라면 그에게는 직장이나 여자 친구보다 산이 삶의 우선순위가 됩니다.

이미지란 이처럼 우선순위라는 차원에서도 생각해 볼 수 있습니다. 당신이 어떤 우선순위를 갖고 있느냐에 따라 당신에 대한 이미지가 만들어지는 것이죠.
저 역시 최소한 회사에 있는 동안 최우선순위는 회사였습니다. 회사의 존속과 성장을 위한 일이라면 그 어떤 것도 뒤로 미뤄둔 적이 없었죠. 이 때문에 사내 정치나 모함처럼 회사 성장을 방해하는 사람과 다투는 일이 많았습니다.

과장이었던 당시, 가요반주기에 점수 기능을 결합하여 인기를 누렸습니다. 그런데 가정용 가요반주기에는 아직 점수 기능이 없었습니다. 이는 다른 기업도 도전하지 않은 블루오션이었습니다.

저는 영업부 소속이었지만 인력 스카우트 및 OEM 방식으로 제품군을 늘리는 등 사업부의 성과도 올리면서 기획 업무를 담당했습니다. 새로운 제품 개발까지 맡고 있어서 고민이 많던 시절이었고, 그런 결과물로 점수 기능이 추가된 가정용 가요반주기 아이디어를 찾을 수 있었습니다.

그러던 어느 날 후배 직원이 이상한 소문을 접했다며 저에게 귀띔을 하더군요.

"김 과장님, 소문 들으셨어요?"

"무슨 소문?"

후배 직원은 뜸을 들이더니 이렇게 말하더군요.

"알고는 계셔야 할 것 같습니다. 타 부서의 입사동기에게 들은 얘기인데, 지금 개발 중인 제품에 하자가 있다는 소문이 돌고 있습니다."

"하자라니? 나도 모르는 무슨 문제가 있다는 말인가?"

"저, 그게 점수 기능 문제인데요. 〈만남〉을 틀어놓고 〈송아지〉를 불러도 팡파르가 울린다는 얘기입니다."

우리는 이번 신제품을 개발하며 90점을 넘어야 팡파르가 울리도록 했죠. 그런데 〈만남〉 반주에 〈송아지〉 노래에도 90점이 넘도록 된다면 그건 문제가 아닐 수 없었습니다.

"그런데 이 소문이 어디서 시작되었는지 알고 있나?"

"그게, 개발부 박 부장이 그런 얘기를 한다고 합니다."

"뭐? 개발부 박 부장이?"

그러고 보니 조금 집히는 데가 있었습니다. 개발 중인 신제품을 내부에서도 테스트해 보기 위해 개발부에 의뢰를 해둔 상태였죠. 무슨 하자가 있다면 총괄 책임자였던 저에게 알려주면 되는 간단한 문제였는데 왜 박 부장은 제게 알리지 않고 소문을 내고 다녔을까요? 저는 그게 이해할 수 없었습니다. 외주 개발업체에 문의하여 관련 문제를 설명하고 해결책을 찾을 것을 요청했습니다.

마침 그 무렵 회의 자리에서 처음으로 그 소문이 거론되더군요. 이미 의구심은 눈덩이처럼 커져 있었습니다. 혹시 수준 미달의 외주 업체에 개발을 의뢰한 것은 아니냐는 질문이 핵심이었는데 제가 이를 해명하지 못하면 부당한 거래 의혹을 받을 만큼 분위기는 좋지 않았습니다.

외주 개발업체에서 연락이 온 것은 얼마 되지 않아서였습니다.

"죄송합니다. 문제는 발견했고, 정상 작동되도록 수정했습니다. 사소한 실수였습니다. 걱정을 끼치게 해드려 죄송하네요."

업체에 달려가서 실제로 정상 작동되는지 제 눈으로 직접 확인했죠.

제품 출시는 문제가 없었습니다. 예상대로 '점수 기능이 추가된 가정용 가요반주기'는 없어서 못 팔 만큼 인기를 끌었습니다. 정리 회의 시간이 찾아왔습니다. 회의 마지막 시간에 제가 발언 기회를 얻었죠.

"개발부 박 부장님에게 묻고 싶은 게 있습니다. 신제품에 하자가 있다는 사실을 먼저 아신 것으로 알고 있는데, 그때 부장님께서는 무엇을 하고 계셨습니까? 이 제품은 회사의 성장에 기여하는 우리 공동의 개발품입니다. 왜 제게 직접 알려주시지 않으셨습니까? OEM 책임자인 제가 소문을 통해 이 소식을 들었을 때 어떤 기분일지 생각해 보셨습니까?"

사내 개발부와 저의 업무는 어떤 점에서 경쟁 관계였던 게 사실입니다. 그래서 개발부 박 부장을 이해하지 못하는 건 아닙니다만, 저에게는 우선순위가 있었습니다. 개인의 마음이 회사의 이익보다 우선시될 수 없다는 생각이 있었습니다. 제가 공개석상에서 박 부장의 잘못을 지적한 것은 회사에서 무엇이 우선되어야 하는지 공론화하고 싶었기 때문이었는데, 그만 개발부 박 부장이 며칠 뒤 사표를 내고 말았습니다. 안타까운 마음은 들었지만 어쩔 수가 없었습니다.

지금 돌이켜 보면 어떤 게 옳은 일이었는지 개운치 않은 게 사실입니다만, 대리를 거쳐 과장 시절을 보내던 저는 늘 회사와 성과가 최우선순위인 삶을 살았습니다. 못하는 사람은 있을 수 있습니다. 그러나 일을 망치려는 사람은 용납할 수 없었습니다. 이게 저의 원칙이었고, 원칙 앞에서는 절대 타협이 없었죠.

인맥은 사람과 사귀는 일입니다. 그래서 종종 사람에게 잘 보이는 것과 혼동하기도 하지요. 타인에게 잘 보이기 위해서는 아부도 할 줄 알아야 하고 그가 좋아하는 것을 갖다 바치기도 해야 합니다. 상대방의 기호에 맞게 처신해야 하죠. 그런데 미자하라는 인물이 얼굴이 잘 생겼을 때는 위나라 왕의 총애를 얻다가 나이가 들어 아름다움이 사라지자 왕의 내침을 받은 것처럼 잘 보이려고 하는 사람은 관계를 오래 유지하지 못합니다. 기호란 달라지기도 하고, 나보다 아부에 능한 사람이 얼마든지 있기 마련입니다. 그래서 믿을 게 못되죠.

사귐이란 사람에게 잘 보이는 게 아닙니다. 나의 변치 않는 모습을 보여주는 것이죠. 나의 한결같은 모습을 보여주는 것입니다. 겨울이면 강물이 얼어붙지만 그 밑으로는 물이 흐릅니다. 가을이 가고 겨울이 와도 강 밑바닥에는 여전히 강물이 흐릅니다. 그런 강물이 되어야 합니다.

가난한 선비 강태공이 하루아침에 재상이 되자 그를 버렸던 아내가 금은보화 실은 수레를 쫓아오며 '여보!'를 애타게 외쳤습니다. '이렇게 큰 인물이 되었으니 옛 정을 생각해서라도 은혜를 베풀어주세요.' 그러자 강태공이 물 잔을 들어 바닥에 쏟습니다.

"한번 엎지른 물이라네. 어디 한 번 주워 담아 보겠는가?"

〈하루 1시간 인맥관리 법칙 5〉

**자신의 실수를 인정하지 않으면
크게 신뢰를 잃을 수 있다.
반면에 자신의 실수를 깨끗이 인정하고,
고치는 사람에게는 더 큰 믿음이 간다.**

⇨ 자신의 실수를 기회로 만드는 방법

STEP 8

30년
인맥관리의
성공 Secret 2

박제와 지식의 공통점

박제와 지식의 공통점은 무엇일까요? 이 둘은, 어제까지만 해도 팔팔하게 살아서 세상을 뛰어다녔습니다. 오늘은 어떨까요? 하나는 무표정한 얼굴로 벽에 걸려 있고, 다른 하나는 폐기된 종이가 되어 파지분쇄기에 갈가리 찢겨 있습니다.

지구상의 모든 생명체가 그렇듯, 세상의 모든 지식은 유효기간이 있습니다. 때가 되면 새로운 지식에 잡아먹히고 말죠. 공공기관이나 기업에서 대규모 자본과 박사급 인력을 투입하여 새로운 기술과 제품을 개발하는 가운데 보다 획기적이고 보다 경제적인 지식이 출현합니다. 그게 세상의 변화 속도이기도 하죠. 세상의 변화가 얼마나 빠른가 하면 온기를 품은 채 쓰레기통에 버려진 지식도 수두룩합니다.

지식에는 분야가 따로 없습니다. 조직을 운영하거나 경영하는 데에도 늘 새로운 지식이 도입됩니다. 1970~80년대 기술적 진보가 비교적 더디게 일어나던 시절에는 직장인 교육이 큰 비중을 차지하지 않았습니다. 그러다 새로운 기술을 습득하지 못하면 도태할 만큼 변화의 폭과 속도가 커지자 직장인 교육을 비롯하여 경영진도 공부 대열에 참여했습니다. 이제는 한 번만 배우고 끝나는 시절은 지났습니다. 변화가 적었던 과거에는 세상살이란 게 큰 차이가 없으니 옛것을 이어받아 오늘에

되살리는 전통이 최고의 가치였습니다만, 이제는 변하지 않고는 살아갈 수 없는 시절이 되었으니 혁신만큼 절실하고 배움만큼 간절한 덕목도 없게 되었습니다. 배우지 않고, 변하지 않으면 오늘날 생존을 장담하기 어렵게 되었다는 말입니다.

위나라, 촉나라, 오나라가 중원을 세 조각으로 나누어 천하를 다투던 시절, 동남쪽 오나라에는 손권 세력이 권력을 잡고 있었습니다. 오나라에는 여몽이라는 장수가 있었는데 그는 군대 요직 한 자리를 차지하고 있었습니다. 손권이 보기에 여몽은 출중한 무예 실력을 자랑하지만 공부가 부족하여 늘 안타까웠습니다. 하루는 손권이 여몽과 대화를 나누다가 '학문을 좀 닦으면 금상첨화인데' 하고 글공부를 권했습니다. 그런데 여몽은 군사를 돌보느라 시간이 부족하다고 핑계를 댑니다. 손권이 꾸짖습니다.

"당대 최고의 지식인이 되라는 얘기가 아니다. 옛일을 알아두면 좋지 않겠느냐? 머리가 좋은 만큼 조금만 책을 들여다보면 업무에 도움이 될 텐데 왜 안 하겠다는 것인 게냐? 조조도 늙어서까지 책을 손에서 놓지 않고 있단다. 최소한 노력은 해보자, 응?"

손권의 말에 자극을 받은 여몽은 그날로부터 짬이 나는 대로 책을 펼쳐 들었습니다. 그러기를 여러 해가 지났습니다. 마침 주유의 뒤를 이어 해군총독사령관이 된 노숙이 '여몽이 옛날 여몽이 아니니 예전처럼 대하면 안 된다'는 말을 듣고 그를 찾았습니다. 술잔을 기울이며 문답을 나눠 보니 그의 말이 범상치 않습니다. 여몽이 당시 정국을 펼쳐 보이며 대책을 읊는 대목에 이르러서는 노숙의 입이 쩍 벌어졌죠.

"오! 예전의 그 여몽이 아니구려."

그러자 여몽이 이렇게 말했다죠.

"선비는 사흘만 보지 않아도 눈을 비비고 다시 대해야 합니다."

이 고사에서 나온 말이 '괄목상대(刮目相對)'입니다. 아무리 좋은 대학을 나와도, 아무리 좋은 기술을 갖고 있어도 만일 우리가 변화의 물결을 타고 있는 사람이라면 사흘만 보지 않아도 눈을 비비고 다시 대할 만큼 끊임없이 성장해야 합니다.

30년 인맥관리의 첫 번째 원칙은 변치 않는 사람이 되어야 한다는 것이었습니다. 그런데 두 번째 원칙은 이와 다릅니다. 늘 새로운 지식과 새로운 방법을 찾아서 어제와 다른 사람, 즉 변하는 사람이 되어야 합니다.

유물이 되기를 거부하라

서울 중구에 가면 남대문이라는 별칭이 더 친숙한 '숭례문'이 서 있습니다. 국보 1호지요. 2008년 2월 11일 새벽에 발생한 화재로 주요 부분이 모두 불에 타버리고 말았습니다. 2013년 5월 시민에 공개될 때까지 복구에 걸린 시간도 상당했습니다. 그런데 숭례문을 복원한 것은 이때가 처음이 아니었습니다. 이미 한국 전쟁 당시 피해를 입었고, 1961년에서 1963년까지 대규모 보수공사가 이루어졌습니다.

대규모 보수공사를 벌일 때는 숭례문을 구성하는 주요 부분들을 해체하고 그 자리에 새로 마련한 목재를 넣기 마련입니다. 원형을 이루는 구조와 각 부분의 모양이나 색채는 과거와 똑같을지 몰라도 숭례문을 구성하는 나무 자체는 1395년 태조 당시에 창건된 그 나무가 아니라는 말입니다. 유물이 유물로 인정받으려면 처음 만들 때 사용한 재료가 그대로 보존되어야 한다고 우리는 알고 있습니다. 그렇다면 숭례문은 유물로서 그 자격이 훼손된 것일까요?

이에 대한 대답은 각자의 판단에 맡기고, 우리의 주제를 이야기해 보죠.

오늘날 삼성이나 LG, 현대와 같은 기업은 여전히 그 재료가 과거 그대로일까요? 기업이라는 구조 자체는 똑같을 수 있지만 그 안을 이루고 있는 재료는 예전과 전혀 다르죠. 그럼에도 우리는 여전히 그 기업을 삼성이나 LG, 현대라고 부릅니다. 그 말은 정체성이란 재료와 관련된 게 아니라 구조와 연관이 있다는 말입니다. 숭례문이 과거의 재료 그대로 유지되는 게 아니어도 여전히 숭례문이라는 이름으로 불리는 것은 그 구조가 그대로이기 때문입니다.

만일 당신이 한결같은 사람으로 인정을 받으려면 당신을 이루고 있는 그 재료는 늘 신선한 상태로 바뀌어야 합니다. 당신의 머릿속을 채우고 있는 지식, 당신의 입에서 나오는 말들은 시대에 맞게 늘 새로움으로 갈아입어야 합니다. 30년 인맥관리의 원칙을 변치 않음과 변함으로 나누었지만 실은 이게 둘이 아니라는 사실을 우리는 이해해야 합니다.

만일 변치 않는 사람이 되려면 우리는 늘 변해야 합니다. 뼛속까지 변치 않는 사람이 되겠다는 말은 부식을 걱정하느라 특별 관리를 받는 비공개 유물이 되겠다는 말과 하나도 다를 게 없습니다. 겨울 마지막 날의 해와 함께 역사 속으로 비장하게 잠들겠다는 얘기죠. 시대와 함께 호흡하는 문화재가 되려면 계속 보수하며 늘 새로움을 유지해야 합니다.

배움이 필요한 이유 역시 변치 않는 사람이 되기 위함입니다. 늘 능력이 있는 사람으로 인정받으려면 우리는 백조처럼 물 밑에서는 열심히 헤엄을 치고 있어야 합니다.

저에게도 배움의 스승이 있습니다. 업무로 알게 된 분은 아니고, 개인적으로 알게 되어 멘토로 모셨던 분입니다. 그분이 들려주신 말씀 가운데 아직도 귓가에 쟁쟁한 이야기들이 있습니다.

"절대 부하 직원에게 약점 잡힐 일은 하지 마라."

여러분은 이런 말을 들으면 어떤 생각이 드나요? 제 경우를 생각해보면, 우선 '아, 부하 직원이 내 약점을 잡을 수도 있겠구나' 하는 생각이 먼저 들더군요. 사실 저는 회사 입장에서 모범적인 사원에 속하는 편이었습니다. 시키는 일 잘해서 타의 모범이 되는 그런 모범생이 아니라 회사가 말하지 않아도 필요한 일을 스스로 찾아서 하는 그런 의미의 모범적인 사원이었죠. 그래서 부하 직원에게 약점이 잡힌다는 생각을 해본 적이 없었습니다.

그러나 제가 모르는 일이 있을 수 있습니다. 점쟁이들이 흔히 하는 말이 있죠. '당신 인생에 뭔가가 꼈어!' 나는 다 알고 있다고 믿어도 제가 모르는 어떤 일이 있을 수 있습니다. 대개 그런 일은 습관처럼 익숙한 것이어서 스스로는 알아차리기 힘든 법이죠. 예컨대 아무리 거울을 들여다봐도 도저히 찾을 수 없는 내 얼굴의 점과 같은 것입니다. 우리는 매일 거울을 통해 얼굴을 살피지만 매번 얼굴에 찍힌 점에 시선이 가나요? 너무 익숙하고 너무 자연스러워서 그냥 지나치기 일쑤입니다.

그래서 익숙한 거울이 아니라 낯설고 새로운 거울로 내 모습을 비춰보는 게 중요한데 멘토가 들려준 그 말이 제게는 새로운 거울처럼 다가왔습니다. '자네가 알고 있는 게 전부가 아니니 평소에 자네 행실을 돌아보려고 노력해야 해. 눈을 아무리 크게 뜨고 봐도 잘 보이지 않을 수 있다는 사실을 명심하라고.'

자기 행실을 돌아보지 못하는 자는 내일의 해를 맞이할 자격이 없습니다. 어제의 나쁜 버릇을 그대로 안고 살아가겠다는 것이므로 내일이 오더라도 그의 눈에는 오늘의 해가 어제의 해처럼 낡거나 지루해 보일 뿐이죠.

내 삶을 지켜준
두 멘토의 조언

여러분에게도 분명 인생의 길을 열어준 스승이 있습니다. 제 인생의 첫 스승은 돌아가신 어머님입니다. 아마도 남편을 일찍 여의고 홀로 자녀들을 키워야 했기 때문에 어머니 스스로 아버지의 역할을 자처하신 건지도 모릅니다만, 어머님께서 들려주신 가르침은 제 평생을 지키는 나침반이었습니다.

첫 번째 가르침은 나라에 대한 이야기였습니다.
'기남아, 엄마가 살아보니 부모 없는 세상은 살아도 나라 없는 세상은 못 살겠더라.' 어머니가 종종 말씀하시던 얘기 가운데 하나입니다. 광복 전에 태어나서 한국 전쟁을 겪는 등 나라가 한참 어려울 때 젊은 시절을 보낸 까닭에 두고두고 마음에 새기신 말씀 같습니다.

저는 이 말씀을 제가 속한 집단의 존속이 우선이라는 말로 바꾸어서 이해했습니다. 어머니 시절과 달리 제가 사회생활을 시작하던 시기는 국가적 위기가 과거에 비하면 현격히 줄었습니다. 그래서 저에게 '나라'는 '회사'가 되었고, 회사가 있어야 내가 있다는 마음으로 업무에 임했습니다. 그러다 보니 회사의 생존력과 경쟁력을 약화시키는 일부 상사들의 부정적 마인드나 문화와 참 많이도 싸웠습니다.

두 번째 가르침은 우정에 대한 이야기입니다.

'기남아, 친구들과 술 마시면 술값을 꼭 네가 내거라. 의 상한다.' 추측하다시피 제가 사람을 사귀는 데 원칙이 된 말씀입니다. 어머니께서 배움이 없어서 그렇지 이 말씀은 단순히 술값을 내라는 얘기는 아니죠. 친구를 서운하게 해서는 안 된다는 이 말씀은 어떻게 사람을 만나야 하는지 고민할 때마다 지침이 되곤 했습니다.

세 번째 가르침은 앞에서도 언급했던 이야기입니다.

'기남아, 요령이 없으면 막고 품어야 하느니라.' Step 3에서 얘기한 물고기를 잡는 방법을 기억하실 겁니다. 논이나 개울처럼 작은 곳에서는 수로를 막고 물을 퍼내다 보면 물고기를 손으로 잡을 수 있습니다. 세상에는 많은 요령이 있습니다만 생활관리, 업무관리와 같은 관리 영역에서는 요령보다 중요한 게 부지런함입니다. 꼼꼼하게 일을 처리하기 위해서는 다양한 툴을 통해 전체를 확인하는 습관이 중요합니다.

돌이켜 보면 제가 직장생활을 하면서 갖게 된 습관들은 모두 어머니에게서 그 기원을 찾을 수 있습니다. 그런데 어머니 말씀 중에는 한 가지가 빠져 있더군요. 그걸 알게 된 것은 제가 직급이 올라갔을 때였습니다. 후배 직원, 부하 직원을 다루는 방법, 즉 리더십을 발휘해야 할 상황이 되자 어떻게 처신해야 할지 갈피를 잡기 힘들었죠.

리더십을 배울 기회가 없었던 건 아닙니다. 태광산업에 막 입사하여 오리엔테이션 자리에 참석했다가 3명의 부서장을 만났습니다. 경륜이 느껴지는 그들의 말이 저를 사로잡았습니다. 그들을 닮고 싶었습니다. 기회가 닿을 때마다 질문을 던지면서 그 분들의 이야기에 귀를 기울였지요. 그런데 1년 뒤에 그중 한 명이 회사를 그만두었습니다. 그때가 1980년대였으니 아직 명퇴라는 개념도 없었고, 이직도 드물었습니다. 대개는 정년퇴직할 때까지 다니는 게 보통이었습니다. 은퇴 적령기 전에 회사를 그만두었다는 말은 두 가지를 의미했습니다. 무능력하거나 뭔가 씻지 못할 잘못을 저질렀다는 뜻이죠. 1년 뒤에 다시 3명 중 1명이 퇴사하고 3년째 되던 해에는 마지막 1명마저 회사를 그만두었습니다.

입사 3년차가 되었는데 롤모델로 삼았던 3명이 크고 작은 문제를 이유로 자취를 감추었습니다.

물론 3년차를 넘기면서 저는 보통의 3년차 직원이 할 수 없는 많은 일들, 예컨대 인력 스카우트라든지 OEM 방식으로 제품군을 확보하며 매출을 늘렸다든지 일반 영업사원이 하기 힘든 성과를 거두었고, 회사에서도 저에 대한 기대가 높았습니다. 그러나 끌어주고 따라주는 리더십과 팔로워십은 조금 다른 문제처럼 보였죠.

매년 신입사원이 회사에 들어오고 있는데 이들은 과연 누구를 모델 삼아 성장해야 할까요? 오지랖이 넓어 보일 수도 있겠지만 3년차 직장인이었던 저의 마음에는 '후배들이 잘 커야 회사가 성장한다'는 걱정과 고민이 있었습니다.

이듬해 그러니까 입사 4년차 때도 회사는 신입사원들을 뽑았고, 정례적인 오리엔테이션이 이루어졌습니다. 저는 교육 담당자는 아니었으나 신입들에게 한마디 들려주고 싶은 게 있었습니다. 가만히 생각해 보면 제가 오리엔테이션을 받을 때도 그랬고, 회사 상사나 강사들의 이야기는 대개 신입사원에게 딱 필요한 이야기가 아니었습니다. 토요일 오후 교육이 끝나기를 기다렸다가 강단에 올랐습니다.

"나는 전자사업부 김기남 대리다. 오늘 하고 싶은 얘기가 있다. 듣고 싶은 사람은 남아주기 바란다."

의욕 넘치는 푸릇푸릇한 신입사원들이 발길을 돌려 다시 좌석에

착석했습니다. 저는 그 자리에서 두 가지를 이야기했습니다.

첫째는 식당 아주머니에게 인사 잘 하기였습니다.

대학 나왔다고 식당에서 일하는 분들을 무시하거나 부리는 사람처럼 취급하는 경우가 더러 있습니다. 어떻게 보면 식당 아주머니는 정규직도 아니고, 업무적으로 협업이 필요한 사람도 아닙니다. 그래서 더더욱 깔보고 외면하는 일이 생기는지도 모릅니다.

문제는 식당 아주머니를 무시하는 마음의 씨앗을 그대로 내버려두면 나중에 나보다 직급 낮은 사람을 깔보고 나에게 이익이 되지 않은 사람을 무시하는 일로 번지게 됩니다. 최근 사회적으로 문제되는 갑질이란 게 사람을 경제력이나 위치에 따라 줄 세우고 그에 따라 대우하는 데서 벌어지는 일이듯이, 고개 뻣뻣이 들고 식당 아주머니를 대하는 것도 마찬가지죠. 회사란 회사에 속한 사람 모두를 데리고 함께 가는 것이지, 잘난 사람끼리 일하는 곳이 아니며, 그런 이기주의적 경쟁관계에서는 윈-윈이나 시너지라는 성과를 낼 수도 없습니다. 사람에 대한 예의를 잊어버린 사람은, 단지 자기 이름값 높이는 데 치중하느라 회사도 배신하고 회사 전체의 생존에도 무관심한 괴물이 될 뿐이죠.

꼭 종교적 이야기가 아니더라도 예수께서 가장 약한 자의 모습으로 우리 곁에 오시겠다고 했을 때는, 그가 입은 옷이나 그가 서 있는 위치나 그가 갖고 있는 재산, 그의 생김새를 가리지 말고 그를 나처럼 대하라는 의미를 담고 있습니다. 이런 말씀은, 기업이라는 생존경쟁의 장에서도 얼마든지 구현시킬 수 있다는 게 저의 신념이었습니다. 회사의 분위기를 깨는 경우가 아니라면 어떤 사람도 우리 배에서 하선하라고 명령을 내릴 수 없습니다. 그건 운명 공동체라는 개념을 버리고 이기주의의 탈을 쓰는 것이죠.

둘째로 그들에게 들려준 이야기는 남 탓하지 마라는 것이었습니다.

회사에서 가장 꼴 보기 싫은 일 가운데 하나는, 부서 간 책임 떠넘기기입니다. 부서가 나뉘는 이유는, 자신이 잘할 수 있는 일이 따로 있기 때문입니다. 효율성에 바탕을 두고 부서를 나눴는데 나중에는 회사는 뒷전이고, 남 탓하기 바쁩니다. 부서 간의 업

> 무는 상당 부분 중첩되어 있습니다. 만일 어느 회사가 부서 간 업무 영역이 칼 같이 나뉘어 있다면 그때는 둘 중에 하나입니다. 부서 간에 소통과 협업이 원활한 조직이 하나요, 부서 간에 서로 책임을 떠넘기거나 이상한 시기심에 서로 경쟁하는 조직이 하나입니다. 기왕이면 소통과 협업을 통해 과업을 120% 달성하는 게 가장 좋겠지만 이는 신입사원 개개인이 할 수 없는 노릇입니다. 도리어 그들에게는 부서 뒤에 숨어서 남을 탓하며 소극적으로 업무에 임하지 않도록 용기를 불어넣어주는 게 좋은 방법입니다.

며칠 뒤 오리엔테이션 강의 평가서가 나왔는데 강사 명단에도 없던 제가 1등이 되었습니다. 인사부 부장이 왜 강사도 아닌 김기남이 1등을 했는지 이유를 알아보라며 사람을 보내기도 했다고 나중에 들었죠.

멘토가 들려준 리더십의 비밀

그러나 오리엔테이션 강의는 제가 피부로 경험한 일이었기 때문에 후배 직원들의 눈높이에 맞게 메시지를 전달할 수 있었던 것이고, 리더십은 다른 문제였습니다. 그러다 사회에서 어느 사장님을 우연히 알게 되었습니다. 앞서 말씀 드린 '부하 직원에게 약점 잡힐 일을 하지 말라'고 말씀하신 그 분입니다. 업무적으로 만난 게 아니어서 그랬는지 그분은 저를 동생처럼 아끼며 경영과 리더십에 대해서 좋은 말씀을 들려주었습니다. 마침 그때는 제가 회사에서 직급이 높아지고 중임을 맡았을 때였습니다.

"칼은 칼집에 넣고 다녀야 해. 칼을 뽑아서 손에 들고 다니면 남도 다치고, 자신도 다치지."

그분의 가르침은 비유가 많았습니다. 물론 친절하게 앞뒤 설명도 달아주셨지만 지금 기억나는 일은 대개 앞의 문장처럼 비유 형태였습니다. 칼이란 권력을 의미하는 것으로, 제가 회사 내에서 차지하고 있는 자리를 의미했습니다. 그런 관점에서 앞의 문장을 조금 쉽게 풀면 이런 뜻입니다.

"직급이 높아졌다고 권력을 함부로 휘두르면 안 된다. 그렇다고 마냥 친구 대하듯 편하게 해주어서도 안 돼. 네가 윗사람이라는 것을 분명히 보여주되, 너의 자리를 이용해서 사람들을 하인 부리듯 하면 안 되는 거지."

'너의 자리를 이용해서 사람들을 하인 부리듯 하면 안 된다'는 말의 의미는 부하 직원에게 설명과 납득 없이 절대 지시나 명령을 내려서는 안 된다는 얘기입니다. 이건 심각한 문제를 내포하고 있습니다.

같은 업무라도 상사가 바라보는 내용이 다르고, 부하가 바라보는 내용이 다를 때가 있습니다. 사람이 다르고 위치가 다르므로 바라보는 시선이 다른 것은 정상이죠. 대개 상사들은 이런 사정을 간과하고 부하에게 '이렇게 해' 하고 지시하고 명령을 내립니다. 그게 가장 편하기 때문이죠. 그런데 이런 방식이 효과가 있다면 아무 문제가 없겠지만 대개는 문제의 씨앗을 잉태하고 있죠. 부하는 상사의 의도와 관점도 모른 채 자기 관점과 의도에 따라 일을 수행하게 되고, 결과는 상사가 원하는 것과 동떨어지게 되죠.

아는 만큼 보이고, 입장 따라 달리 보입니다. 상사와 부하 직원 사이에는 입사 연도만큼이나 건널 수 없는 큰 강물이 존재합니다. 더욱이 언어도 다릅니다. 상사가 쓰는 언어와 부하 직원이 쓰는 언어는 그 위치만큼이나 다르기 때문에 의사소통에서도 오해와 곡해가 수시로 생겨나죠. 그렇다면 이 문제를 어떻게 해소해야 할까요? 저의 멘토가 들려준 답변은 다음과 같았습니다.

"상대가 나를 이해하게 하려면 내가 언더스탠드(understand)해야 한다."

액면가 그대로 해석한다면 상대에게 나를 이해시키려면 내가 먼저 상대를 이해해야 한다는 얘기입니다. 그 자체로도 충분히 새길 만한 이야기죠. 요즘은 대화법이나 화술과 관련된 이야기가 사회적으로 많이 공유되는데 그 이야기만 살펴봐도 왜 내가 상대를 알고 말해야 하는지 잘 알 수 있죠. 청자, 즉 듣는 사람의 입장을 헤아리지 못하면 그의 마음을 움직일 수 없다는 게 대화법의 핵심입니다. 그런 의미에서 '나를 이해시키려면 상대를 먼저 이해해야 한다'는 말을 이해할 수 있죠.

그런데 이때 상대를 이해한다는 말에는 다소 실현 불가능한 내용이 담겨 있습니다. 내가 그 사람이 아닌데 어떻게 그 사람 마음을 다 이해할 수 있을까요? 나를 낳으신 부모님도 내 마음을 모르는 마당에 사회에서 만난 그 사람을 내가 무슨 수로 이해할 수 있습니까?

멘토가 제게 들려준 이야기는 이런 현실적인 문제에 대한 답을 갖고 있습니다. 멘토는 제게 '언더스탠드'란 '언더(under)', 즉 아래에 '스탠드(stand)', 서는 것이라고 들려주었습니다. 상대를 이해한다는 말은 실은 아래에 선다는 것이죠.

이건 말입니다, 심리학적으로 이런 의미가 있습니다. 누군가 고민이 있을 때 남성들은 해결책을 찾아주는 데 관심이 많죠? 그러나 심리학자들은 '그냥 들어주기만 해도 충분하다'고 말합니다. 상대는 지금 해결책을 요구하는 게 아니라 내 이야기를 들어줄 그 누군가가 필요한 것이죠. 요컨대 아래에 선다는 말은, '저는 당신을 존중하고, 당신의 이야기를 들을 준비가 되어 있습니다. 설령 제가 당신의 입장과 생각을 전부 이해하지는 못하더라도 들을 준비는 되어 있습니다.'라는 의미가 됩니다. 이는 철저히 상대방 입장을 배려한 것이죠.

이제 저는, 무슨 이야기를 해도 들어줄 사람이 됩니다. 상대는 제가 속내를 털어놓고 이야기해도 들어줄 사람으로 인식합니다. 저와 있는 자리를 편안하게 생각합니다. 또 무슨 잔소리를 들을까 쫓기는 마음도 아니고 엉뚱한 지시 때문에 불편한 관계도 아닌, 더 잘해보자는 마음을 갖고 저와 자리를 함께합니다. 그런 관계일 때 제가 그에게 전달하는 지시나 명령은 불만스런 지시나 명령이 아닌 거죠. 감추는 게 없으며 소통이 된다는 생각 때문에 거부감이 없습니다.

한번은 명문대 출신의 직원이 밑으로 들어온 적이 있습니다. 명문대 출신들에게는 강한 자부심이 있는데 때로 그 자부심이 '나는 너희들과 달라'라는 잘못된 생각으로 엇나갈 때도 있죠. 하루는 회의를 하다가 그에게 질문을 던졌습니다.

"자네, 노가다 십장이 무슨 과 출신인지 알고 있나?"

그가 눈을 동그랗게 뜹니다.

"노가다 십장이요?"

"그래, 노가다 십장. 과연 토목과 출신일까, 건축과 출신일까?"

맥락 없이 던진 질문이었으니 그는 더욱 모르겠다는 표정이었죠.

여러분은 어떻게 생각하나요? 노가다 십장이 되려면 어느 과를 나와야 할까요? 그런데 알다시피 노가다 십장은 노가다 출신입니다. 막노동 인부들에게 일을 시킬 수 있는 유일한 사람은 노가다 십장밖에 없습니다. 인부들은 절대 다른 사람의 말은 듣지 않죠.

그게 그 사람들의 불문율인데 그 이유는 너무 간단합니다. 십장 역시 노가다 판에서 잔뼈가 굵은 사람이기 때문에 자기들을 너무 잘 이해하고 있거든요. 자기가 잔꾀를 부리는지 지금 몸 상태가 어떤지 십장만큼 알아주는 사람이 없습니다. 인부들끼리 무슨 대화가 그리 많겠습니까마는, 말하지 않아도 가려운 곳을 긁어주니까 십장의 말이라면 껌

뻑 죽습니다. 내 마음을 나보다 더 잘 아는 사람이 십장이니까 그가 내리는 지시에 복종합니다. 내 이익을 나 대신 챙겨줄 사람이니 그가 시키는 일은 어떻게든 완수합니다.

멘토가 들려준 '언더스탠드'는 간단히 해석될 말이 아닙니다. 설령 제대로 해석한다고 해도 실제로 '아래에 서지 않으면' 아무 소용이 없죠. 저는 언더스탠드를 하려면 '언더'에 '스탠드' 해야 한다는 멘토의 말을 마음에 깊이 새겼습니다. 진짜 리더가 되겠다고 마음을 먹었습니다.

내가 빗자루를 든 이유

지시와 명령은 딱 필요한 경우에 한해야 합니다. 예컨대 모든 직장인들은 자기 시간과 노고를 들여 월급을 받는다고 생각합니다. 월급이라는 급부가 있기 때문에 자기 일이라는 생각이 들면 지시나 명령을 접수하고 수행하는 거죠.

그렇다면 '자기 일의 범주'는 어디까지일까요? 리더와 부하 직원 사이에 벌어지는 줄다리기가 바로 '자기 일의 범주'를 놓고 밀고 당기기를 하는 것이죠. 리더 입장에서는 한 걸음 더 해야 한다고 말하고, 직원 입장에서는 그건 자기 소관이 아니라고 생각하는 데서 갈등이 빚어집니다. 이런 시각 차이가 있을 때는 지시와 명령이 갈등을 일으키는 빌미가 됩니다. 반면 평균적인 범주보다 조금 더 넓은 범주까지 자기 일이라고 생각하고 있다면 회사는 조금 더 활기를 띠지 않을까요?

임원으로 첫 출근을 한 회사에서의 일입니다. 그 회사는 17년 된 중소기업으로 겉보기엔 번듯했지만 사내 분위기는 달랐습니다. 활기가 없었죠. 전형적인 사장 중심의 회사로 사장이 일감을 수주해 오더라도 내부에서 누수가 생길 가능성이 높았습니다. 사장의 힘이 약해지거나 품질이나 납기에 문제가 생기면 언제든지 거래가 중단되는, 그야말로 다이너마이트를 껴안고 있는 회사였습니다.

직원들에게 무언의 메시지로 애사심을 심어주고 싶었습니다. 의욕이 없는 직원들에게 새로 온 임원이 강요한다고 먹힐 리 없죠. 그래서 준비한 무언의 메시지는 빗자루였습니다.

청소를 시작한 때가 2004년 6월이었습니다. 1시간 정도 청소를 하면 땀이 줄줄 흘렀습니다. 그러나 동참하는 직원은 한 명도 없었죠. 일주일이 지나도 저 혼자였지만, 절대 같이하자고 요구하지 않았습니다. 직원들에게 청소는 '자기 일'이 아니었기 때문이죠. 푸르던 여름 나무에 선선한 바람이 불기 시작할 때도 운동장과 화장실을 청소하는 사람은 저밖에 없었죠. 때로는 직원들이 야속했지만 멘토의 말씀을 되새기며 언젠가는 보람이 오리라는 마음으로 순간순간을 감내했습니다.

찬바람이 불던 어느 날이었습니다. 회사 내 기숙사에서 살고 있던 외국인 근로자 몇 명이 이른 아침 저에게 다가오더군요.

"상무님, 빗자루 주세요. 앞으로는 우리가 할게요."

그들의 입에서 서툰 한국말이 흘러나왔을 때, 저는 이제 드디어 변화의 기미가 생겼다는 걸 알아차렸습니다. 그러나 아직 빗자루를 넘겨줄 때는 아니었습니다. 기다렸다는 듯이 '그래, 자네들이 하지.' 하고 바통을 터치했다면 아마 아침 운동장 청소는 흐지부지될지도 모를 일입니다.

"그래, 그럼 같이할까?"

그날부터 외국인 근로자들과 함께 청소했습니다. 그렇게 몇 명이 동참하다 보니 이제는 모른 척하던 직원들도 마음의 짐이 되었는지 합세했습니다.

누군가는 이를 '리드십(leadship)'이라는 말로 표현하더군요. 해변에 있던 사람 한 명이 춤을 춥니다. 이때까지는 혼자 신명이 나서 추는 춤에 불과합니다. 그런데 옆에 있던 한두 명이 같이 춤을 춘다면 곧 수십 명의 사람들이 춤 대열에 합류합니다. 이때 합류한 한두 명의 사람들이 보여준 행동을 '리드십'이라고 하더군요. 어떤 행동이 바이러스처럼 퍼지기 위해서는 첫 번째 동조자가 필요한 것이죠.

드디어 전 직원이 청소에 동참하게 되었습니다. 출근 시간 자체를 당긴 것은 아니지만 단 10분이라도 일찍 나와서 청소를 하기 시작했습니다. 청소를 시작한 지 반 년이 지나자 직원들은 월별로 청소당번을 정해서 자체적으로 청소에 나서게 되었죠.

이제 그들에게 '내가 할 일의 범주'는 조금 더 넓어졌습니다. 회사에 그만큼 많은 손길이 닿게 되면, 사람이 그렇듯이 주인의식이 생기는 법이죠. 내가 손을 댄 물건에는 그만큼 애정이 생기기 때문입니다.

리더 중에는 직원을 '부리는 사람', '시키면 해야 하는 사람'으로 보는 분들이 있습니다. 그러나 부리는 직원 이전에 사람임을 우리는 이해해야 합니다. 이와 같이 관점을 달리하면 접근법도 달라지게 되죠. 사람은 말로 소통하는 게 전부가 아니라는 점도 이해하게 됩니다. 말의 형태를 띤 지시와 명령을 내려놓고 몸으로 의사를 전달하는 게 더욱 효과적이라는 것도 알게 됩니다. 솔선수범이 효과적인 리더십이 될 수 있는 이유는, 이런 관점의 변화 때문입니다. 그래서 좋은 리더는 말이 아니라 덕성으로 직원을 따르게 하며, 사후 관리보다 사전 예방에 더욱 관심을 갖는 법입니다.

자기계발 –
장기간 인맥관리의 비밀

리더십이 이 장의 핵심 주제는 아니지만, 이야기가 나온 김에 한 가지 더 언급할 게 있습니다.

종종 직원들에게 주인의식을 가지라고 말하지만 그에 맞는 합당한 대우가 없다면 말로만 그치게 됩니다. 주인의식이란 주인이 갖고 있는 의식을 말합니다. 그런데 주인이 자기 집에서 벌어지는 일을 모르고 있다면 과연 주인의식을 가질 수 있을까요? 회사에서 어떤 일이 벌어지고 있고, 지금 회사 사정이 어떤지도 모른 채 자기에게 주어진 일만 하고 있다면 그 사람의 애정은 그 사람이 손을 대고 있는 딱 그 업무에만 한정되기 때문에 주인의식이 생길 여지가 없습니다.

제가 직원 전체 조회를 열기 시작한 배경은, 회사에서 벌어지는 모든 일을 공유하겠다는 생각에서였습니다. 처음에는 주로 팀장을 통해서 회사의 주요 과제나 지시 사항을 전달했는데 이건 한계가 있더군요. 말이 와전되기도 하고, 전달이 중간에 끊기기도 했죠. 이래서는 안 되겠다 싶어 그때부터 아침 시간을 활용해 전체 조회를 열었습니다.

조회를 열 때의 핵심은 얼마나 솔직히 말하느냐에 달렸습니다. 소문으로 뻔히 돌고 있는 얘기가 있는데, 그런 의구심을 잠재워줄 만한 설명이나 해명이 없다면 오해는 점점 깊어지고 그게 불신의 씨앗이 되는 거죠. 갑작스런 잔업이 필요할 때도 회사가 돌아가는 사정을 알고 있을 때와 모르고 있을 때는 반응이 전혀 다릅니다. 직원이 경영진을 신뢰하는 것도 얼마나 감춤 없이 소통하고 있느냐에 달린 문제입니다.

전체 조회와 함께 저는 직원 면담도 병행합니다. 생일을 맞은 직원이 있으면 제 방에서 같이 차를 마시며 회사 애로사항, 집안 이야기, 불만사항 등을 소재로 이야기를 나눕니다. 가화만사성이라고 집안이 편해야 회사 일도 잘되기 때문에 직원의 개인적 고민도 듣습니다. 직원들의 고민은 수첩에 따로 적어두었다가 틈 날 때 어떻게 되었는지 물으며 관심을 표명합니다. 이렇게 배려되고 있다는 마음이 들 때, 단지 노동력을 파는 노동자 개념이 아니라 가족과 같은 분위기를 만들 수 있다고 생각합니다.

제가 이 장에서 이야기하려는 것은 리더십 자체는 아닙니다. 제가 리더십을 배우기 위해 어떤 멘토를 만났으며, 그들의 가르침을 실천에 옮기기 위해 어떤 일을 했는지가 더 중요합니다. 나아가 그와 같이 맡은 일에 있어서 더 나은 사람이 되기 위해 시간과 노력을 기울였다는 게 핵심이죠.

지식이란 알고 있는 것만으로 역할이 끝나는 게 아닙니다. 우리가 배운 지식은 현장의 삶에서 실천하며 더 나은 형태의 지식으로 계속 개발시켜야 합니다. 그런 가운데 우리는 지식을 보다 능률적으로 갈고 다듬을 수 있으며 그런 와중에 한결같은 사람이라는 말을 들을 수 있게 됩니다.

변치 않는 사람이 되어야 한다, 꾸준히 자기계발을 위해 노력해야 한다는 말은 얼핏 보면 인맥관리의 비법과 거리가 먼 것처럼 느껴집니다. 물론 직접적인 관계를 찾기는 조금 어려운 게 사실입니다. 그럼에도 장기간의 인생으로 보면 인맥이 나를 떠나거나 나를 찾는 이유는 내가 관리할 수 없는 생의 부침과 같은 것일 테고, 제가 관리할 수 있는 것은 저 자신밖에 없다는 것을 안다면 왜 자기관리, 자기계발이 장기간 인맥관리의 핵심이 되는지 짐작될 수 있을 것 같습니다.

세상이 어떻게 변할지 걱정하고 있는 이 시간, 사람들이 나를 어떻게 볼지 고민하는 그 시간에 꾸준히 배우고, 꾸준히 실천하면서 자신의 한계를 갱신하고 있다면 분명 여러분의 곁에는 오랫동안 떠나지 않는 지인이 한 명 두 명 늘어날 것이라고 확신합니다.

〈하루 1시간 인맥관리 법칙 6〉

**가장 최상의 전략은 전쟁을 피하는 것이다.
마찬가지로, 논쟁에서 이득을 얻기 위한
최상의 전략은 그 논쟁을 피하는 것이다.**

⇨ 논쟁은 무서워서 피하는 것이 아니라
더러워서 피하는 것이다.

라이프사이클에 따른 성공하는 인맥 Target

나는 지금
세 번째 단계에 돌입했다

나,
열다섯의 나이에 배움에 뜻을 두었다네(吾十有五而志于學)
서른이 되자 타인의 도움 없이도 혼자 설 수 있게 되었고(三十而立)
마흔에는 흔들림이 없었지(四十而不惑)
쉰이 되자 하늘이 내게 명하신 바를 알게 되었고(五十而知天命)
예순에는 사람들이 무슨 말을 해도 귀에 거슬리지 않았다네(六十而耳順)
이제 일흔이 되었는데
마음이 시키는 대로 따라가도
법도에 어긋나지 않는다네(七十而從心所欲 不踰矩)

〈논어〉 '위정편'에 등장하는 공자의 말씀입니다. 늘그막의 공자가, 지난 삶을 떠올리며 성장해온 과정을 밝히고 있습니다. 이른 나이에 공부에 뜻을 두고 흔들림이 없는 경지에 오르더니 자신이 태어난 의미를 깨닫고 사람들과 어울리는 법을 알게 되며 종국에는 인격의 완성에 도달합니다.

그가 일흔에 도달한 경지는, 처음 배움에 뜻을 두었을 때부터 마음에 간직하고 있던 그 모습은 아니었을지 모릅니다. 낯선 산을 오르는 사람은 어느 길이 정상으로 연결되었는지도 모르고, 꼭대기의 모습도 알지 못합니다. 때로는 돌아가고 때로는 내려가며 부단히 걸어간 끝에 그는 낯선 풍경, 즉 '마음이 시키는 대로 따라가도 법도에 어긋나지 않는' 정상에 도달하게 되었지요.

정상에서 공자는 어떤 마음이었을까요? 처음부터 목표가 뚜렷한 사람이 목표를 달성했을 때 누리게 되는 행복감과는 조금 다를 듯합니다. 연봉 10억을 달성하겠다는 마음으로 도전하여 목표를 달성한 사람의 기분은 아니었겠지요. 100m를 9초대에 돌파한 사람의 기분과도 다를 것입니다. 그들은 도달해야 하는 목표가 눈에 보였지만 공자에게는 선배가 없었고, 또한 그 길의 끝이 보이지 않았죠. 그래서 공자는, 자신이 어디로 가는지 알지 못한 채 낯선 곳에 도달한 사람처럼 담담한 기분이 아니었을까 싶습니다.

60이라는 나이가 되자 저에게도 삶을 바라보는 시선이 달라집니다. 잠깐 공자를 흉내 낸다면 저의 지난 삶을 이렇게 말할 수 있을 것 같습니다.

> 나.
> 서른의 나이에 부지런함과 성공에 뜻을 두었다네.
> 마흔에는 곳곳에 아는 사람이 생겼지.
> 쉰이 되자 지인들과 함께 우뚝 서게 되었다네.
> 예순이 되자 모든 사라져가는 것의 아름다움을 알게 되었다네.
> 이제 일흔을 보고 걸어갈 이때,
> 누구를 만나든 차별 없이 존중하는 나를 꿈꾸네.

제 나이 30대였을 때 저에게는 일이 전부였습니다. 타인을 제 출세의 수단으로 여긴 적은 없으나 상대적으로 일이 더 중요하다고 생각하여 사람은 조금 뒷전이었습니다. 그러다 보니 어느 후배 직원의 여자 친구에게도 '일요일 출근론'을 펼쳤던 것이지요.

과장이었을 때 일입니다. 우리 과 대리의 집들이 때 이제 막 입사한 1년차 후배가 여자 친구를 대동하고 왔죠. 그날 멤버는 이삿짐을 함께 날라준 사람들이었던 탓에 제가 회사에서 제일 직책이 높았습니다. 즐거운 식사가 한창일 무렵, 그 직원의 여자 친구가 저에게 소원 한 가지를 얘기하고 싶다고 하더군요.

"과장님, 일요일 출근 좀 안 시키시면 안 될까요?"

물론 못 할 말이 따로 있는 건 아니지만 당시 직장 풍토로 보면 상사 앞에서 그런 말은 금기시되던 때였죠. 저보다 동석한 직장 후배들이 더 놀라더군요. 제가 입을 열었습니다.

"허허, 무슨 말인지는 알겠는데 제가 일요일 출근을 지시한 적은 없어요. 아마 과장인 제가 매주 일요일마다 출근하니까 민망하여 출근한 것 같네요. 일요일 출근은 스스로 결정할 일이죠."

그런데 당시 저의 가치관은 말씀 드린 대로 '업무'가 우선이었습니다. 그래서 이렇게 덧붙였죠.

"그런데 이건 알고 있어야 해요. 임원을 바라보고 일을 하는 거라면 그 정도 희생은 감수해야 하죠. 우리 회사 임원들이 혼자 노력으로 그 자리까지 승진한 건 아닙니다. 그들의 가족이 뒷바라지를 해주었기 때문에 회사 업무에 집중할 수 있었던 거죠. 결국은 본인이 선택할 문제입니다."

말은 '본인이 선택할 문제'라고 했지만 가만히 들어보면 목표를 높게 잡고 희생을 각오하며 부지런히 일해야 한다는 무언의 메시지를 담고 있는 말이죠.

그런데 이 나이가 되니까 그게 아닙니다. 일이 중요한 건 사실이지만 가족과의 관계를 희생하면서까지 매달려야 하는지 회의심이 듭니다. 친구와의 관계가 소원해지는 것도 모른 채 회사에서 밤을 새우는 게 꼭 옳은 인생 같지는 않습니다.

사람은 생각이 달라집니다. 나이와 함께 삶을 바라보는 시선이 변합니다. 이 변화는 저도 모르는 사이에 진행됩니다. 가을 나무가 옷을 갈아입듯이 육십의 나이에 이른 저도 다른 색깔로 세상을 봅니다.

지금의 이 눈으로 일과 인맥, 인생을 바라보니 보다 세상이 선명하게 보입니다. 제가 살아온 인생과 그때마다 달라졌던 인맥관리의 목표가 뚜렷해집니다. 인생의 단계에 따라 인맥관리의 목표는 달라야 한다는 데 생각이 모아집니다. 저는 인생을 다음과 같이 세 단계로 구분해 보았습니다.

> 발전기 : 20대 중반에서 30대 후반까지
> 성숙기 : 40대 초반부터 40대 후반까지
> 은퇴기 : 50대 초반 이후

이렇게 인생을 3단계로 구분하면 우리는 그에 맞는 목표를 생각해 볼 수 있습니다. 특히 인맥관리 측면에서 우리는 어떤 목표를 갖고 살아가야 할까요?

시기별 인맥관리 목표

발전기: 넓게 만나라

제 경우 발전기는 15년 정도의 기간이었던 것 같습니다. 20대 후반의 나이에 사회에 첫 발을 내디딘 후로 과장으로 승진해서 한창 일했던 시기까지가 저의 발전기였습니다.

이때는 인맥이 폭발적으로 증가했습니다. 바닥에서 시작한 인맥 쌓기는 매년 꾸준히 증가하여 한창 때는 1만 명까지 늘었습니다. 이 중 꾸준히 관리하는 대상은 3,000명 정도였습니다.

발전기는 제 인생에서 가장 열심히, 가장 부지런히, 가장 투쟁적으로 일했던 시기입니다. 그때 저라는 사람에게는, 정확하지 않으면 일이 아니었고, 빨리 처리하지 않으면 일이 아니었습니다. 빠르고 정확하게 하려다 보니 싸우기도 참 많이 싸웠습니다. 사람과의 관계 이전에 일이 있었기 때문에 이때는 인간관계에 대한 진지한 고민보다는 비즈니스를 어떻게 성공시킬 것인가 하는 게 주요 관심사였죠. 그런데 일을 잘하려고 하다 보니 사람을 많이 알게 되었고, 결과적으로 제 커리어가 쌓이면서 동시에 인맥도 양적으로 크게 증가했습니다.

업무 성격에 따라 사람 사귈 기회가 적을 수도 있습니다. 그래서 반드시 1만 명을 목표로 삼아야 한다고 말하고 싶지는 않습니다. 그럼에도 이 시기에는 가급적 많이 만나는 게 도움이 될 것 같습니다. 영업자가 아니어도 괜찮습니다. 업무에 직접적인 도움이 되는 관계가 아니어도 괜찮습니다. 관련 분야의 정보를 공유하거나 간접적이나마 업무력 향상에 도움이 된다고 생각하면 교류하기를 권합니다.

일단, 업계 모임이나 거래처 관계자와의 미팅처럼 업무와 직간접 관련이 있는 곳에 참석하는 것으로 목표를 잡는 게 좋을 것 같습니다. 그러나 고등학교·대학교 동창 모임도 괜찮습니다. 종교 모임 참석도 좋습니다. 마케팅을 공부하는 모임처럼 업무력 향상에 도움 되는 관계망도 괜찮습니다. 글쓰기를 배우는 모임처럼 관심사를 중심으로 한 모임도 나쁘지 않습니다. 지금 만나는 사람들이 당신의 미래에 중요한 인력풀이 된다는 생각으로 계속 만나고 꾸준히 연락하면서 숫자를 늘리세요. 그게 나중에 힘이 되고, 인생을 풍요롭게 만듭니다.

성숙기: 깊이 만나라

마흔을 넘어서면서 인맥관리는 성숙기에 접어듭니다. 임원으로 생활하다 보니 만나는 사람이 줄어듭니다. 예전 평사원, 대리, 과장 시절에는 실무 담당자다 보니까 거래처 사람들을 전부 만나고 다녔는데 임원이 되면 활동 영역에 제한이 생깁니다. 그러다 보니 인맥이 잘 늘지 않죠.

대신 만나는 사람의 사회적 지위가 올라갑니다. 전부터 만나왔던 분들도 그 사이 진급합니다. 각자가 몸담고 있는 회사에서 관리자나 리더가 됩니다.

관리자가 되면 관리자 차원에서 해결해야 할 일이 생깁니다. 실무 담당자가 처리할 수 없는 일들이죠. 예컨대 우리 부서 내부에서 해결하기 어려운 일이 발생합니다. 이웃 부서의 협력이 필요합니다. 이때 우리 부서 팀장이 이웃 부서 팀장과 관계가 어색하거나 심지어 나쁘다면 협조를 얻어내기 힘들죠. 반대로 관계가 튼튼하다면 간단히 전화 한 통으로 문제가 해결됩니다. 이건 거래처도 마찬가지입니다. 전화 한 통으로 문제가 해결되는가, 아니면 찾아가서 설명하고 애걸복걸해야 하는가는 정말 커다란 차이죠.

이런 걸 생각하면 그 사람과 관계가 평소에 원만해야 하는 건 당연하고 양해를 구할 수 있을 만큼 가까워야 합니다. '명색이 내가 팀장인데 이것도 안 들어줘?' 그게 아닙니다. 위치로 일하는 게 아니라 관계망으로 일하는 것인 만큼 신경을 써서 만나야 하는 거죠. 이런 이유로 성숙기에서는 관계가 무르익어야 합니다. 인맥을 단순히 비즈니스 파트너나 거래처 담당자로 인식하는 데서 한 걸음 나아가 사적인 친분까지 만들어야 하죠.

발전기 시절을 거치는 동안 저는 사람을 선별하여 만나지 않았습니다. 무조건 많이 만났죠. 제가 뭘 잘하는지 모를 때고 어떻게 해야 되는지도 모를 때였으니 사람을 가릴 틈도 없었고, 가릴 안목도 없었습니다. 제가 이 일을 더 잘할 수만 있다면 도움을 받을 수만 있다면 장소, 시간 가리지 않고 사람을 만나러 다녔죠. 인맥관리 차원에서 본다면 이 시기는 씨를 뿌리는 단계였습니다. 나중에 어떤 열매가 맺을지는 생각지 않고 계속 씨만 뿌렸습니다.

성숙기 때는 다릅니다. 사람마다 성숙기가 오는 시절이 다를 수는 있습니다만, 이 시기가 되면 발전기 때 뿌린 씨를 거둘 수 있어야 합니다. 우리 각자가 책임을 져야 할 위치에 올랐고, 또 일이란 게 뭔지 압니다. 일이란 혼자 하는 게 아니라 협조를 구하는 '함께하는 것'임을 성숙기의 사람들은 알게 되죠. 혼자만 열심히 일했던 사람들이 이 시기에 어려움에 빠지는 이유가 관계망이 없기 때문입니다. 거래처 담당자를 알고는 있으나 그가 나를 배려해줄 아무런 감정적 친분이 없으니까 문제 해결에 어려움을 겪습니다.

그런 이유로 성숙기는 상대적으로 사람을 가려 만나게 됩니다. 그 사람이 좋아서 만나고 싫어서 안 만난다는 뜻이 아닙니다. 관리자, 리더로서 서로 윈-윈하기 위한 보다 깊은 관계 맺기를 시도하고 성취해야 한다는 말입니다. 그리고 발전기와 성숙기를 위해 어떻게 사람을 만날 것인지는 앞에서 설명한 대로입니다. 그러나 은퇴기는 조금 다릅니다.

사람이 줄어들 때를 대비하라

은퇴기라는 시기가 찾아옵니다. 사람에 따라 더 늦을 수도 있겠지만 제 주변을 둘러보니 은퇴기는 50대 초반에서 시작되는 것 같습니다. 이 시기에는 관계에 일대 변화가 일어납니다. 회사를 위해, 일을 위해, 성공을 위해 달려오던 사람들이 본인의 뜻에 의해서건 회사의 필요에 의해서건 사회적 환경에 의해서건 육체적 질병에 의해서건 가던 걸음을 멈추게 되는 일이 생기죠. 당신의 인맥에게 혹은 우리 자신에게 더 이상 커리어를 유지할 수 없는 일이 생길 수 있다는 말입니다.

대략 10년 전쯤이죠. 저 역시 인맥이 조금씩 줄어드는 경험을 하게 됩니다. 아직 저는 현직에 몸담고 있습니다만, 지인 중에는 은퇴한 사람도 생기고, 먼 곳으로 이사를 가거나 알지 못하는 곳으로 훌쩍 떠난 분도 있죠. 생활권이 달라지고, 하는 일이 달라지면서 조금씩 그러나 뚜렷하게 인맥의 숫자가 작아집니다.

만일 숫자만으로 인맥의 달인이라는 호칭을 붙였다면 이제는 명함을 반납할 때가 된 것이죠. 더 이상 제가 관리하는 인맥은 1만 명이 아니며, 깊게 만나는 사람들의 숫자도 많이 줄었습니다. 한 명 두 명 연락이 닿지 않더니 지금은 언제든 전화할 수 있는 사람이 서서히 줄어들고 있습니다. 특별히 가까웠던 사람이 아니면 서로가 서로에게 잊히는 때가 저에게도 온 것이죠.

물론 지금 연락하는 사람도 결코 적은 편은 아닙니다만, 세월에 장사 없다는 말처럼 가을이 무르익은 지금, 낙엽이 몹시도 수런거리며 떨어질 때를 기다리는 것 같습니다. 든 자리는 몰라도 난 자리는 송곳처럼 속살을 찌릅니다.

인맥이란 나의 역량 범위를 결정하는 중요한 변수입니다. 그런데 인맥이 줄어든다는 말은, 이제 나의 활동 영역도, 역량도 조금씩 쇠퇴한다는 뜻이겠지요. 나라는 사람이 조금씩 사라지는 느낌마저 드는 것이죠. 마치 다음 시처럼 말입니다.

> 아무도 그 자체로 온전한 섬이 아니다.
> 사람은 대륙의 한 조각이며, 바다의 일부다.
> 흙덩이가 바닷물에 씻겨 떨어지면 유럽의 땅은 그만큼 작아지며
> 파도가 모래톱을 삼켜도 마찬가지.

> 그대의 친구나 그대의 땅이 사라져도 똑같다.
> 누구든 그의 죽음은 나를 작아지게 한다.
> 왜냐하면 나는 인류 속에 포함되어 있기 때문이다.
> 그러니 누구를 위하여 종이 울리는지를 알려고 사람을 보내지 말라!
> 종은 그대를 위해서 울린다.

영국 시인 존 던(John Donne)의 시 〈누구를 위하여 종은 울리나〉입니다. 헤밍웨이가 쓴 동명의 소설이 더 유명하죠. 유럽에서는 사람이 죽으면 교회에서 조종(弔鐘)을 울립니다. 그래서 종소리가 들리면 사람들은 '누가 죽었나 보다' 싶어 사람을 보내 알아보게 합니다. 이 종소리가 누구를 위해 울리는지, 즉 죽은 이가 누구인지 궁금한 까닭입니다. 그런데 시인은 사람을 보낼 필요가 없다고 말합니다. 왜냐하면 죽은 그이는 나의 일부였고, 그가 죽음으로써 나의 일부가 사라졌기 때문이라고 설명합니다. 즉, 그 종소리는 나를 위한 조종입니다.

새벽에 운동을 다니다 보면 연세 드신 어르신들에게 인사도 드리고 대화도 나누게 되죠. 한번은 출장을 다녀오느라 며칠 새벽 운동을 거른 적이 있습니다. 오랜만에 운동복 갈아입고 새벽 공기를 마시며 몸을 풀고 있으려니까 동네 할머니 한 분이 그동안 어디 갔다 왔느냐고 물으시더군요. '며칠 출장 다녀오느라 못 나왔습니다, 할머니.' 하고 대답해 드렸더니 이런 말씀을 하시더군요.

"우리 나이 되면 안 보이면 아픈 거고, 영 안 보이면 죽은 거야."

이 말씀을 들은 지가 제법 되었는데 요즘 들어 부쩍 떠오릅니다. 어제까지 대화 나누고, 비즈니스 조언을 주고받고, 업계 이야기를 공유하던 사람이 안 보입니다. 누군가 병으로 쓰러졌다고 합니다. 연락이 안 닿는 친구가 생깁니다. 그럴 때마다 새벽 운동에서 만난 할머니의 말씀이 떠오르죠. 누구나 은퇴기를 준비해야 합니다. 해가 지고 있는데 여전히 발전기나 성숙기 때처럼 살아서는 안 된다는 말입니다.

어느 기업체에 방문하여 사장과 대화를 나누던 중이었습니다. 비서에게 인터폰이 옵니다. 장관 출신의 어느 지인에게서 전화가 왔답니다. 사장이 '없다고 하라'고 지시하고는 인터폰을 끊습니다. 그러더니 사장이 혼잣말을 합니다. "아직도 장관인 줄 아나 보네."

그 분이 누구인지는 모릅니다만, 그 전직 장관은 옷을 갈아입을 때가 왔다는 사실을 모르고 있는 거죠.

현역에서 물러날 때 우리는 갑과 을, 혹은 상사와 부하의 관계를 벗어나서 사람 대 사람으로 만날 준비를 해야 합니다. 아무런 준비 없이 영원히 살 것처럼 관계 조정 없이 그대로 은퇴기를 맞이할 때 '아직도 장관인 줄 아나 보네.'라는 말을 듣게 됩니다. 나이가 무르익을수록 이상견빙지라는 말을 자꾸 떠올려야 합니다.

준비 없이
맞이한 은퇴기

　눈이 갑자기 내리는 건 아니지만 하루하루가 바빠서 계절의 변화를 놓치는 일이 잦습니다. 제 지인들에게도 갑자기 눈이 내렸지요. 어느 지인은 경영하던 회사가 쓰러지자 졸지에 실업자가 되었습니다. 몇 달째 집에 돈 한 푼 못 갖다 주자 아내가 실업급여라도 신청하라며 채근한 모양입니다. 친구는 당시의 이야기를 이렇게 글로 옮겼습니다.

　'내가 굶어 죽으면 죽었지. 그 일만은 못하겠다'란 말을 주저하지 않고 아내에게 내뱉자 내게 돌아온 것은 극도로 예리해진 아내의 비수뿐이었다.
　결국 내게 남은 마지막 자존심과 아내의 서러운 울부짖음은 나를 밖으로 내몰았고, 가슴 속 깊이 흐르는 눈물이 아내의 처절함에는 아랑곳하지 않고 어딘가를 향해 하염없이 가고 있었다.
　얼마를 달렸을까? 목동을 지나 한참을 더 가니 한강이 보였다. 안양천이 한강과 연결이 되었다는 말은 들었지만 상당한 거리도 그렇거니와 영하의 추운 날씨도 극한 상황 앞에서는 그다지 문제가 되질 않았다. 그리 멀지 않은 곳에 하늘공원이 있는 난지도가 보였다. 얼마 전에 가족 모두와 함께 놀러갔던 곳이었지만 왠지 낯설게 느껴졌다. 제법 먼 거리였지만 공원 위를 함께 걷던 가족들이 보이는 듯했다. 그리고는 불현듯 같이 일했던 동업자의 모습도 떠올랐다.
　얼마 전, 포장마차에서 술잔을 기울이며 그가 했던 처절한 말이 떠올랐다.
　"전무님…… 나, 너무 괴로워서 몇 번씩이나 죽으려 했다는 거 모르시죠? 그간

> 만들어온 모든 걸 다 잃어도 함께 생사고락을 했던 사람만큼은 믿었는데…… 그 사람들에게서 배신당했을 땐 정말 죽고 싶더라구요. 그리고 전무님한테도 잘못한 일들이 너무 많아서 정말 미안해요."
> 나는 그에게 이 말만을 해주고 말았다.
> "죽는 것도 아무나 못하는 짓이다. 그럴 용기가 있다면 더욱 열심히 노력해서 부도만은 막아야 한다. 우리에게 딸린 직원들이 몇이냐? 임원들은 그렇다 쳐도 아래 직원들이 무슨 죄가 있겠나. 열정적으로 일한 죄밖에 없으니 우리가 잘 거둬야 하지 않겠는가? 독하게 마음먹자."

경제력을 잃은 50대 가장을 기다리는 것은 세상의 냉대뿐이었습니다. 그가 듣는 말은 자존심을 구기는 얘기들뿐이며, 그가 느끼는 감정은 배신감과 패배감뿐입니다. 주변에는 자살이니 죽음이니 하는 부정적 언어들이 떠돌고 있습니다. 대비하지 못한 그의 책임도 일부 있겠으나 갑작스런 폭설은 그가 감당키 어렵습니다. 세상은 갑자기 웃음을 잃고 하늘은 솟아날 구멍이 보이지 않습니다.

이 지인은 다행히 그간의 커리어를 인정받아 다른 회사 경영자가 되면서 재기의 길을 걷고 있습니다. 그러나 이 시간은 성숙기의 연장이나 은퇴기의 보류가 아니라 새로운 단계로 나아갈 준비의 시간이 될 것입니다.

또 다른 친구는 말 그대로 은퇴를 당했습니다. 그의 이야기도 함께 보도록 하죠.

> 2011년 12월 어느 날.
> 그날도 여느 때와 같이 지방에 있는 협력업체 지도를 위해서 방문하고 있던 참이었다. 대기업의 품질은 대기업 혼자만 잘해서 지켜지는 게 아니고 협력업체와 공동으로 관리해 나가야만 하기 때문에 협력업체 지도 업무도 큰 비중을 차지하고 있었다. 본사 인사 팀으로부터 전화가 왔다.
> "상무님 그동안 수고하셨습니다. 12월 20일자로 퇴임입니다."
> 갑자기 날아든 퇴임통보에 정신이 멍하고 다리에 힘이 쭉 빠졌다. 어느 날부터인지는 모르겠지만 실은 '올해는 승진소식이 있겠지' 하고 은근히 기대를 하고 있었던 때였다. 내가 맡고 있는 사업부 실적이 4년 전 처음 맡았을 때보다 크게 성장을 했고 별도로 지적받을 만한 실책이 없었기에 주위에서도 은근히 기대감을 부추기기도 했었다. 그런데 승진은커녕 퇴임이라니, 이건 말도 안 되는 일이었다. 생각해 보면 잠시도 옆을 바라볼 겨를도 없이 새벽별을 바라보며 출근하고 저녁별을 바라보고 퇴근했던 지난날들이었다. 한때는 우스갯소리로 그런 얘기를 한 적이 있었다. 우리는 새벽별 보기 운동을 한다고.
> 6·25전쟁이 끝난 1950년대에 가난한 집안에서 태어난 죄로 무엇이든지 열심히 하지 않으면 살아갈 수 없다는 절박한 심정이었다. 그런 마음으로 일밖에 모르고 살아왔는데 퇴임이라니. 화가 나고 한이 맺혀서 용서가 되지 않았다. 잠을 자다가도 몇 번씩이나 벌떡 벌떡 일어나 분을 삭이고 어떤 때는 밥을 먹다가도 몸이 부들부들 떨리기도 했었다.

이 친구 역시 갑작스레 은퇴기에 접어들었습니다. 은퇴를 준비할 시간적 여유도 없이 갑자기 날벼락이 떨어졌습니다. 그때의 기분이란 그의 말마따나 밥을 먹다가도 몸이 부들부들 떨렸을 것입니다. 그러나 그는 마음을 가다듬으며 충격에서 벗어나려고 노력했죠. 그 일환으로 가족 여행을 떠납니다. 그간 소홀했던 가족과 시간을 함께 보내고 싶었고, 생각을 정리하고 앞으로 인생을 어떻게 살아야 할지 고민도 필요했습니다. 그런데 여행 이후 그의 삶은 기대와 다르게 전개됩니다.

그러나 여행의 행복 충전 기간은 짧아도 너무 짧았다. 퇴임을 하고 나서 3개월쯤 지나고 나니 집안 분위기가 안 좋아지기 시작하였다. 처음에는 남편, 아빠를 위해서 위로한답시고 조심해 하더니 불과 몇 달이 채 지나기도 전에 사사건건 의견충돌이 일어나기 시작했다.

그도 그럴 것이 내가 회사를 다니는 동안에 아내 나름대로 사회활동이 있었을 것인데 남편이라는 사람이 집에만 머물러 있으니 이러지도 저러지도 못하고 사사건건 스트레스를 받는 모양이었다. 몇 개월 지나고 보니 하루가 멀다 하고 고함소리가 나기 시작했다.

아들 녀석도 마찬가지였다. 아들 방에 들어가 보면 책상 정리, 옷장 정리 모든 게 엉망이었다. 꾸짖기라도 하면, 아빠가 언제 자기에게 신경 써 주었냐고 한다. 예전처럼 내버려 두라고 한다.

회사에서 물러난 것도 모자라 가족에게 냉대 받기까지 하니 스스로가 불쌍하고 비참하다는 생각이 들기 시작했다.

(중략)

가족과의 마찰을 줄여보기 위해서 가급적 밖으로 나가려는 생각을 많이 했다. 바쁘다는 핑계로 제대로 연락 한 번 못해보거나 찾아보지 못했던 선후배들, 사회 지인들을 찾아 나섰다. 나야 가진 게 시간밖에 없으니 죽치고 대화를 하든, 식사를 하든 상관이 없었지만 그들은 고작 1시간 정도 미팅을 하고 나면 슬며시 자리를 일어나곤 했다. 뒤돌아보니 서운할 일도 아니었다.

사실은 나도 회사에 있을 때 그랬다. 회사를 나오니 제일 힘든 게 하루라는 시간을 보내는 일이었다. 그 많은 시간들을 왜 현직에 있을 때 좀 더 여유 있게 보내지 않았는지 후회도 되고 억울한 생각까지 들었다. 회사, 오로지 회사밖에 몰랐다.

많은 사람들이 나에게 보내주던 문자 메시지, 이메일, 스마트폰의 카톡들을 나도 그들처럼 보내기 시작했다. 처음에는 답신들이 잘 오더니만 몇 차례 주고받더니 이제는 답신들도 잘 오지 않는다. 그들에게 별로 도움이 되지 않는 모양이다. 그들에게도 조만간에 다가올 미래라 남의 얘기가 아니라서 마음이 무겁고 괴로운 것이다.

나도 예전에는 다 그렇게 했다. 선후배, 지인, 친구들이 그렇게 자주 보내주던 소식들에 왜 그리 따뜻하게 대해주지 못하고 배려해주지 못했는지 후회가 막심하다.

> (중략)
>
> 그래도 가끔 불러주는 사람들이 있어 고마웠다. 술과 음식을 사주면서 나의 얘기를 들어 주었다. 나의 앞일에 대해서도 진지하게 고민을 나누기도 하였다 이런 부류의 사람들을 좀 더 많이 만들어 놓을 걸…… 모든 게 후회스러웠다.
>
> 농담 반, 진담 반으로 '있을 때 잘해'라는 말을 들을 때 그게 농담이 아니라 진심 어린 충고였다는 것을 이제 와서 절실히 실감하고 있는 것이다.

발전기에서 성숙기로 넘어갈 때, 그러니까 승진도 하고 월급도 올라갈 때는 회사 다니는 게 즐겁습니다. 힘이 납니다. 그런데 성숙기에서 은퇴기로 넘어가는 일은 반대의 과정입니다. 팔뚝에 힘줄이 굵게 그어져 있던 당당한 사회인에서 아무런 힘도 없는 가냘픈 자연인이 되기 때문에 준비가 필수죠. 앞서 인용한 두 사례에서 우리는 몇 가지 준비해야 할 일을 찾아볼 수 있습니다.

우선은 가족과의 관계를 개선해야 하고, 다른 하나는 인맥과의 관계를 재설정해야 하죠. 이밖에 사회적 권력을 놓게 되었을 때 겪게 되는 심리적 변화에도 대비해야 합니다.

아마 이런 주제들이 지금 나의 이야기가 아닐 수도 있습니다. 그러나 내 이야기가 아니라고 생각할 때 갑자기 눈이 내리기 시작하는 게 지금 우리가 살아가는 이 시대 같습니다.

은퇴기
준비 팁

　은퇴기의 목표는 사람 자체가 되어야 합니다. 이제 나는 부장도 아니고 임원도 아니고 사장도 아닙니다. 갑도 아니고 물주도 아니며, 책임자도 아니죠. 경제력도 예전만 못하고 근력도 약해졌습니다. 머리에 썼던 왕관을 내려놓고, 명함을 버려두고, 자연인이 되어 사람들을 만나야 합니다. 그런 마음으로 아직 힘이 있을 때 은퇴기를 준비해야 합니다. 은퇴 이후에도 친분을 이어갈 수 있는 사람이 누구인지 찾아보고 만들어야 합니다. 은퇴 이후 가정에서 어떤 역할을 하며 살아갈지 생각해보고 가족과의 관계를 다시 다져가야 합니다.

Tip 1. 부담 없는 사람이 되자

　가장 먼저 하고 싶은 얘기는 '부담 없이 만날 수 있는 사람이 되어라'입니다. 회사에 다닐 때 우리는 부담이 되어도 사람을 만납니다. 일이 걸리고 돈이 걸리면 부담스러워도 미팅 장소에 나갑니다. 목적이 있으니 감수할 수 있는 감정입니다. 그러나 사회적 영향력이나 회사 내 위치가 사라지면 이제 부담이 중요해집니다. 마주 앉아 있기 껄끄러운 상대는 가급적 피하기 마련이지요. 차 한 잔 마셔도 돈을 낼 줄 모르는 사람은 만나기가 싫어지죠. 술값 한 번, 차 한 번 사는 습관은 당장 돈이 아까울 수 있고, 내 사회적 습관이 아니어도 이제 가져야 할 때가 되었습니다. 나이가 들수록 입은 다물고 지갑은 열라는 말이 왜 회자되는지 곱씹어볼 때입니다.

이전에는 갑을 관계에서 만났던 사람도 대등한 관계로 만날 수 있어야 합니다. 부장이 썰렁한 개그를 던져도 부하 직원들이 웃어주는 이유는, 갑을 관계이기 때문입니다. 우리는 실제로 재미없는 사람일 가능성이 큽니다. 부하 직원들이 맞춰주는 장단 때문에 우리 스스로 재미있는 사람, 매력 있는 사람, 지적 수준이 남다른 사람이라고 생각하고 있으면 그 생각이 우리의 뒤통수를 칠 수 있다는 사실을 받아들여야 합니다. 그의 이야기를 들을 준비가 되어 있어야 하고, 돈 이야기가 아닌 삶을 이야기해야 합니다. 그의 아픔을 들어주고, 그의 고통을 나누어야 합니다. 교조적이고 권위적인 태도를 버리고 경청과 공감으로 갈아타야 합니다.

Tip 2. 멀리 있는 친구도 챙기자

두 번째로 우리가 신경 써야 할 것은 은퇴하거나 멀리 사는 친구도 똑같이 챙겨주어야 한다는 점입니다.

한번은 제주도에 갔다가 고등학교 동창을 만난 적이 있습니다. 그는 제주도가 고향이었죠. 그가 불쑥 이런 말을 꺼냅니다.

"살아서 다시 만날 수 있겠냐?"

꼭 죽을병에 걸린 사람처럼 말하는 게 혹시 이 친구가 시한부 인생인가 싶어 무슨 말이냐고 되물었습니다. 그 친구 하는 말이, 제주도에 다녀간 친구들이 '다시 보자' 하고 약속해 놓고는 감감무소식이더랍니다. 헤어질 때는 아쉬우니까 '다시 올게' 하고 말했으나 현실로 돌아오니 비즈니스 파트너도 아니고, 제주도가 그리 가까운 곳도 아니어서 쉽게 왕래가 어려운 것이죠.

저는 그 친구 말이 가슴에 남아서 꾸준히 연락을 취했습니다. 그 사이 친구 내외가 서울을 두 차례 다녀갔고, 저도 아내와 함께 제주도를 가면서 왕래를 이었습니다. 두 번째 제주도 방문 때는 친구 부부가 모두 휴가를 내더니 제주도 여행을 안내해주더군요.

일이란 원래 바쁜 거죠. 그래서 비즈니스(business)입니다. 그러나 바빠서 힘들다고 미루기 시작하면 어렵게 사귀었던 옛 친구들이 옆에 남지 않습니다. 이게 은퇴기를 가장 서럽게 만드는지도 모릅니다.

대기업에 다니다 부장으로 퇴직한 지인이 있었습니다. 그의 둘째 딸이 결혼식을 올리게 되었는데 참석해 보았더니 화무십일홍이라, 기업체 사람들이 눈 씻고 봐도 안 보이더군요. 마음이 짠합니다. 신부 입장을 위해 대기하고 있는 그에게 다가가서 '서 있으니까 떨리죠?' 하고 슬며시 장난도 쳐주고 '맘 편히 하고 오세요' 하고 격려도 해줍니다.

이 분들이 나중에 제가 은퇴했을 때 함께 술잔을 기울일 수 있는 분이 되리라는 걸 지금 우리는 잘 모릅니다. 미래를 위해 제가 지금 투자를 하고 있다고 말해도 좋습니다. 실제로 나중에 좋은 관계로 남을 수도 있고, 그렇지 않을 수도 있지요. 결과는 모릅니다. 그래도 말이죠, 노력한 만큼 결과도 좋지 않을까요?

Tip 3. 가까이 있는 사람에게 잘하자

은퇴기 준비를 위한 세 번째 팁은 가까이 있는 사람에게 잘하라는 것입니다. 우리는 가까이 있는 사람을 당연하다고 생각하여 소홀히 대하는 경향이 있습니다.

10년간 단골로 삼은 식당이 있었습니다. 사람을 자주 많이 만나다 보니 생긴 단골집이었습니다. 저로서는 중요한 약속이 대부분이라 사전에 예약을 하고 찾아가곤 했죠. 그런데 최근 세 차례 정도 예약이 잡혀 있지 않더군요. 이런 곳이 아니어서 이상했습니다. '사장님, 예약이 안 잡혀 있네요. 전화 드렸는데.' 하고 물었더니 이런 답변이 돌아옵니다.

"자리 있으니까 아무 데나 앉으시면 될 것 같아서 따로 예약 안 잡았습니다."

너무 친해진 거죠. 식당 사장은 저를 친하게 느끼기 때문에 관리하지 않게 된 겁니다. 그런데 세 번 정도 그런 뒤에 다시 식당을 예약하려고 전화기를 들다가 멈칫 하는 저를 발견했습니다. 또 안 잡아주면? 마침 사람이 몰려서 방을 못 잡으면? 이 불안감을 안고 전화를 거는 게 싫었습니다. 그래서 발길을 끊게 되었습니다.

가까이 있는 사람일수록 더 챙겨야 하는데 우리는 반대로 하는 경향이 있습니다. 낚시꾼은 한 번 잡은 물고기는 다시 쳐다보지 않는다고 하는데 그건 정말 바보 같은 짓입니다. 물고기는 발이 없으니 도망가지 않겠지만 친구나 가족은 물고기가 아닙니다. 회사 후배도 직원도 마찬가지입니다. 서로 눈빛만 보면 나를 홀대하는지 무시하는지 대충 대하는지 다 압니다. 가까이 있다는 것은 친분을 쌓을 수 있는 기회인데 우리는 허송세월합니다. 먼 데 물고기 찾느라 가까운 사람을 못 봅니다.

저는 지금 아내의 회갑연을 준비하고 있습니다. 감사기념패를 제작하고 회갑연 플래카드도 만들었죠. 축하와 감사 문구를 적은 배너도 만들고, 초대장도 만듭니다. 여기에 들어가는 모든 글을 제가 직접 씁니다. 제 마음을 담고 싶었기 때문이죠(참고로 '리드비나'는 아내의 세례명입니다).

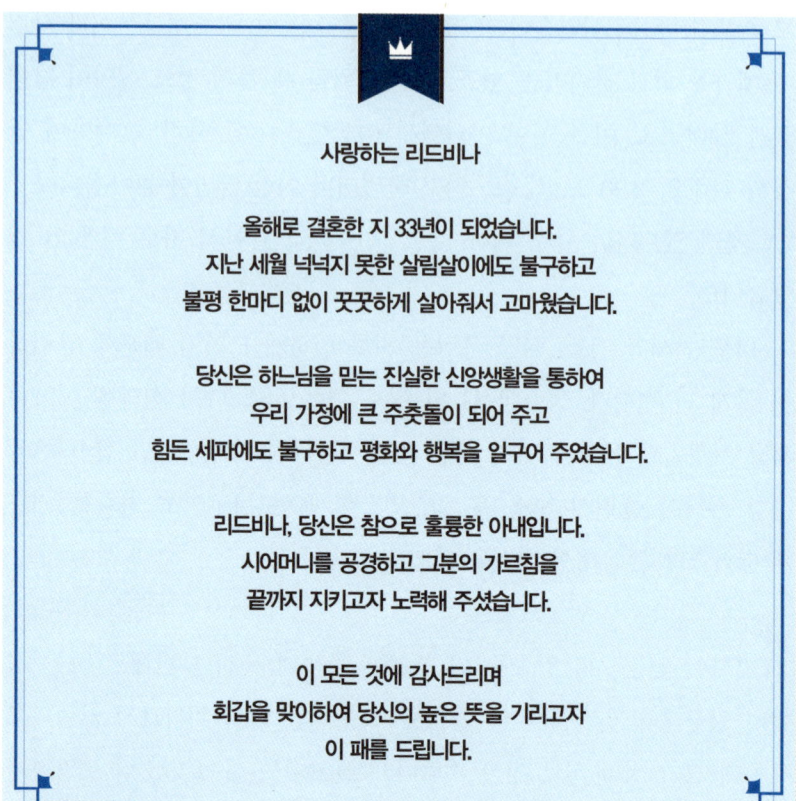

이렇게 감사패를 비롯하여 회갑연을 준비하다 보니까 주변에서 부러워합니다. 저에게는 당연한 일이었지만 그들 눈에는 새롭게 보인 것이죠. 주변 남자들은 자기들도 하겠다는 반응입니다. 저는 회갑연이지만 그들은 12번째 생일이나 20번째 생일에 하겠답니다. 힘 빠지고 돈 없을 때보다 조금이라도 젊었을 때 챙기는 게 좋죠. 계속 감사하고 계속 존경하며 계속 아껴야 합니다.

기념패를 제작한 회사에서도 신선했던 모양입니다. 기념패와 함께 카드가 동봉되어 왔습니다.

"대표님 이 제품 제작 진행하면서 관련된 직원들에게 큰 감동 주셔서 감사드립니다."

선물도 들었습니다. 일제 볼펜입니다. 회사 직원들이 돈을 거둬서 저에게 선물을 보내주었습니다. 저는 그 직원 5명에게 일일이 사인한 책을 선물로 보냈습니다. 얼굴도 모르는 사이에 감동과 선물이 오갑니다. 가까운 사람을 챙기면 즐겁고 행복한 일이 생깁니다.

돈독한 지인들도 꾸준히 챙기려고 노력하죠. 저는 주로 부부동반 모임을 엽니다. 모임이 잡히면 아내에게 선물 준비를 맡깁니다. 립스틱이나 스카프, 장갑 등 경제적으로 부담되지 않는 선에서 마련하죠. 식사를 대접하고 술도 가볍게 한잔 나눈 뒤 헤어질 때 '작은 거 하나 준비했다'고 선물합니다. 작은 일에 성의를 보이는 것, 비록 비용은 조금 더 들지만 가까운 사람과 더 가깝게 지내기 위해서는 챙기려고 노력해야 하죠.

제 카카오톡에는 여러 개의 그룹대화방이 있습니다. 한 대화방당 적으면 3명, 많으면 9명까지 참여하고 있습니다. 물론 시간이 없어서 들어가지 못할 때도 있죠. 그런데 이곳에는 매일 글을 보내주는 지인들이 있습니다. 일기예보를 올리는 친구도 있고, 경제뉴스를 정리해서 게시하는 친구도 있습니다. 제 아내는 성경 말씀을 올리고 있죠. 이 덕분에 카톡이 수시로 울립니다. 지루할 틈이 없죠. 계속 말을 걸어오는 이 친구들과 아내를 어떻게 해야 할까요?

저는 나중에 은퇴하면 분명 행복할 것 같습니다. 매일 저를 생각하는 사람들이 있기 때문입니다.

기타 Tip. 건강과 일도 챙기자

이밖에도 은퇴기를 준비하기 위해 관심을 가질 일들이 있습니다. 운동과 일입니다. 50대 은퇴란 일에서 멀어진다는 뜻이 아니므로 그간 쌓아온 커리어에서 연장해서 할 수 있는 일이나 새로 할 수 있는 일을 준비해야 합니다. 준비 기간이 길면 길수록 보다 전문적인 일을 수행할 수 있으므로 대우도 나쁘지 않을 것 같고 만족도도 높아지겠죠. 어느 은퇴 전문가는 10년 정도 기간을 두고 준비를 하면 전문성을 갖고 제2의 인생을 살 수 있다고 얘기하더군요.

운동도 그에 못지않게 중요한 일입니다. 저는 대학 시절에는 매일 아침마다 대구 앞산 승마장에서 충혼탑까지 달리고, 테니스를 쳤습니다. 직장생활을 시작한 뒤로는 농구나 새벽 등산, 운동장 달리기로 체력 훈련을 했죠. 지금은 가까운 공원을 4km쯤 걷고 헬스 기구를 이용해 1시간 정도 근력 운동을 하고 있습니다. 진짜 100세 시대를 살게 될지는 모르겠습니다만 최대한 건강하게 은퇴기를 즐기려면 체력은 필수입니다.

성공하는
Closing-Mind
비법

사람을 만나기 전에
버리고 가야 할 세 가지 마음

인류 건축술의 발달 속도는 무섭습니다. 오늘날 세계에서 가장 높은 빌딩은 아랍에미리트 두바이에 세워진 부르즈 할리파로 160층짜리 빌딩이 829.84m의 높이로 우뚝 솟아 있습니다. 서울의 명산인 북한산이 836.5m로 자연에서 찾을 수 있는 유사한 높이를 갖고 있습니다. 한편 세계에서 가장 긴 다리는 중국에 있는 단양-쿤샨 그랜드 브릿지입니다. 전체 길이 약 164km라고 하는데 서울에서 대전까지의 거리에 해당하죠. 고작해야 나무나 돌로 다리를 놓고 흙을 짓이겨 담을 쌓고 볏짚을 이어 지붕을 놓던 시대를 넘어 건축술은 더 멀리 더 높이 나아가고 있습니다. 그런데 말이죠, 인류는 아직도 신뢰에 기반을 둔 인간관계라는 튼튼한 구조물을 만드는 데는 서툴기만 합니다.

안타깝게도 인간관계를 구축하는 기술은 축적되지 못할 뿐 아니라 설령 책이나 기록으로 남아 있더라도 사람마다 새로 익혀야 한다는 단점이 존재하기 때문입니다. 기업을 경영하는 방식이나 공장을 가동하는 기술, 개발하고 양산하는 제품은 나날이 발전을 거듭하고 있고, 교육수준도 높아지지만 이상하리만큼 인간관계 기술은 예전보다 낫다고 하기 힘듭니다. 그럼에도 회사는 직원 역량의 하나로 인간관계 기술을 요구하고 있습니다.

제가 이 책을 쓴 이유는 회사의 이런 요구 앞에서 갈팡질팡하는 직장인을 위해, 또 그들의 자기계발과 인생에 도움이 되기 위해서입니다. 대개의 직장인들은 상사나 회사 문화에 따라 대인관계를 배웁니다. 회사로부터 거래처 관리 방법을 배우고, 선배로부터 상사 대하는 방법, 회사 생활하는 방법을 배우죠. 물론 그게 나쁘다는 말은 아니지만 교육이 제대로 이루어지기도 힘들 뿐 아니라 잘못된 악습이 되풀이될 가능성도 큽니다. 무엇보다 선배에게 배우면 된다는 말은, 누가 따로 가르치는 사람이 없다는 말과 같아서 아무도 책임을 지지 않으며 아무도 관심을 기울이지 않는다는 뜻이기도 합니다. 간혹 덕성이 좋은 리더를 만나 멘토로 삼는 경우도 있지만 배움이 지속되기도 힘들고 그런 리더를 만나는 경우도 드물기 마련입니다.

저는 인맥관리가 가진 효용은 이루 헤아릴 수 없을 만큼 크다고 믿습니다. 인맥관리를 잘한다는 말은, 직장인으로서의 역량이 커진다는 뜻인 동시에 인생의 동반자가 늘어난다는 뜻입니다. 가깝게는 자기계발이 되고, 멀게는 친구까지 만들 수 있기 때문에 적극 장려되어야 한다고 생각하죠. 그런데도 제대로 가르치는 곳이 없는 게 현실정입니다. 어깨 너머 배우다 보니 사람을 수단으로 여겨서 내 비즈니스를 달성시켜 주는 거래처 사람 정도로 인식합니다. 그래서 더 깊은 관계로 나아가지 못하고 말죠.

더 깊은 관계라는 말은, 직장인이라는 가면을 벗고 사람으로 만난다는 뜻입니다. 우리는 이 마지막 장에서 사람을 만나러 갈 때 가져야 할 마음가짐에 대해서 살펴보겠습니다. 질문은 이렇습니다.

"오늘 어떤 마음으로 약속 장소에 나가야 할까?"

그에 대한 답변은 '세 가지 마음을 버려야 한다'입니다.

> 첫째는 판단이고,
> 둘째는 가치관이고,
> 셋째는 나쁜 기억입니다.

판단이
빠르면 안 된다

다음 중 어떤 경우에 수익률이 더 좋을까요?

A. 2016년 매수한 주식
B. 2017년 매수한 주식

두 가지 보기가 이상해 보일 수도 있습니다만, 2011년 미국의 어느 주식 투자 연구에 따르면 처음 매수한 주식보다 1년 뒤에 매수한 주식의 수익률이 평균 2.76% 낮다는 결과가 있습니다. 이 말은 팔아치운 주식은 오를 가능성이 더 높고, 사들인 주식은 내려갈 가능성이 더 높다는 뜻이기도 합니다. 개인 투자자들이 개미지옥에 빠지는 이유이기도 합니다.

아이삭 프레슬리라는 주식전문가는 이런 통계를 바탕으로 '인내심'이 주식 투자의 성공 전략이라고 말합니다. 워렌 버핏도 단연 인내심을 성공 투자의 핵심 요인으로 꼽고 있죠. 한번은 주식을 얼마나 오래 갖고 있어야 하는지 궁금했던 주식 투자자가 그에게 물었습니다. '선생님, 도대체 주식을 얼마나 오래 보유하고 있어야 합니까?' 그러자 워렌 버핏이 대답합니다.

"제가 선호하는 보유 기간은 '영원'입니다."

가능하기만 하다면 영원히 갖고 있는 게 좋다는 뜻이죠.

저는 사람도 마찬가지라고 생각합니다. 관계를 유지할 수만 있다면 영원히 갖고 있는 게 가장 좋습니다. 너무 판단이 빨라서 자꾸만 팔아 치우다 보면 신뢰 수익률은 점점 떨어져서 결국에는 곁에 아무도 남지 않기 마련이죠.

우리는 생각보다 사소한 이유로 사람과의 관계를 정리하는 경향이 있습니다. '저 사람은 성격이 괴팍해. 저 사람은 재미가 없어. 저 사람은 너무 인색해. 저 사람은 나랑 궁합이 안 맞아. 저 사람은 이기주의적이야. 저 사람은 내 비즈니스에 별로 도움이 안 돼.' 사람과 만나는 이유가 단순한 데 비하면 헤어지는 이유는 정말 각양각색이죠.

그런데 이처럼 가벼운 마음으로 헤어지게 되면 안 되는 이유가 있습니다. 인간관계란 좋은 것만으로 이루어지지 않기 때문입니다.

명품은 좋은 것만으로 만들 수 있습니다. 건축물도 좋은 것만으로 이루어질 수 있습니다. 그러나 관계는 다르죠. 아무리 완벽한 사람도 나와 성향이 다를 수 있으며, 이상하게 안 맞는 점이 있을 수 있습니다. 첫인상이 좋았던 사람도 사귐을 이어가는 중에 서운함이 생길 수 있고, 단점이 눈에 띌 수도 있습니다. 이처럼 그 사람의 속살을 발견하는 과정에서 사람 사이에 유대관계가 다져지는 것이지 잘 보이려고 했던 첫인상만 계속 되풀이해서는 절대 관계에 진일보를 만들 수 없습니다.

왜냐하면 사람을 알아간다는 말은 서로의 원래 모습을 보여줄 수 있게 되었다는 뜻이기 때문입니다. 때로는 그가 초대한 모임에 나가지 못할 수도 있습니다. 어떤 요청을 거절해야 할 때도 있죠. 실수를 하기도 합니다. 서운함과 단점을 알아가면서 서서히 그 사람에 대해서 알게 됩니다. 감춤이 없어진다는 말은, 잘 보이기 위해 노력한다는 말이 아니거든요. 우여곡절을 겪으면서 관계가 깊어지는 것이지 좋은 소재만으로 인간관계를 구축할 수는 없는 법이죠. 건축물을 지을 때는 기준을 통과한 재료만 써야 하지만 인간관계를 구축할 때는 때로 마음에 들지 않는 재료도 함께 넣어야 반죽이 잘 된다는 말입니다.

비 온 뒤에 땅이 굳는다는 말이 바로 이를 두고 하는 말입니다. 비가 내리면 땅이 파이고 질척거리고 흙이 유실되기도 합니다. 하지만 비가 흙 사이의 빈틈을 메워주지 않으면 땅은 푸석해지고 들떠서 약한 지반이 되고 말죠. 땅이 굳기 위해서는 비라는 반갑지 않은 손님이 필요하다는 말입니다.

그래서 판단이 너무 빠르면 안 됩니다.

아무리 음식이 수북하게 담겨도 한 숟가락만 맛을 보면 맛이 있는지 없는지 우리는 알 수 있습니다. 이게 대부분의 사람들이 살아가는 방식이죠. 그러나 사람은 한식과 같이 한꺼번에 다 나오는 완성 요리가 아니라 지금 이 순간도 계속해서 만들고 있는 코스 요리라고 생각해야 합니다. 한상 차림은 다 만들어진 음식이므로 금방 맛을 확인할 수 있지만 코스 요리는 계속 요리가 이루어지고 있는 진행형이므로 기다려야 합니다. 사람 역시 아직 내가 모르는 어떤 진미를 감추고 있다는 생각으로 만나봐야 그 사람을 알 수 있고, 그 사람과 사귈 수 있게 됩니다.

대인관계 격언에 '적은 가까이 두라'는 얘기가 있죠. 보통은 적이 무엇을 하는지 내가 알아야 하고 그가 딴 마음 못 먹게 관리해야 한다는 뜻입니다만, 조금 더 적극적으로 해석하면 지금은 적이지만 내일 어떻게 될지 모른다는 의미로 쓰일 수 있습니다. 영원한 적이 없다는 말은, 인내심을 갖고 그와 꾸준히 교류해야 한다는 말입니다.

그러므로 오늘 약속 장소에 나갈 때는 전광석화처럼 빠른 당신의 판단력은 회사 서랍에 넣어두고 나오기 바랍니다.

가치관은 사람보다 나중이다

오늘날 우리는 정치 격변의 시대를 살아가고 있습니다. 오늘날 우리는 경제적 변화의 시대를 살아가고 있습니다. 짧은 시간 압축 성장을 한 덕분에 다양한 경험과 다른 가치관을 가진 사람들이 한 시대 한 공간에서 살아갑니다. 갈등은 예고된 것이지요.

갈등을 활용하는 방법이나 관리하는 방법은 사법부나 정치권처럼 이 사회의 책임자에게 맡겨 두고, 우리는 갈등을 봉합하는 방법에 대해서 이야기해야 합니다. 의외로 지인 사이에 정치적 신념이나 종교적 가치관, 문화를 바라보는 시각 차이 때문에 싸움이 잦습니다. 술자리란 게 늘 그렇듯이 때로는 서로 다른 가치관을 가진 사람이 갈등을 일으키는 장소가 되곤 하죠. 오늘 여러분이 참석해야 할 자리도 그런 자리인지 모릅니다. 그러나 아무리 기가 막히고 코가 막히는 이야기를 듣는다고 해도 절대 미끼를 덥석 물어서는 안 됩니다. 당신은 친구를 사귀기 위해 나간 거지 당신의 신념을 지키기 위해, 신념을 강화시키기 위해 나간 게 아닙니다.

사람들이 제게 고민을 털어놓고 인생상담을 요청하게 된 이유도 가만 보면 제가 그들의 신념이나 가치관에 대해서는 늘 중립적인 태도를 유지하려고 노력했기 때문인 것 같습니다. 지인이나 친구들과 갖는 술자리나 모임에서도 마찬가지죠. 저는 절대 갈등의 소지가 될 만한 화제에 끼어들지 않습니다.

특히나 근래에 얼마나 이슈가 많았는지 모릅니다. 지인이나 친구들 중에는 유독 정치적 불만을 표출하는 사람들이 있었죠. 좌파니 우파니, 진보니 보수니 하며 양쪽으로 갈라져서 싸움이 일어나는 경우도 종종 접합니다. 사드를 배치해야 한다, 말아야 한다, 중국과의 관계 개선을 어떻게 할 거냐, 미국과의 관계를 더욱 돈독히 해야 한다 등등 변화 많은 한국사회답게 수많은 화젯거리가 난무합니다.

그래도 저는 가급적 입을 다뭅니다. 나이가 들면 입은 닫고 지갑은 열라는 말을 친구나 지인 모임에서도 실천하는 것이죠. 물론 가만히 듣기만 하다 보면 친구들이 '너도 한마디 해봐라'고 권하기도 합니다. 어쩌면 이때가 가장 위험할 때일 수 있습니다. 가만히 참고 듣더라도 욱하고 올라오면 다시 대화는 싸움 일보 직전까지 갈 수 있으니까요. 제가 이때를 대비해 참고하는 게 황희 정승 이야기입니다.

> 한번은 황희 집에서 일하는 머슴 둘이 '내가 옳네, 네가 틀렸네' 하고 다투고 있었습니다. 다툼이 길어지자 두 머슴이 황희를 찾아와 판결을 요청했습니다. '대감님, 누가 맞고 누가 틀렸는지 판단을 내려주십시오.' 한 명씩 변론의 기회를 주고 자초지종을 들은 황희가 이렇게 말했죠.
> "네 말도 맞고, 네 말도 맞다."
> 그러자 옆에서 가만히 보고 있던 황희의 아내가 기가 막혀 합니다.
> "아무리 그래도 누가 옳은지 가려주셔야죠."
> 그러자 황희가 이렇게 말했습니다.
> "자네 말도 맞군."

저는 친구들의 권유에 따라 입을 열기는 하지만 절대로 결론을 내리지 않습니다. 이 문제들에 결론이 존재할 수 있을까요? 수학 문제라면 정답이 있으므로 없는 머리라도 쥐어짜겠지만 정치 현안, 문화 이슈들은 설령 제가 결론을 내리더라도 절대로 결론이 될 수 없습니다.

이를 아는 까닭에 저는 상식적인 수준에서 답변을 하되 여지를 많이 남기는 쪽을 택합니다. 누가 보더라도 그 정도면 무난하다 싶을 만큼만 답변을 하는 것이죠. 자기편을 들어주길 기대하던 친구들에게는 하나 마나 한 소리가 될 수도 있습니다. 그런 원론적인 이야기는 누구나 하겠다 싶을 수도 있죠. 그러나 갈등을 봉합하고 즐거운 사귐을 이어가는 게 목적이므로 모난 돌처럼 날카롭게 답변할 수는 없는 법이죠.

우리는 정치적 신념 이전에 사람이 먼저라는 생각을 가져야 합니다. 물론 일본의 위안부, 독도 문제나 북한 핵처럼 우리 안위를 심각하게 위협하거나 역사를 부정하는 행위에 대해서는 똑같은 목소리를 내면 됩니다. 대개 그런 문제로 다투는 경우는 없기 때문에 처신하기도 어렵지 않습니다. 그러나 정치적 이슈는 별다른 이익도 없는데 다툼의 원인이 됩니다. 다투어서 우리에게 득이 되는 게 있다면 저 역시 싸움에 가담하겠습니다만, 싸워서 남는 건 마음 상함과 관계 소원이 전부입니다. 저는 친구를 잃고 싶은 마음이 전혀 없습니다.

오랫동안 동종업계에서 함께 일하며 꾸준히 사귐을 이어간 지인이 한 명 있습니다. 하루는 누군가 제 귀에 대고 그 사람이 극진좌파라고 하더군요. 귓속말을 한다는 말은, '너와 나는 같은 색깔이지만 저 놈은 배척해야 할 다른 색깔'이라는 뜻이겠죠.

공자는 이런 말씀을 했습니다.

> "화이불유(和而不流)", 화합하되 한쪽으로 치우치지 않는다는 뜻입니다. 또 유사한 문장이 있습니다.
> "화이부동(和而不同)", 화합하되 같아지지 않는다는 뜻입니다.

둘은 같은 뜻이죠. 사상과 문화가 한 방향으로 흐르는 사회가 독재 사회입니다. 산에 소나무만 자라는 형국이죠. 내가 소나무니까 참나무는 오면 안 된다고 주장합니다. 그건 숲이 아닙니다. 화합한다는 말 자체가 이미 서로 다름을 내포하고 있습니다. 같은 것끼리는 굳이 화합을 찾을 필요가 없습니다.

제게 귓속말로 '저 녀석은 극좌야'라고 말했던 그 분에게 저는 이런 대답을 들려주었습니다.

"우리 사이에 왼쪽 오른쪽이 어디 있냐?"

저는 어느 모임의 사람들이 좌와 우로 나뉘어 열띤 토론을 벌이는 장면을 본 적이 있습니다. 그들은 좌와 우가 새의 양 날개와 같아서 하나만 있어서는 날 수 없다는 생각을 바탕에 깔고 대화를 나누고 있었습니다. 우리나라는 좌가 우를, 우가 좌를 너무 싫어합니다. 이를 극복할 수 있는 게 화이부동입니다. 같지 않으니 어울리려고 노력해야 합니다.

'화이부동'을 위한 몇 가지 조목이 있다면 다음과 같습니다.

- 갈등을 내포한 말은 최대한 자제한다.
- 상대방의 가치관을 고려해야 한다.
- 상대방의 의견, 발언을 무시해서는 안 된다.
- 상대방에게 나의 이념이나 종교, 정치적 관점을 강요하지 말라.
- 상대를 가르치거나 충고하지 말라.
- 상대방을 가급적 있는 그대로 이해하려고 노력하라.

이와 같이, 오늘 약속 자리에 갈 때는 좌니 우니 하는 가치관도 회사 서랍에 넣어두고 나오길 바랍니다.

마음에 담아두는 일이 없어야 한다

인맥관리를 하는 사람에게는 불리한 게 한 가지 있습니다. 설령 상대가 나를 부당하게 대하더라도 나만큼은 상대를 공평하고 친근하게 대하려고 노력해야 한다는 점입니다. 어떻게 보면 짝사랑일 수도 있습니다만, 만일 상대가 나를 대하는 방식 그대로 나도 상대를 대하겠다고 마음먹으면(대개는 마음먹어서 그러는 게 아니라 자연스럽게 그렇게 하죠.) 관계의 폭은 대단히 좁아진다는 점을 기억해야 합니다.

이와 같은 비대칭적 인간관계는 '나쁜 기억'에 대해서도 똑같이 적용됩니다.

아무리 사이좋은 친구라도 사소한 일에서 기분이 상하는 경우가 있습니다. 의견이 달라서, 찻값이나 술값을 안 내서, 해운대를 갈지 지리산을 갈지 여행지를 두고 의견이 달라서, 심지어 사사건건 마음에 충돌이 일어날 수 있죠. 또 누구는 문상을 갔는데 누구는 문상을 안 왔다더라 하고 서운함을 넘어 불쾌함을 느끼는 경우도 있습니다. 특히나 부모상을 당하여 꼭 오겠다던 친구가 아무 연락 없이 오지 않으면 처음에는 걱정도 되다가 나중에는 야속해지기도 합니다.

만일 우리가 금붕어였다면 차라리 나을 수도 있습니다. 돌아서면 까먹고, 돌아서면 까먹는 그런 금붕어 말이죠. 제가 드리는 말씀은 가슴에 담아 두지 말라는 것입니다.

기억에서 완전히 사라질 수는 없습니다. 머리에는 남아 있겠죠. 그러나 가슴에 둥지를 틀도록 내버려두면 안 됩니다. 우리는 종종 '마음을 씻어 내리기 위해 비를 든다'와 같은 구절을 접합니다. 안타까운 일은 마당과 방의 먼지나 머리카락처럼 눈에 보이는 게 있다면 비를 들어 쓸어낼 텐데 마음이란 그런 게 아니어서 가슴에 남겨둘지 말지는 내 의지가 결정하지 않죠.

그래도 어쩔 수 없습니다. 그런 사소한 서운함까지 다 따지면 도저히 친구가 되기 힘들다는 생각으로 마음을 고쳐먹어야 합니다. 그 서운함이 사실 친구보다 더 크기 때문에 상처가 되는 것이니 이제 그 서운함을 친구보다 작게 만들어야 합니다. 그게 아니면 가슴에 남은 그 작은 상처는 곪아 터져서 결국은 내 앞에 앉은 사람을 더 이상 친구로 보지 못하도록 내 눈을 가리게 됩니다.

박근혜 전 대통령의 탄핵을 두고 한참 한국사회가 시끄러울 때였습니다. 친구들과 술자리를 갖게 되었는데 오랜만에 참석한 지인이 있었죠. 마침 제가 박근혜 전 대통령의 어린 시절과 개인사에 대해서 이야기를 하고 있었습니다. 그런데 그가 갑자기 말을 자르더군요.

"아니야, 그게 아니고, 내가 책을 읽었는데, 그게 대단한 책이거든. 그 책에 말이야, 통치자가 어때야 하는지 너무 잘 써 놓았더라고."

그 친구의 의도는 일단 둘째 치고, 그때 제가 하고 있던 얘기는 박근혜 개인의 역사였는데 이 친구는 다짜고짜 아니랍니다. 그래 놓고 하는 말이 '통치자론'입니다. 저는 그런 얘기를 한 적이 없는데 말이죠. '그게 아니다'라고 강하게 치고 들어오니까 저도 사람인지라 가시에 찔린 듯 기분이 나빠지더군요. 만일 그 친구가 '내가 최근에 이런 책을 읽었다' 하고 말문을 열면 아무 일도 아닙니다. 혹은 '네 말도 일리는 있다'고만 첫 마디를 열어도 제가 기분 나쁠 일은 없습니다. 다행히 제가 인맥관리를 위해 오랫동안 노력해온 게 효과가 있었나 봅니다. 그 자리에서는 기분 나쁜 내색을 하지 않고 무사히 넘겼습니다.

그런 일이 있은 뒤 나중에 다른 모임에서 그 친구를 또 보게 되었죠. 그런데 이번에는 그 친구가 저를 대우해주더군요. 무슨 토론 끝에 저에게 '네 생각은 어떠냐?'고 의견을 구하는 등 저에게 우호적인 태도를 보이더군요.

생각보다 간단한 일입니다. '그게 아니야' 하고 말문을 자르더라도 조금만 참으면 됩니다. 그 친구 입장에서는 제가 미웠던 게 아니죠. 상처를 주려고 던진 말이 아닙니다. 설령 그의 행동이 거칠고 또 그의 의도가 잘 보이지 않더라도 다짜고짜 울컥하고 반응하면 안 됩니다. 그리고 내가 당했다고 해도 등을 돌리면 안 됩니다. 상대가 실수했거나 잘못했더라도 너무 쉽게 돌아서면 안 됩니다. 가급적 마음에 담아두지 않으려고 노력하되 잘 씻어낼 수 없을 때는 더 큰 목표를 잊으면 안 됩니다. 지금 나는 세상 무엇보다 소중한 사람을 만나고 있다는 생각으로 그를 만나야 합니다.

그러므로 오늘 약속 장소에 나갈 때는 나쁜 기억, 나쁜 감정을 회사 서랍에 넣어두고 나오길 바랍니다.

소중한 인연을
지키는 법

서랍에 두고 나와야 할 게 세 가지였습니다. 이제 그 빈 마음에 한 가지만 넣어가기로 하죠. 그와의 만남이 오늘로서 마지막일 수 있다는 간절한 마음입니다.

> 저렇게 많은 중에서
> 별 하나가 나를 내려다본다.
> 이렇게 많은 사람 중에서
> 그 별 하나를 쳐다본다.
>
> 밤이 깊을수록
> 별은 밝음 속에 사라지고
> 나는 어둠 속에 사라진다.
>
> 이렇게 정다운
> 너 하나 나 하나는
> 어디서 무엇이 되어
> 다시 만나랴.

그 간절한 마음은 마치 김광섭 시인의 〈저녁에〉와 같습니다. 인연이란 스치듯 지나가는 것입니다. 저는 젊은 시절, 영원히 살 것처럼 하루를 보냈지만 지금은 하루하루가 소중한 나날임을 깨닫습니다. 저는 젊은 시절, 이 많은 사람이 다 나의 인맥으로 남으리라는 생각으로 그들을 만났습니다만 지금은 한 명 한 명이 또 어떻게 잊힐지 모른다는 생각으로 열심히 만납니다.

고등학교 동창 중에 어느 그룹의 해외 주재원으로 일을 하던 친구가 있었습니다. 그가 가끔 업무 차 한국에 들르는데 매번 목소리만 듣고 전화기를 끊는 게 아쉬워 꼭 한 번 술자리 갖자고 단단히 약속했죠. 그러다 그가 방문 소식을 전해왔습니다. 그때가 밤 10시였는데 가는 날이 장날이라고 제가 마침 지독한 감기몸살로 끙끙 앓고 있었죠. 하지만 그날이 아니면 그를 다시 볼 날이 요원해 보였습니다. 감기고 뭐고 따질 겨를이 없이 자리를 박차고 길을 나섰습니다. 집이 의왕이었는데 그가 머물고 있는 강남의 호텔까지 차를 몰고 달려갔습니다. 도착한 시각은 밤 11시였던 것 같습니다. 우리는 그날 새벽 1시까지 소주잔을 기울이며 마음을 나누었습니다. 물론 저는 다음날 아침 감기가 더 심해져 회사 대신 병원으로 가야 했죠.

지방도로를 달리다 보면 우리는 매년 코스모스를 만납니다. 길가에 예쁘게 핀 꽃을 보며 가을이 왔음을 기뻐하고 또 해마다 거르지 않고 돌아오는 계절을 반깁니다. 그러나 사람은 한 번 인연이 틀어지면 다시 어떻게 볼 수 있을지 알 길이 없습니다. 김광섭 시인의 말처럼 어디서 무엇이 되어 다시 만날지 짐작하기 힘들죠. 그래서 오늘 한 번의 만남이 그만큼의 소중한 인연이라는 생각을 가져야 합니다.

만일 내가 무슨 실수라도 저질렀다면 오늘 기회를 틈타서 그에게 잘못을 시인하고 용서를 구해야 합니다. '앞뒤 생각 없이 말을 한 것 같다, 내가 잘못했다' 하고 관계 회복을 도모해야 합니다. 만일 그게 어렵다면 경조사에 반드시 참석해서 정중히 인사를 하고 회복을 위해 노력해야 합니다. 그렇게 우리가 관계 회복을 위해 애를 써야 하는 이유도, 가치관이나 판단이나 나쁜 감정을 다 내려놓고 만나야 하는 이유도 결국은 사람 사이의 연이란 게 정말 소중하고 그만큼 드물기 때문이죠.

나이가 들면 말입니다, 옆에 있던 사람들이 한 명씩 사라집니다. 영원할 것 같은 인간관계는 있을지 모르나 실제로 영원한 관계는 존재하지 않죠. 그러므로 우리는 지금 만나는 한 명 한 명을 소중히 대해야 합니다. 그런 걸 생각하면 사람을 일부러 멀리할 필요도 없음을 알 수 있습니다.

오늘 약속 장소에 가기 전, 세 가지 마음을 내려놓는 대신 이 우주가 우리에게 선물한, 단 한 번뿐인 인연이라는 마음을 주머니에 넣어 가길 바랍니다.

〈하루 1시간 인맥관리 법칙 7〉

상대방과의 관계를 성급하게 판단하여 정리하지 말라.
지금 당장 서운한 점이 있더라도
나중에 나와 잘 맞을 수 있다.

⇨ 영원한 적도 영원한 친구도 없다.

사람의 마음을 움직이는 대화 Skill

대화의 주도권을 가져오는 2단계 방법

저의 인맥 이야기를 할 때 사람들이 많이 궁금해 하는 질문이 있습니다. 저는 지금까지 연락을 꾸준히 하고, 미팅도 가져서 서로 신뢰를 다지라는 말을 하였습니다. 그럼 몇몇 사람들은 지레 겁을 먹습니다. 미팅 때 만나서 무슨 이야기를 해야 할지 모르겠다는 것이죠.

이런 이들은 여러 가지 이유로 겁을 먹습니다. 자신이 말하는 걸 모두가 듣고 있다고 생각하면 머릿속이 텅 비어버리는 경우도 있고, 상대방이 무표정이면 자신이 무슨 말을 하고 있었는지 까먹을 정도로 불안해지는 경우도 있습니다. 상대가 나보다 지위가 높다거나, 나이가 많다는 사실만으로도 주눅이 들어 말을 못 하는 경우도 있었습니다.

지금부터는 이런 분들을 위해 원하는 바를 효과적으로 말하는 2단계를 설명해드리겠습니다. 아무리 대화에 어려움을 겪는 사람이라고 해도 1단계 경청 ⇒ 2단계 문답 이 두 단계만 기억하면 됩니다.

1단계. 대화의 물꼬를 터뜨리는 "경청"

이들에게 저는 꼭 이렇게 말하고 싶습니다. "말하기에 집착하지 말고, 듣는 것이 우선이다." 상대방에게 공감을 얻을 수 있는 가장 좋은 방법은 바로 '경청'입니다. 누구나 자신의 말을 잘 들어주는 이 앞에서 더욱 신이 나서 많은 말을 하게 됩니다. 귀를 기울여주는 사람에게는 더욱 친밀감도 느낍니다.

먼저, 말하는 것이 두려운 이들은 대화 중에도 경청을 하지 못하고 다음 말할 것을 생각합니다. '다음에는 무슨 말을 해야 좋을까', '이런 말을 하면 이상하려나', '상대방은 어떤 반응을 보일까' 등의 생각으로 머릿속이 꽉 차게 되죠. 이런 생각을 하면서 대화를 듣다 보면 상대의 말을 놓치기 일쑤고, 경청조차 하지 못합니다.

반드시 기억하세요, 말하는 것만 의식하고 있으면 사고가 거기서 정지해 몸까지 굳어버립니다.

말하는 것이 부담스럽다면 말을 해야 한다는 의무감을 잠시 내려놓아야 합니다. 그리고 상대가 하는 말에 귀 기울이세요. 그러면 상대가 이야기하는 동안 소박한 감상이나 질문들이 떠오르게 됩니다. 그걸 그대로 말하면 되는 거죠. '아아~', '오오~'라든지 아주 작은 반응으로 경청하고 있음을 보여줘도 좋습니다. 재미있는 이야기이면 웃어 보이고, 공감되는 이야기이면 고개를 끄덕이면 됩니다.

이렇게 경청하고 있음을 보여주면 상대는 신이 나서 더 자신의 이야기에 몰입할 것입니다. 누구나 경청하는 자를 보면 '이 사람이 내 이야기를 들어줬으면 좋겠어'하고 생각하기 때문이죠. 여러분은 상대로 하여금 '이 사람이라면 날 이해해 줄거야'라는 생각이 들게끔 경청하는 태도를 보여주어야 합니다.

반대로, 상대방이 자신의 생각이나 주장을 일방적으로 강요하고 밀어붙이는 사람이라면 어떨까요? 입만 열만 비판적인 말만 한다면 말이죠. 당연히 경계심이 커져 거부반응이 일어날 것입니다. 대화 주제에 흥미가 없어 보이는 상대에게도 이야기하려는 마음 자체가 사라지겠죠.

2단계. 대화를 주도하는 열쇠, "문답"

여러분이 영업담당자라고 가정해봅시다. 상품에 대한 고객의 불평을 듣고 있는 상황이죠. 고객의 불평을 아무 말 없이 열심히 듣기만 한다면 여러분은 끈기 있는 사람이 될 뿐입니다. 그러면 오히려 상대방은 답답함에 여기 책임자 어딨어!라고 소리칠지도 모릅니다. 제대로 책임을 지고 대응할 수 있는 사람으로 보이지 않는다는 말이죠.

경청은 분명 대화의 물꼬를 터뜨리지만 대화를 원하는 방향으로 이끌기는 어렵습니다. 경청을 연습한 이후로는 적절한 말을 던져 대답을 이끌어내야 합니다. 상대방에게 질문을 해서 대답을 이끌어내는 것만을 말하는 것이 아닙니다. 자신의 생각을 질문 등의 형태로 전달할 수도 있고, 상대방에게 새로운 정보나 깨달음을 제공할 수도 있죠. 또, 어떤 말들은 상대방의 머릿속을 정리하는 데 도움을 주기도 하고, 단번에 대화의 주제를 바꿀 수도 있습니다.

대화를 주도한다고 하면, 흔히 상대방보다 우위에 서는 것이라고 착각합니다. 그래서 상대방보다 많이 발언하거나 논의를 통해 상대방의 이론이나 논리, 학설을 깨뜨리려고도 하죠. 그러나 적절한 문답은 무조건 말을 많이 하는 것이 아닙니다.

여러분, 다시 아까의 영업담당자로 돌아가 봅시다. 여러분은 지금 자사 제품의 불량 때문에 거래처에 불려가는 상황에 처했습니다. 이때 대화를 주도해야 한다는 생각에 사로잡혀 있다면 어떻게 될까요? 상대방의 불만 사항에 대해서 바로 변명을 늘어놓거나 갑자기 꼬치꼬치 질문하게 될지도 모릅니다. 이러한 대처는 당연히 역효과를 가져올 것입니다.

적절한 문답을 위해서 저는 (1) 우선 상대방의 지적과 불만사항에 대해 메모를 합니다. 고개를 끄덕이기도 하고 '그렇군요', '정말 큰 폐를 끼쳤습니다'라고 대답할 때도 있습니다. 이렇게 반응하면 화가 났던 상대방도 점차 누그러지면서 냉정하게 이야기하는 것을 볼 수 있습니다.

상대가 조금 진정했다면, 이어서 (2) 제품의 불량이 되는 원인을 설명해야겠죠. 이때 차근차근히 말씀드리면서 '다치신 곳은 없었나요?', '이러이러한 일은 일어나지 않았나요?'라고 물어봅니다. 이러면 상대는 당신이 미안한 마음을 가지고 있으면서도, 성의 있게 대답해 주려고 노력한다는 사실을 눈치 챌 것입니다.

이어서 (3) 불량의 사실관계나 구체적인 손해의 정도를 묻고, 내 쪽에서 먼저 문제 처리를 제안해 보세요. 상대방은 원활하게 귀를 기울이게 될 것이고 저는 대화를 주도하게 된 것입니다.

대화에서 경청만 이루어진다면 사이좋게 수다만 떠는 꼴이 됩니다. 방금과 같은 살벌한 대화에서는 분위기에 억눌려 경청이 힘을 발할 수 없게 되죠. 이런 식으로 적절히 말을 짚어간다면 상대방에게 새로운 코멘트나 새로운 표정을 얻어낼 수 있겠죠. 결국 대화의 기술이란 경청과 문답의 기술입니다.

사람을 내 편으로 만드는 감성경청의 기술

먼저 실제 대화에서 경청을 어떻게 실천하는지 그 구체적인 실천법을 알려드리겠습니다. 상대에게 내가 '경청하고 있다'를 보여주기 위해서는 3단계만 기억하면 됩니다. 몸의 반응, 질문 받기, 응답하기 이 3단계입니다.

먼저 경청하고 있다는 사실을 몸의 반응으로 여과 없이 드러내야 하죠. 또, 상대가 의문점이나 의아한 점이 생겼는지를 수시로 확인하고 있다는 것도 보여주어야 합니다. 적절하게 질문할 기회를 드리는 것이 그것입니다. 마지막으로 경청하면서 얻은 것들을 활용하며 상대에게 딱 맞는 대답을 들려주는 것이 경청의 완성입니다. 상대의 질문을 되묻고, 상대의 말을 되풀이하며 응답하는 것입니다.

1단계. 몸의 반응 – 끄덕이며 응시하라

상대가 어떤 말을 하고 있다면 일단 고개를 끄덕이며 상대방을 바라봐야 합니다. 기본 중의 기본이지만 막상 대화를 할 때 자주 놓치는 부분이기도 합니다. 기본이라는 말은 가장 효과적이라는 말이기도 하죠. '내가 당신의 말에 집중하고 있다'를 보여주기 위해서는 끄덕임처럼 좋은 제스처도 없습니다. 끄덕이는 것은 전 세계 공통적으로 상대방의 말에 집중하고 있으며, 상대를 존중하고 있다는 표시입니다. 끄덕이게 되면 호응과 동시에 상대방의 말에 긍정하고 있다는 것을 드러냅니다. 그래서 자연스럽게 상대방이 긍정의 말을 하도록 유도하죠.

또한 여러분은 고개를 끄덕이는 시간 동안 어떤 이야기를 해야 할지 고민해볼 수 있습니다. 상대방이 말하는 동안 어떤 말을 할지 고민하는 것은 당연히 상대방의 기분을 상하게 합니다. 괜히 잔꾀를 부리는 것 같고, 어떻게 이 상황을 마무리할까 잔머리를 굴리는 것 같아 보이죠. 상대방 입장에서는 '내 말에 집중하지 못하고 있구나!'하고 생각할 것입니다. 그러나 고개를 끄덕이면서 내가 해야 할 적당한 말을 생각해본다면 들키지 않고 생각할 시간을 벌 수 있습니다.

상대에게 시선을 보내는 것도 마찬가지입니다. 상대방을 응시하지 않는다면 상대방은 여러분이 자신에게 집중하고 있지 않다고 생각하는 것은 물론이고, '이 사람이 지금 하는 말에 자신이 없구나'하고 생각하게 됩니다. 게다가 맞장구를 칠 때 시선을 피하는 것은 정말 최악이죠. 성의 없이 상대를 응대한다는 인식이 생기기 때문입니다. 상품이나 다른 보여줄 것이 있어서 손이 다른 곳으로 향하더라도 시선은 상대방에게 고정해야 하죠. 상대방이 다른 곳을 보고 있더라도 그들은 알아차릴 것입니다. 눈을 마주치지 않아도 시선은 느낄 수 있기 때문이죠.

상대가 자신의 말을 하고 싶어서 안달이 날 때도 있습니다. 이럴 때는 눈을 마주치면서 '말씀하세요'라고 말을 건네면 효과적입니다. 상대는 안심하고 말을 할 수 있는 기회를 얻어 기분이 좋아지겠죠. 그러나 아예 반복해서 눈을 마주치는 것은 사람에 따라 불쾌해할 수 있으니 조심해야 합니다. 만약 눈을 마주쳐야 할 상황이 온다면 웃어보도록 하세요. 웃으면서 눈을 마주치면 상대가 불쾌함을 덜 느끼는 법입니다.

미팅을 시작할 때 고객의 미간이나 콧등을 정하고 그곳만 바라보는 것도 좋은 방법입니다. 그리고 처음 정한 그 눈높이에서 다른 곳으로 시선을 돌리지 않고 그 눈높이를 유지합니다. 높이가 오르락내리락 하면 산만해보일 수 있기 때문에 반드시 주의해야 합니다.

2단계. 질문 받기 – 상대가 질문할 기회를 주어라

항상 상대방을 주시하면서 대화를 하다보면 상대에게 의문점이 생겼는지를 확인할 수 있습니다. 마음이 급한 사람은 상대의 신호를 종종 놓치고 자기 할 말만 늘어놓게 되죠. 그러나 상대방은 마음에 의문점이 생긴 이상 여러분의 말이 들리지 않을 것입니다. 여러분의 말이 설득력을 잃는 것이죠. 또한 제때 질문하지 못하는 것은 상대방에게 불만거리가 될 수도 있습니다. 상대방이 '질문이 있다'는 신호를 보낼 때는 종종 이렇습니다.

질문이 있다는 신호의 예시
- '저기요', '저… 그런데요' 하면서 나의 말을 자르거나 말을 늘인다.
- 시선을 자꾸 설명하는 곳이 아닌 다른 쪽으로 돌린다.
- 입을 꾹 다물고 다른 생각에 잠긴다.

이럴 때는 재빨리 알아차리고 질문할 기회를 드려야 합니다. "뭐, 따로 궁금하신 점이 있으십니까?"라던가 "설명이 부족하지는 않았나요?" 하고 말을 건네는 것이 효과적이죠. 이렇게 하면 상대방은 자신의 의문점을 편안한 분위기에서 말할 수 있습니다.

그리고 상대가 질문하기 시작하면 엉뚱한 질문이거나 대답하기 어려운 질문이라도 일단은 경청합니다. 질문을 자르고 다시 설명을 이어 나가는 것은 상대에게 불쾌한 감정만 남기고 얻을 수 있는 것이 없습니다.

물론 중간에 대답해야 할 때도 있죠. 상대가 여러분의 동의를 구하거나 자신의 질문 사항을 제대로 듣고 있는지 확인하고 싶어 할 수도 있습니다. 이때는 상대의 의문이 아직 다 안 끝났을 때가 대부분이므로 아주 짧고 간결하게 상대의 질문을 방해하지 않는 선에서 대답합니다.

간결한 대답 예시
- 듣고 있습니다.
- '오오~', '네네' 등의 호응
- 그렇게 고생하셨을 줄은 정말 몰랐습니다.
- 바로 말씀하신대로입니다!
- 그건 ~~과는 다른 말씀이지요?

또는 간단한 칭찬을 섞어서 말한다면 상대방은 더 감동을 받습니다. 이는 사업상 미팅 이외에도 고객을 응대할 때 주로 쓰이는 방법입니다.

- 그럼요, 잘 알고 계시네요!
- 지금 보고 계시는 제품은 더 똘똘한 모델입니다. 보통 말씀드리기 전에는 잘 모르시는데, 눈썰미가 좋으시네요.
- 감각이 좋으신 분들이 그 점을 많이 궁금해 하시더라고요.

이렇게 상대방의 질문을 경청하고 있었음을 드러내면 상대방은 자신이 존중받고 있다는 생각이 들 겁니다. 또한 칭찬을 조금씩 섞으면 더더욱 자신이 '칭찬 속에 나타난 사람'이 되어 기분도 좋아질 것입니다. 질문을 두려워할 필요가 없습니다. 이 방법대로라면 위기를 기회로 만드는 것이죠.

3단계. 응답하기 – 되묻고, 되풀이 하라

응답법은 상대의 질문이 끝난 후 대답할 때의 태도를 말합니다. 먼저 상대방이 질문했던 내용을 정리하며 되묻는 것이 상대를 존중했다는 뜻이 될 수 있습니다. 만약 미팅 상황에서 상대방이 사정상 수요일 10시 전에는 대답을 듣고 싶다고 요구했다고 합시다. 그러면 대답을 들려드리기 전에 '그렇다면 무슨 일이 있더라도 수요일 10시 전에 저희가 결정을 해서 알려드리면 좋겠다는 뜻이지요?' 등 상대방의 질문을 요점정리해서 다시 물어보는 것입니다.

되묻기를 잘 하려면 상대가 의문점을 말하거나 요구사항을 말할 때 메모를 해두는 것이 좋습니다. 특히 상대의 요구사항 중에 인과관계가 잘못된 부분은 반드시 짚어서 확인시켜주는 것이 좋죠. 되묻기를 너무 길게 하면 고객은 이미 한 번 말 했던 내용이기 때문에 지루해할 수 있습니다. 간단하게 요점만 콕 집어서 물어보도록 하세요.

되물은 이후에는 '경청'하면서 얻은 것들을 활용합니다. 상대방에 대한 정보를 파악한다면 조금 부족한 경청이 됩니다. 경청을 통해 얻은 것들을 활용해야 진정한 의미의 경청이 완성되는 것이죠.

되풀이하라는 것은, 상대의 말을 구구절절 똑같이 늘어놓으라는 뜻이 아닙니다. 상대가 사용했던 그 단어를 또다시 사용하는 것이죠. 어려운 전문용어 사이에 상대방이 말했던 말을 끼워 넣는 것도 좋습니다. 같은 표현이라도 상대가 사용했던 표현을 사용하는 것이 좋지요.

예를 들어 여러분이 노트북을 사러 갔다고 합시다. 노트북에 대해 잘 알아서 전문 용어들을 착착 말하면 좋겠지만, 대부분의 사람은 그렇지 못합니다. 매장 직원에게 그저 '화면 크고, 때깔 좋고, 최고사양의 모델이면 좋겠습니다'라고 말하죠. 이때 직원이 '이쪽 모델이 화면도 15인치로 크고, HD라서 때깔도 좋게 나옵니다. 고객님이 찾으시던 최고사양도 갖추고 있습니다'라고 말하면 어떨까요?

HDD니 SDD니, 용량은 몇 기가고, 무슨 패널인지 등 이런 전문용어들을 늘어놓는 것은 고객입장에서 알아듣기도 어려울 뿐만 아니라 모르는 내용을 듣다보니 위화감도 들겠죠. 반면에 처음 만난 사람이 자신이 했던 '최고사양'이나 '때깔'이라는 표현을 반복해서 사용하면 상대에게 마음을 활짝 열고 다가갈 수 있겠죠.

여러분은 이제 상대방을 내 편으로 만드는 경청 기술을 모두 파악하셨습니다. 말로는 단순하고 뻔해 보여도 직접 대화에서 사용한다면 말 한마디의 파급력을 체감할 수 있을 것입니다.

비즈니스 인맥을 넘어
개인인맥을 만드는 문답의 기술

대화를 확실히 주도하여 원하는 바를 이루기 위해서는 경청만으로는 부족합니다. 적재적소에 올바른 방법으로 질문을 해서 원하는 답을 이끌어내야 하죠. 문답의 비법 세 가지는 이것입니다. 1단계. 상대방이 아는 것을 질문하라. 2단계. 질문하면서 칭찬하라. 3단계. 상대방이 답변하기 편한 방식으로 질문하라.

문답은 원하는 답을 이끌어내는 기술입니다. 따라서 조심스럽고 세심한 기술이 필요합니다. 자칫 잘못하면 상대방을 원하는 대로 부려먹으려는 것처럼 보이기 때문이죠. 그래서 항상 상대방을 존중하고 있는 마음을 바탕으로 문답의 기술을 사용해야 합니다.

1단계. 상대방이 아는 것을 질문하라

질문이라고 하면 궁금한 점을 물어보거나 상대방이 은폐하는 부분을 콕 집어 끌어내는 것이라고 생각할 수도 있겠습니다. 그러나 실제 대화에서는 질문이 여러 가지 방면으로 사용되죠. 특히 상대와 공감할 수 있는 부분을 찾는 질문은 미팅 분위기 자체를 온화하게 만들고 상대의 경계심을 풀어줍니다.

상대방이 아는 것을 질문하는 것은 공감대를 찾기 위해 가장 좋은 방법입니다. 우선 오랜만에 만난 사람에게 첫마디로 '헤어스타일을 바꾸셨나봅니다' 또는 '살이 조금 빠지신 것 같습니다'라고 말을 건네면 상대에게 제대로 신경 쓰고 있다는 점을 알릴 수 있습니다.

그렇다고 처음 만난 사람에게 '헤어스타일이 참 멋지시네요. 어느 미용실에서 하신 건가요?'하고 말을 건네는 것은 때에 따라 피해야 하는 질문이기도 합니다. 왜냐하면 지금 상대방이 크게 관심이 없어 하는 부분을 물어서 질문한다면 대화 전체의 분위기를 흐릴 수 있기 때문입니다. '필터 교체 주기가 어떻게 되는지는 아시죠?'와 같이 어렵거나 전문적인 분야에 대해 질문하는 것도 큰 실례입니다. 이런 질문을 하게 되면 상대는 점점 긴장하게 되어 말 수가 줄고, 결국 꼭 필요한 대답만 하게 되는 경우까지 가게 됩니다.

'이건 어떤가요? 저건 어떤가요?'와 같이 너무 뻔하거나 광범위한 질문도 피해야 하죠. 이는 상대로 하여금 지루하게 만들기 때문입니다. '네/아니오' 같이 단답식으로 대답할 수 있는 질문도 피합시다. 이 또한 대화의 분위기를 풀기 위한 질문으로는 큰 효과를 거두지 못하기 때문이죠. 예를 들어 '골프 치는 걸 좋아하십니까?'라고 묻는다면 '네'라고 대답한 후에 육아에 대한 이야기를 하는 사람도 있을 것입니다. 하지만 모든 사람이 그렇지는 않기 때문에 별로 효과적인 질문은 아닙니다.

긴장을 풀기 위해 질문을 할 때는 고객이 잘 아는 것, 그래서 신나서 답변을 길게 할 수 있는 것을 질문하는 것이 좋습니다. 예를 들어 앞선 질문에서는 '골프 자주 치러 다니십니까? 저는 5번 아이언이 손에 잘 맞더라고요. 몇 번 아이언을 제일 선호하십니까?'라고 묻는 편이 더욱 효과적입니다.

또한 단답형의 질문보다는 '무엇을'과 '어떻게'를 적절하게 활용합니다. 이 두 단어를 사용하면 같은 질문이더라도 훨씬 긴 답변을 유도할 수 있기 때문이죠. 상대방과 나의 공통점을 확인하는 질문도 좋습니다. '우리 아들도 햄버거를 좋아합니다. 꼭 사은품을 주는 햄버거만 먹으려 하네요'와 같이 공감대를 형성하는 질문도 대화의 분위기를 이완시키는 데 큰 효과를 거둘 수 있습니다. 요컨대, 상대에게 던지는 질문 내용은 꼭 상대방이 가장 잘 대답할 수 있는 분야여야 합니다. 그것이 저와 공감대를 형성하면 더더욱 좋겠죠.

2단계. 질문하면서 상대방을 칭찬하라

칭찬을 통해 상대방을 한 번 치켜세워주는 것도 상대가 대화에 편안하게 임할 수 있게 만드는 방법입니다. 때에 따라 칭찬은 권위적이라는 인식이 있기도 합니다. 보통 어른이 어린아이들을 평가의 한 부분으로서 칭찬하기 때문입니다. 그러나 질문을 통해 칭찬하게 되면 그런 분위기를 없애고 자연스럽고 은근하게 칭찬할 수 있습니다.

'어떻게'는 칭찬에서도 큰 역할을 합니다. 상대방을 칭찬하고 싶은 내용이 있을 때 어떻게를 붙여 칭찬하게 된다면 좀 더 겸손한 표현이 됩니다. "앞으로의 마케팅 트렌드는 방금 말씀하신 내용처럼 전개될 거라고 저희도 예측하고 있습니다. 저는 회사 교육을 통해 알게 되었는데, 과장님은 전문 분야도 아니신데, 어떻게 이런 깊은 내용을 알고 계십니까? 놀랍습니다."와 같이 칭찬할 수 있습니다.

또한 상대가 감추고 싶어 하는 단점을 칭찬으로 덮어주는 것이 좋습니다. 예를 들어 실적이 잘 나오지 않는 사원을 칭찬하는 경우, 실적이 좋은 다른 사원과 비교하는 것은 옳지 못합니다. 대신 고객 만족도 조사 결과가 아주 좋다는 등 먼저 다른 칭찬으로 단점을 가리는 것이 좋습니다. 그 뒤에 상대적으로 약한 실적은 능동적으로 고객 방문 횟수를 증가시키면 금방 오를 것이라는 식으로 이야기를 이끌어갈 수 있습니다.

또한 상대의 안목을 칭찬하면서 거기에 더해 계약을 추진하는 질문입니다. 상대방이 망설이고 있을 때, 질문 칭찬으로 확답을 받아내는 거죠. 이렇게 질문하면 이미 상대에게 계약을 기정사실화 할 수 있습니다. 상대는 칭찬받았으니 보답해야 한다는 생각에 그 계약을 거절하지 못하게 됩니다.

3단계. 상대방이 답변하기 편한 방식으로 질문하라

또한 질문을 할 때 상대방의 입장에서 질문하는 것은 매우 중요합니다. 간단한 수다라면 몰라도, 비즈니스 관계로 만난 사람이라면 조금 어려운 질문이지만, 꼭 질문을 해서 상대방의 답변을 들어야할 때가 있습니다. 이럴 때 사용하기 좋은 팁을 4가지 알려드리겠습니다.

tip 1. 양자택일로 질문한다.

▷ 이것은 미리 대답을 준비하여 둘 중에 하나를 선택받게 하는 방법입니다. 'A와 B 경우 중에는 무엇이 더 적합한 것 같으십니까?'라던가 '그런 경우에는 C와 D 방법이 검토될 것 같은데, 어느 쪽이 가능성이 높을 것 같습니까?'라고 묻는 방법이 좋습니다.

tip 2. 각도를 바꾸어 질문한다.

▷ 이것은 이미 수없이 많은 질문을 받아 지친 상대방에게도 잘 어울리는 질문법입니다. 갑자기 경기 불황이 닥쳐서 기존의 계약이 불안할 때라던가, 난처하겠지만 확실한 대답을 바랄 때가 있습니다. 그럴 때는 질문을 직구가 아니라 변화구로 던져야 합니다. "어떻게 대처하실 겁니까?"라고 다그쳐 묻기보다는 "다른 이들은 이렇게 생각하는데, 이에 대해서는 어떻게 생각하십니까?"와 같이 각도를 바꾸어 질문하는 것이 좋습니다.

tip 3. 잡담도 다 같은 잡담이 아니다.

▷ 상대가 질문을 피하며 다른 잡담을 하려는 모습을 보일 때가 있습니다. 그럴 때는 상대방이 아직 답을 할 준비가 안 되었다는 뜻이죠. 집요하게 질문을 반복하기보다는 조금은 대화 주제와 벗어난 잡담이라

할지라도, 상대방과 친밀도를 높이기 위해 하는 것이 좋습니다.

tip 4. 반론하고 싶을 때는 의문형으로 의견을 전달한다.

⇨ 상대방의 면전에 대고 무뚝뚝하게 "아니요, 그건 아닌데요."라고 말하거나 단호하게 "모르겠습니다."라고 말하게 되면 상대방은 마음을 닫아버리겠지요. 반론하고 싶을 때는 "조금 이해가 안 되는데요, ~~라는 생각이신 건가요?"라고 질문하거나, "제가 잘 이해를 못해서 죄송합니다만, 질문 좀 해도 될까요?"라고 질문하는 것이 좋습니다. 상대방에게 실례가 되지 않으면서도 확실한 의견을 갖고 있음을 피력할 수 있는 방식입니다.

인맥이 인맥을 부르게 하라
– 인맥 소개의 비법

인맥을 정말로 잘 관리하는 사람은 인맥을 찾아다니지 않습니다. 한 명이라도 제대로 된 관계를 맺고 나면 그 사람을 매개로 다른 인연들이 찾아오기 때문이죠. 인맥 소개의 비법은 여러분이 발품 팔아 직접 뛰어나가서 인맥을 구해오는 것이 아닙니다. 자연스럽게 현재 있는 인맥을 잘 갈고 닦는 법과 똑같은 말이라고 할 수 있겠습니다. 그렇게 생각하면 앞으로 소개할 방법은 크게 어렵거나 대단한 방법들은 아닙니다만, 분명 짚고 넘어가지 않으면 놓쳤을 습관들입니다.

여러분이 인맥을 소개받기 위해서는 가장 먼저 소개시켜줘도 큰 무리가 없는 사람이 되어야 합니다. 친근함은 친절과는 조금 다릅니다. 친절한 사람이 조금 실수를 하는 경우 크게 실망스럽지만, 친근한 사람이라면 작은 실수 정도는 눈감아주게 되죠. 물론, 누군가에게 '친근하게' 기억되기 위해서는 진정성이 기반이 되어야 합니다. 따라서 '실전 방법을 사용해봐야지!'라는 마음가짐보다는 습관을 들여 자연스럽게 행동에 나오도록 하는 것이 더욱 좋습니다. 지금부터는 여러분을 위해 친근한 사람이 되기 위한 습관 6가지를 알려드리겠습니다.

친근한 사람이 되어 인맥을 소개받는 습관 6가지
첫째, 대화 전 10초간 재충전의 시간을 가져라

사람을 만나기 전부터 마인드컨트롤을 시작해야 합니다. 여러분이 좋은 기분으로 상대방을 맞이한다면, 상대방도 덩달아 기분이 좋아질 것입니다. 그 기분을 그대로 유지한 채 인사를 건네면 자연스럽게 '당신을 만나서 기쁘다'라는 표시를 낼 수 있습니다. 가끔 혹자는 쇼맨십에 보여주기 식이 아니냐고 하겠지만, 그조차도 상대에 대한 예우이자 서비스입니다.

둘째, 나 자신의 문을 열어두자

나 스스로가 상대에게 편안함을 느끼지 못하면 상대방도 '친근함'을 느끼기 어렵습니다. 상대방을 향한 벽을 거두는 것이 자연스럽게 다가가는 첫걸음이 될 수 있습니다. 벽을 거두라는 것은 오래된 친구처럼 거리낌 없이 대하라는 것이 아닙니다. 상대방의 말을 자신의 일처럼 받아들이고, 먼저 친밀하다고 되뇌이는 것이죠. 그렇게 하다보면 상대방이 자연스럽게 '이 사람이라면 어떠한 사정을 말하더라도 자신의 일처럼 받아들이겠다'라는 생각을 하게 됩니다.

셋째, 상대와의 간격을 지키자

사람들은 모두가 자신의 영역이라고 느끼는 일정 부분(구역)이 있습니다. 따라서 미팅을 할 때 과도하게 팔을 넓게 벌린다거나, 상대방을 향해 너무 많이 상체를 기울인다면 상대방은 압박감을 느끼고 불편하겠지요. 또, 자신감이 충만한 것을 넘어 자만하고 있는 것처럼 보일 수도 있습니다. 테이블을 마주하고 있는 경우라면, 테이블 너비에 따라 상대방과의 거리가 정해지겠지만, 팔을 뻗어 간신히 닿을 거리 정도가 적당합니다. 이 정도 거리라면 상대방에게 여유를 주면서도 언제든지 다가갈 수 있는 적당한 선입니다.

넷째, 손바닥을 펴 보이자

미팅을 하다가 여러 가지를 가리키게 되는 상황이 옵니다. 이때 손가락질을 하는 것은 상대에게 지시하는 자세입니다. 국가에 따라서는 상대방을 검지로 가리키는 것은 모욕행위로 간주되기도 하죠. 말하는 동안 테이블 밑에 손을 감추는 것도 자신감이 없어 보이고 상대에게 무언가를 숨기고 있다는 인식을 줍니다. 반면 손바닥을 상대방 쪽으로 내미는 것은 상대방의 참여를 유도하면서도 점잖게 권유하는 태도로 보입니다. 실제로 검사가 피고에게 손가락질을 했을 때보다 손바닥을 펴서 가리켰을 때 더욱 높은 승률을 거둔다고 합니다. 아직 유죄판결이 나지 않은 피고를 검사가 예우하고 있다고 생각하여 검사에게 호감을 가지게 되고, 검사의 의견이 더 설득력 있어 보이는 것이죠.

다섯째, 상대방을 위한 소원을 덧붙이자

만약 미팅 내내 분위기가 좋았고, 계약을 성공적으로 이루어냈다고 하더라도 상대방과의 인맥을 계속 이어나가기 위해서는 끝마무리 인사로 상대방을 위한 덕담이나 소원을 덧붙이는 것이 좋습니다. 예를 들어 딸의 혼수 마련을 위해 냉장고를 구매하러 온 손님에게 '자녀분께서 부디 행복한 결혼 생활하시길 바라는 마음을 가득 담아드리겠습니다'라고 한마디 덧붙이는 것과 안 붙이는 것의 차이는 큽니다. 오지랖이라고 느끼는 사람도 있겠습니다만, 오지랖일지언정 상대를 생각하고 있다는 점을 환기시켜주므로 효과적인 화법입니다. 단, 너무 형식적·사무적 말투가 아니도록 주의해야 합니다.

여섯째, 새 인맥 못지않게 기존 인맥도 관리하자

소개받을만한 사람의 이야기가 나온다면 놓치지 않고 잘 듣는 것이 좋습니다. 조심스럽게 소개를 부탁드릴 수도 있습니다. 그러나 무엇보다도 중요한 것은 소개를 해준 기존의 인맥에 소홀히 해서는 안 된다는 것입니다. 소개해준 사람에게는 그 소개가 성공했느냐 안 했느냐 와는 상관없이 그만한 감사를 표시해야 합니다. 그 사람도 소개가 성사되기를 바라고 있었기 때문이죠. 그저 심리적 보상을 해주라는 것이 아닙니다. 새로 소개 받을 사람이 여러분에 대한 정보를 바로 소개해주는 사람에게 얻기 때문에 더욱 각별하고 소중하게 맞이해야 합니다. 새로운 인맥을 소개받더라도, 기존 인맥에 대한 성실한 자세를 잊지 말아야 합니다.

직장생활을 잘하겠다는 생각에서 시작된 저의 하루 1시간 인맥관리는 저에게 성과와 승진 기회를 주었고, 이제 삶의 동반자 이야기로 넘어오게 되었습니다. 짧게 보면 이익을 따라 사람을 만나는 것도 나쁘지는 않겠습니다만, 사람이 곧 기회요 역량이요, 그가 나의 동반자임을 깨닫는다면 우리는 인맥 근시에서 벗어날 필요가 있음도 알게 됩니다.

이 책은 비록 수많은 자기계발 책 가운데 한 권의 책에 불과하겠지만 제가 30년 넘도록 지키려고 노력해온 인간관계의 원칙이 담겨 있습니다. 이제 여러분의 가슴에서 이 책이 부활하기를 기원하며, 인맥관리라는 바통을 여러분께 넘겨 드립니다.

감사합니다.

〈하루 1시간 인맥관리 법칙 8〉

**아이디어나 생각이 상대방의 것이라고 그 공을 돌려라.
그러면 자신이 필요한 일에
상대방은 마음의 문을 열 것이다.**

⇨ 상대방으로부터 동의와 협력을 얻어내는 기술

나를 변화시키는 자기계발 도서를 만나보세요

책 상세보기

200가지 고민에 대한마법의 명언
책속의 처세 저 | 13,000원

인생을 바꿀 책속의 명언300
최영환 저 | 14,000원

혼자 강해지는 힘! 셀프리더십
정경호 저 | 15,000원

쉿! 나를 깨우세요
최영환, 김창수 저 | 14,000원

페이스북 마케팅 실전기법
이종근 저 | 18,000원

사람의 마음을 얻는 대화의 기술 48가지
타니모토 유카 저 | 15,000원